航空服务艺术与管理本科系列教材

航空运输地理

Geography of Air Transport

王娜　张驰◎主　编

杨志慧　赵军　宋晓晨　周志慧◎副主编

電子工業出版社

Publishing House of Electronics Industry

北京 • BEIJING

内容简介

本书按照基础篇—务实篇—拓展篇的逻辑顺序由浅入深逐级介绍。基础篇主要介绍地理学与航空运输地理、地球与飞行、时差与飞行等；务实篇主要包括航空运输布局、国际航空运输地理分布、国际航空旅游地理、中国航空运输地理、中国航空旅游地理等内容，与民航行业现状息息相关；拓展篇从全局角度介绍了基于地理资源的航空线路设计和航空运输业的发展战略。

本书语言通俗易懂，知识由易到难，教学内容系统化，图文并茂，可读性强。

图书在版编目（CIP）数据

航空运输地理 / 王娜，张驰主编. —北京：电子工业出版社，2022.7

ISBN 978-7-121-43429-7

Ⅰ. ①航… Ⅱ. ①王… ②张… Ⅲ. ①航空运输－运输地理－高等学校－教材 Ⅳ. ①F56

中国版本图书馆 CIP 数据核字（2022）第 079645 号

责任编辑：刘淑丽　　　　特约编辑：田学清

印　　刷：北京雁林吉兆印刷有限公司

装　　订：北京雁林吉兆印刷有限公司

出版发行：电子工业出版社

北京市海淀区万寿路 173 信箱　　邮编：100036

开　　本：787×1092　1/16　印张：14　字数：367 千字

版　　次：2022 年 7 月第 1 版

印　　次：2022 年 7 月第 1 次印刷

定　　价：49.00 元

凡所购买电子工业出版社图书有缺损问题，请向购买书店调换。若书店售缺，请与本社发行部联系，联系及邮购电话：（010）88254888，88258888。

质量投诉请发邮件至 zlts@phei.com.cn，盗版侵权举报请发邮件至 dbqq@phei.com.cn。

本书咨询联系方式：（010）88254182，liusl@phei.com.cn。

航空服务艺术与管理本科系列教材
建设委员会

前言

“十三五”期间，国家高度重视民航业的发展，将民航业作为推动我国经济社会发展的重要战略产业，预示着我国民航业将会有更好、更快的发展。从国产大飞机C919的试飞，到宽体飞机规划的出台，以及民航发展战略的实施，这些成果标志着我国民航业已经步入崭新的发展阶段。高速发展的民航业需要持续的创新与变革，同时，民航运输对安全性和规范性要求比较高，其对人才有着近乎苛刻的要求，以人才为核心的发展模式必将进一步对民航人才培养质量提出更高的要求。只有人才培养先行，夯实人才基础，才能提高民航业发展的质量和效益，才能抓住国家战略转型与产业升级的巨大机遇，实现民航运输发展的战略目标。

航空运输地理是民航相关专业的一门基础课程，具有边缘学科的双重特性，既是地理学的分支，又是航空运输知识体系的重要组成部分，为核心专业课程的学习奠定了基础。本书在编写过程中按照由浅入深、逐渐递进的思路，注重知识点的关联性和数据的新近性，语言表达尽量简洁、通俗，并通过大量的图表元素和课外引用增强可读性。本书运用地理学的基本原理和基础知识为航空业务服务，有些内容直接用于航空业务工作，因此本书可作为民航院校、军队院校及普通高等院校民航相关专业的教材，实现了教材适用性及实用性的本质回归。全书分为基础篇、务实篇和拓展篇三部分，其中基础篇包括第一章至第三章，务实篇包括第四章至第八章，拓展篇包括第九章及第十章。不同层次、不同专业在开设此课程时，对内容的侧重、取舍可因人而异，有所区别。本书还可作为民航工作人员及客货代理人的短期培训教材，供各类短训班使用。就目前教育状况分析，大多数已有学历的民航工作人员对这方面的知识了解不够，无论是从知识结构还是从专业的需要角度出发，学习一些航空运输地理的知识都是必要的。

本书第一章及第三章由张驰负责编写，第二章由张驰和宋晓晨共同编写，第四章由王娜负责编写，第五章、第六章由周志慧负责编写，第七章、第八章由赵军负责编写，第九章由杨志慧负责编写，第十章由宋晓晨负责编写，最终由主编审稿校稿。航空运输地理是一门新的分支学科，从理论上说还不够系统、完整，有待于在实践中不断充实、不断修正，使之逐步完善。此外，由于时间和编者能力限制，教材中难免存在不足之处，敬请读者批评指正。

编者

2022年2月

目录

基础篇

务实篇

基础篇

第一章

地理学与航空运输地理

本章学习目标

- 了解地理学的基本概念和特性；
- 了解航空运输地理与地理学之间的关系；
- 掌握航空运输地理的主要内容；
- 理解学习《航空运输地理》的重要性和必要性。

第一节　地理学的研究内容及特征

一、地理学的研究内容

地理学（Geography）是研究地球表层各圈层相互作用关系、空间差异与变化过程的学科体系，主要包括自然地理学和人文地理学两大部分。地理学家研究众多现象、过程、特征，以及人类和自然环境的相互关系在空间及时间上的分布，因为空间及时间影响了如经济、健康、气候、植物及动物等众多领域，所以地理学是一个高度跨越性的学科。

自然地理学调查自然环境、地形的形成，以及气候、水、土壤、植被、生命等各种现象及其相互关系；人文地理学以人地关系理论为基础，探讨各种人文现象的地理分布、扩散和变化，以及人类社会活动的地域结构形成和发展规律。

地球表面是在不断变化的。在地球表面形成过程中，大陆与海洋的面积和位置几经变迁，气候经历了炎热与寒冷、湿润与干旱的多次交替，生物由海洋发展到陆地、由简单到复杂、由低级到高级。自然地理的变化影响人文地理，人文地理也反作用于自然地理。特别是在工业化时期，人类的活动使地球表面发生了深刻的变化，一方面人类活动控制或减轻了某些自然灾害，另一方面诸如森林的砍伐、污染、荒漠化等现象的加剧，破坏了自然生态系统的平衡。随着人口的急剧增加、资源的大量消耗，人类对地理环境的影响还在加剧。地理学就是研究人与地理环境关系的学科，研究的目的是更好地开发和保护地球表面的自然资源，协调自然与人类的关系。

二、地理学的特征

在地球表面，各种自然现象和人文现象组成一个宏大的地理综合体，地理学的研究对象是“地理综合体”，地理学具有两大特征。

（一）综合性

地理综合体是包括自然、生物和人类的综合系统。地球表面是由几个同心圈层组成的整体，它们分别是大气圈、岩石圈、水圈、生物圈，各圈层所组成的地理综合体是自然历史发展的结果。各圈层的形成在实践上也有一定的顺序，首先出现岩石圈、大气圈和水等无机的物质，有机的生物圈及其相关的土壤是在无机圈层基础上发展起来的，形成了各种各样的生物群。人类是生物圈发展到一定阶段的产物。

在几千年的发展过程中，地理学逐步形成了完整的科学体系，成为内容广泛的一门科学。近些年来，系统论、信息论、控制论等新理论的出现及电子计算机、遥感等先进技术的广泛应用，使得地理学的综合性更为突出，地理学涉及地质、地震、天文、气象、海洋、古生物、地球物理、地球化学及政治、经济、文化、交通、人口、聚落等众多的科学领域。这就要求地理学要对一切具有地域性的现象进行研究，对众多的相关要素进行必要的归纳，对自然规律、社会经济规律进行综合。

（二）地域性

地域性是指地球表面是一个不均一的层面，存在着明显的地域差异。造成地球表面不均一和地域差异的主要原因是太阳能在地球表面分布的不均匀性和地球内能分布的不均匀性。地貌、气候、资源等地理要素都必须在一定的空间上反映出来，各要素之间又有着密切的联系。各地理要素特定的空间分布造成了地域间的差异，研究地理现象的地域分布规律是地理学的显著特性之一。航空运输的活动范围为广阔的地表空间，地面点站、空中航线在地表空间有一定的空间分布。这些分布具有很强的地域性，其地域差异十分明显。同时，人类是在一定的自然地理环境中生存和发展的，因此人类的社会、政治、经济、文化等活动都存在着明显的地域差异，比如人种的差异、生活方式的差异，等等。

第二节　航空运输地理与地理学的关系

地理学与其他学科交叉渗透，从而形成了一系列边缘学科，航空运输地理就是这些学科交叉渗透的产物。航空运输是人类活动的组成部分，航空运输地理是研究航空运输与地理环境的关系，以及航空运输的空间分布及其发展规律的一门学科。航空运输地理是一门新兴的学科，是庞大的地理学学科体系中的一个分支。它与公路运输地理、铁路运输地理、水路运输地理、管道运输地理等组成交通运输地理学的部门学科体系。交通运输地理学从属于经济地理学，经济地理学又是人文地理学的一个重要分支。航空运输地理在地理学学科体系中的位置及从属关系如图 1-1 所示。

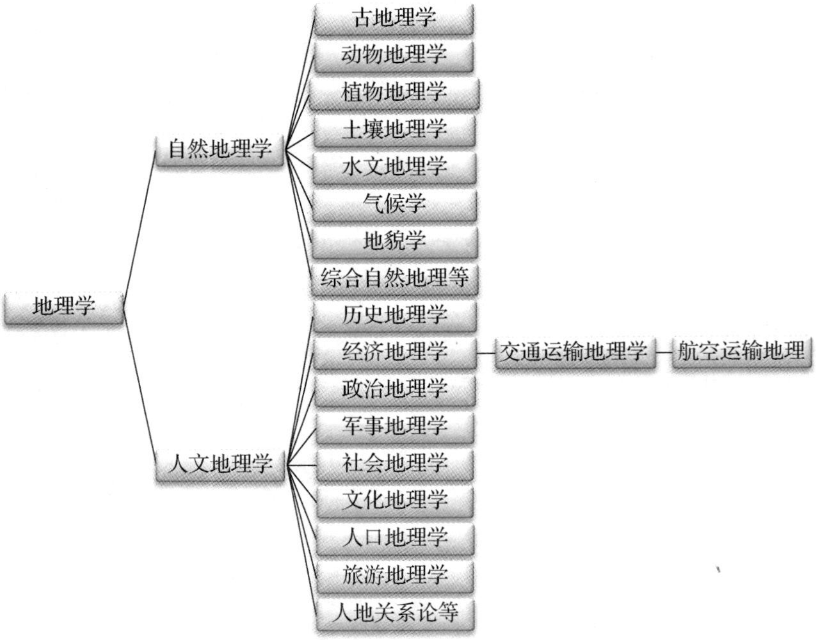

图 1-1　航空运输地理在地理学学科体系中的位置及从属关系

可见，航空运输地理属于人文地理学的范畴。人文地理学研究人类活动与地理环境的关系，探讨各种人文现象的空间分布及其发展规律，其核心理论是人地关系论。人地关系即人与环境的辩证关系。一方面人类处于主动地位，不断改造、利用、保护地理环境；另一方面地理环境又经常不断地影响人类活动。人文地理学的研究如果脱离了这一理论，就失去了它的科学价值。航空运输地理作为人文地理学的重要分支，也离不开人地关系论。航空运输的发展明显地受到自然环境和社会环境的制约。20 世纪 20 年代，受限于当时的航空技术水平，飞机很难飞越浩瀚的大洋和险峻的山脉，航空运输的分布局限在小的区域范围内；20 世纪 50 年代之后，随着科学技术的发展，航空技术水平有了很大的提高；如今，飞机可以飞越地面的任何天然障区，航空运输的活动范围遍及世界各地。但是地理环境仍然经常不断地影响航空运输，恶劣的天气仍然经常危及飞行安全，地面障碍仍然在一定程度上对飞行构成威胁，政治动荡、经济衰退直接影响航空运输的发展。因此，不尊重自然和社会发展的客观规律，必然受到客观环境的惩罚。而孤立地强调客观环境的制约作用，不主动积极地改造和利用客观环境，也必然阻碍航空运输的发展。

第三节　航空运输地理的研究内容及特征

一、航空运输地理的研究内容

地理学的理论与社会实践相结合，为社会服务是现代地理学发展的必然趋势。航空运输地理这一分支学科的产生是社会实践的需要。因此，航空运输地理又是一个应用性很强的学科。从应用的角度出发，航空运输地理的主要研究内容包括如下几个方面。

（一）地球与飞行之间的相互关系

航空运输的活动范围为地表空间，地表空间与地球本身的空间位置、地球的结构、性质紧密相关。地球的自转与公转产生了昼夜更替、四季变化、地方时差等与飞行有关的地理现象。飞机相对于地表运动，由此产生了飞行偏移、机上昼夜长短等特殊问题。在飞机飞行过程中，还会产生各种复杂的天气现象，从而影响和制约飞行活动。

（二）航空运输布局

航空运输产品主要指旅客或货物的空间位移。飞机总是从某一航站出发，按照规定的航路穿越某些国家或地区，到达另一航站。为了保证飞行的顺利进行，还必须设立管制中心、地面雷达站、维修基地等地面点站。这些点、线必然有它们的空间分布，从而形成运输网络。航空运输布局的形成要受到各种自然及人文因素的影响。当今世界航空运输的布局具有较明显的规律。在一定的布局条件下，还需要研究合理运输问题。

（三）区域航空运输地理

航空运输具有明显的地域分布规律。一方面，世界航空运输布局主要受空运大国的影响和控制，绝大部分空运大国是经济发达国家，这些国家之间的政治、经济、文化等方面的联系基本决定了当前世界航空运输的分布状况。另一方面，世界航空工业被少数大国垄断，航空工业的分布集中在美国及少数欧洲国家。我国自 20 世纪 70 年代以来航空运输发展迅速，我国的航空运输将对世界航空运输布局产生一定影响。因此，研究我国及世界重要国家和地区的自然、经济、交通，特别是航空运输、航空工业、空港城市的地理特征是本书的重点。

（四）地理资源对航空运输的影响

地理资源对航空线路的设计及航空运输的发展具有决定性影响。基于地理资源的分布对航空线路进行设计、区域地理资源对航空运输发展的影响、其他交通运输方式对航空运输发展的影响、均衡发展民航运输业等是本书重点研究的内容。

二、航空运输地理的特征

航空运输地理作为地理学的一个边缘学科，具有明显的综合性和地域性。

综合性是指航空运输的空间分布要受到地质、地貌、气象、气候、天文等自然条件的制约，同时又要受到政治、经济、技术、人口等社会因素的影响。航空运输还具有自身的专业知识体系，不了解这些知识就不可能认识航空运输空间分布的形成及其发展规律。因此，航空运输地理要对各种自然的、人文的相关因素进行归纳、综合，发现和总结航空运输的分布及其发展规律，从而为航空运输的发展提供理论和实践的依据。

地域性是指由于各地区地理环境的差异，工农业生产布局的特点及经济发展水平不同，人口分布也不同。因此，在不同的地区内，航线、航站分布及客货流的流量、流向等表现出明显的差异，都具有一定的地域性。

本章小结

本章作为全书的绪论，主要介绍了地理学的研究内容及特征、航空运输地理与地理学的关系和航空运输地理的研究内容及特征。通过本章内容的学习，读者应对地理学及航空运输地理的研究内容及特征有所了解，对二者之间的逻辑关系有清楚的认知，同时了解本书所授内容的框架结构，为后续课程的开展奠定基础。

本章思考题

1．地理学研究的主要内容是什么?

2．航空运输地理与地理学之间存在什么样的关系?

3．航空运输地理的主要研究内容是什么?

4．如何理解航空运输地理的地域性特征和综合性特征?

第二章

地球与飞行

本章学习目标

- 了解地球的空间位置；
- 了解太阳对地球空间的影响；
- 掌握导航的三种方法，了解三种导航方式；
- 熟练掌握并识记无线电导航的原理及设备设施；
- 了解地球自转与公转及其影响；
- 了解运动物体的偏转规律和飞行偏移的产生及计算；
- 了解天气的基本要素及其对飞行的影响；
- 了解地球外部圈层和内部圈层的结构；
- 掌握地面大风、低空风切变、能见度、低云、降水、雾、雷暴、颠簸、积冰、高空急流和山地气流等天气的概念；
- 领会影响飞机起降的天气特征及其对飞行可能造成的后果。

第一节 认识地球

航空运输是三维空间的人类活动。随着科学技术的进一步发展，空间技术在航空领域内不断得到应用。飞机飞行空间已扩展到 10 余千米的高空。全球性导航系统的出现使航空活动进入了更为广阔的地表空间。地球空间的位置、地球运动、地球大气的圈层结构、地球大气的运动都直接或间接地对航空活动产生影响。在航空运输中，还会产生一些飞行所特有的地理现象。本章将对有关的基础理论和基本知识做必要阐述，同时，从理论到实践的结合上对上述话题进行探讨，以解释飞行产生的特殊现象，解决飞行遇到的问题。

一、地球的空间位置

人类所能观测到的所有天体系统称为总星系，总星系包括银河系及河外星系。河外星系有

10 亿多个与银河系类似的天体系统。银河系是一个巨大的天体系统，它的直径达 10 万光年。银河系由恒星、星云、星际物质共同组成。恒星是由炽热气体组成的自身发光的球状天体，具有很大的质量，由于它们的位置变化相对缓慢，似乎恒定不动，因此称为恒星。星云是云雾状天体，由气体与尘埃组成，星云体积大、质量大、密度小，一个普通星云的质量至少相当于上千个太阳。此外，还有许多大大小小、形状不一的物质和稀薄的气体与尘埃，统称为星际物质。太阳是银河系中比较典型的恒星，太阳系是以太阳为中心的所有受到太阳引力约束的天体的集合体。

地球在宇宙中可谓沧海一粟，是太阳系八大行星之一。行星是绕恒星公转、本身不发光的星体。按距离太阳由近及远的次序划分，地球为第三颗行星，也是太阳系中直径、质量和密度最大的类地行星，距离太阳 1.5 亿千米，如图 2-1 所示。地球自西向东自转，同时围绕太阳公转，地球年龄约 40 亿 ~ 46 亿年。

地球赤道半径为 6378.137 千米，极半径为 6356.752 千米，平均半径约为 6371 千米，赤道周长约为 40 076 千米，呈两极稍扁赤道略鼓的不规则的椭圆球体。地球表面积约为 5.1 亿平方千米，其中 71%为海洋，29%为陆地，从太空中看地球呈蓝色。

地球内部有地核、地幔、地壳，地球外部有水圈、大气圈及磁场。地球与宇宙中的一些星体相互联系、相互制约，并以其特定的空间位置及运动规律造就了生机勃勃、气象万千的人类生存的地理环境，是目前宇宙中已知存在生命的唯一天体，是包括人类在内的上百万种生物的家园。

地球有一个天然卫星——月球，卫星是绕行星运行的固态天体。月球俗称月亮，古时又称太阴、玄兔、玉盘，是地球的卫星，并且是太阳系中的第五大卫星。月球的直径为地球的四分之一，质量约为地球的八十一分之一，相对于所环绕的行星，它是相对质量最大的卫星，也是太阳系内密度第二高的卫星，仅次于木卫一（最靠近木星的一颗卫星）。月球表面布满了由陨石撞击形成的环形山，如图 2-2 所示。月球现在与地球的距离大约是地球直径的 30 倍。地球与月球组成一个天体系统，即地月系统。

图 2-1　太阳系的八大行星

图 2-2　月球表面布满环形山

二、地球的圈层结构

地球的圈层结构分为外部圈层（外圈）和内部圈层（内圈）两大部分，如图 2-3 所示。

内部圈层为一同心状圈层构造，由地心至地表依次为地核、地幔、地壳。地核、地幔和地壳的分界面主要依据地震波传播速度的急剧变化推测确定。内部圈层的压力和密度随深度增加而增大，物质的放射性及地热增温率均随深度增加而降低，近地心的温度几乎不变。

外部圈层可划分为三个基本圈层，即大气圈、水圈、生物圈，如图 2-3 所示。地球的外圈之间没有明显的界线，它们之间相互联系、相互制约，其中生物圈占有大气圈的底部和水圈的全部。

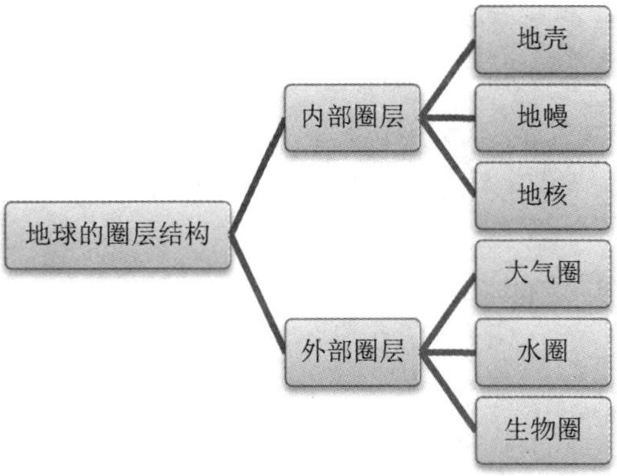

图 2-3　地球圈层结构组成示意图

（一）地球的内部圈层

地球的内部圈层结构示意图如图 2-4 所示。

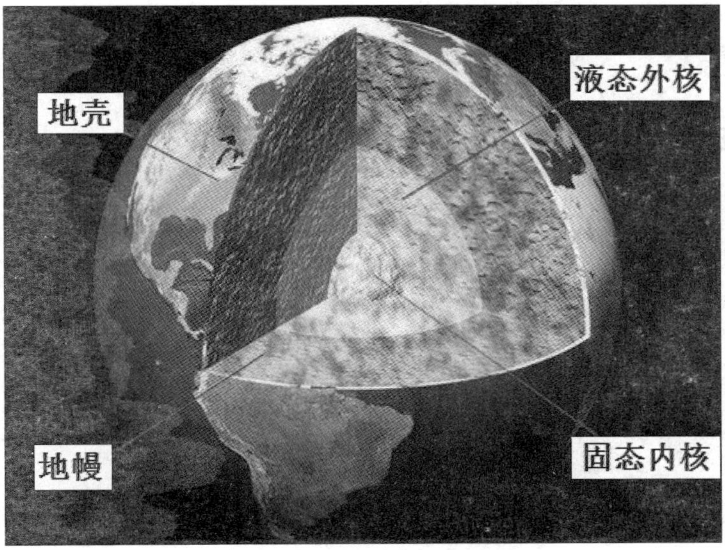

图 2-4　地球的内部圈层结构示意图

1．地壳

地壳厚度各处不一，大陆地壳平均厚度约为 35 千米，高大山脉地区的地壳较厚，欧洲阿尔卑斯山的地壳厚度达 65 千米，亚洲青藏高原某些地方的地壳厚度超过 70 千米，北京的地壳厚度与大陆地壳平均厚度相当，约为 36 千米。大洋地壳很薄，比如大西洋南部地壳厚度为 12 千米，北冰洋地壳厚度为 10 千米，有些地方的大洋地壳的厚度只有 5 千米左右。整个地壳平均厚度约为 17 千米。一般认为，地壳上层由较轻的硅铝物质组成，称为硅铝层，大洋地壳一般缺少硅铝层；地壳下层由较重的硅镁物质组成，称为硅镁层，大洋地壳主要由硅镁层组成。

2．地幔

地幔介于地壳与地核之间，又称中间层，自地壳以下至 2900 千米深处。地幔一般分为上下两层：从地壳底层到 100～120 千米深处，除了硅铝物质，铁镁成分增加，类似橄榄岩，称为上地幔，又称橄榄岩带；660～2900 千米深处为柔性物质，呈非晶质状态，可能是铬的氧化物和铁镍的硫化物，称为下地幔。地震资料说明，大致在 70～250 千米深处，地震波传播速度减弱，形成低速带，这个范围内的地幔物质呈塑性，可以产生对流，称为软流圈。因此，地幔又可分为上地幔、软流圈和下地幔三层。了解地幔结构与物质状态，有助于解释岩浆活动的能量和物质来源，以及地壳变动的内动力。

3．地核

地核又称铁镍核心，其物质组成以铁、镍为主，又分为内核和外核。内核的顶界面距地表约 5100 千米，约占地核直径的 1/3，可能是固态的，其密度为（10.5～15.5）g/cm^3。外核的顶界面距地表约 2900 千米，地震横波不能通过，推测是液态的，其密度为（9～11）g/cm^3。外核不仅温度很高，而且压力很大，因此这种液态物质应当是高温高压下的特殊物质。

（二）地球的外部圈层

地球的外部圈层结构示意图如图 2-5 所示。

图 2-5　地球的外部圈层结构示意图

1．大气圈

大气圈由干洁空气、水蒸气和尘埃颗粒组成。如果形象地将地球看成一个苹果，大气圈的厚度就相当于一层苹果皮。大气圈是地球的外衣，保护了地球上的生物免受来自外层空间的宇宙射线的危害，避免了地表温度的剧烈变化和地表环境中水分的散失。由于地心引力的作用，大气中的绝大部分气体都集中在距离地面 100 千米的高度范围内。随着海拔高度的增加，大气的密度、气压、温度等性质都会出现相应的变化。民航飞机在大气中飞行，飞行性能会直接受到这些变化带来的影响。比如随着机场海拔高度的增加或机场温度的升高，空气密度下降，飞机发动机的功率也会随之降低，飞机起飞滑跑时的加速度减小，起飞滑跑距离增加。对于航空运输而言，大气圈是影响最大的一个圈层结构，因此进行重点介绍。

依据大气温度随高度变化的规律，大气圈的结构可以分为对流层、平流层、中间层、热层和散逸层五层，如图 2-6 所示。

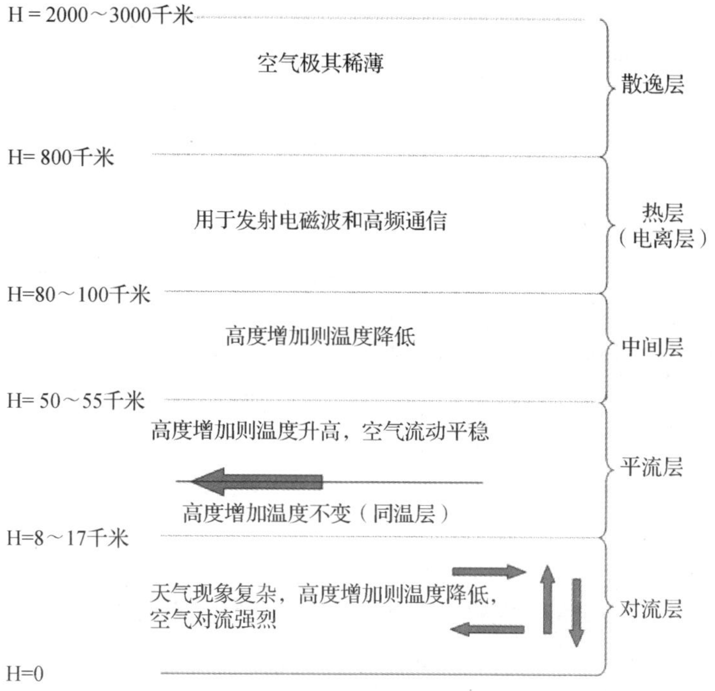

图 2-6　大气圈结构示意图

1）对流层

对流层位于大气圈的底层，集中了约 75%的大气质量和 90%以上的水汽质量。其下界与地表相接，从地表开始向高空伸展，直至对流层顶，即平流层的下界为止。对流层的上界高度随地理纬度和季节而变化，在低纬度地区的平均高度为 17～18 千米，在中纬度地区的平均高度为 10～12 千米，在极地地区的平均高度为 8～9 千米，并且夏季高于冬季。

在对流层中，气温随高度升高而降低，平均每上升 100 米，气温约降低 0.65℃。气温随高度升高而降低是由于对流层大气的主要热源是地面长波辐射，距离地面越远，受热越少，气温就越低。青藏高原地区的对流层温度比相同纬度的其他地区温度要高，就是因为它提高了地面长波辐射的位置。但是在一定条件下，对流层中也会出现气温随高度增加而上升的现象，称为“逆温现象”。由于受地表影响较大，气象要素（气温、湿度等）的水平分布不均匀。空气存在规则的垂直运动和无规则的湍流混合运动，且都相当强烈，对流明显。上下层水汽、尘埃、热量发生交换混合，且由于90%以上的水汽集中在对流层中，所以云、雾、雨、雪等众多天气现象主要发生在对流层。

按气流和天气现象分布的特点划分，对流层又可分为下层、中层和上层。

下层又称扰动层或摩擦层，其范围一般是自地面到2千米高空。随着季节和昼夜的不同，下层的范围也有一些变动，一般是夏季高于冬季，白天高于夜间。在下层中，气流受地面的摩擦作用的影响较大，湍流交换作用特别强盛，通常随着高度的增加，风速增大、风向偏转。下层受地面热力作用的影响，气温也有明显的日变化。由于下层的水汽、尘粒含量较多，因而低云、雾、浮尘等出现频繁。

中层的下界在下层顶，中层的顶部高度约为地面以上 6 千米。它受地面的影响比下层受地面的影响小得多，气流状况基本上可表征整个对流层空气运动的趋势。大气中的云和降水大都产生在这一层内。

上层的范围是从地面以上6千米到对流层的顶部。上层受地面的影响更小，气温常年在0℃以下，水汽含量较小，各种云都由冰晶和过冷水滴组成。在中纬度和热带地区，这一层中常出现风速大于或等于30米/秒的强风带，即所谓的急流。

此外，在对流层和平流层之间，有一个厚度为数百米到2千米的过渡层，称为对流层顶。这一层的主要特征是，气温随高度增加而降低的情况有突然变化，即温度随高度增加而降低得很慢，或者几乎为等温。根据这一变化的起始高度可以确定对流层顶的位置。对流层顶的气温，在低纬度地区平均约为−83℃，在高纬度地区平均约为−53℃。对流层顶如同盖子一般，对下部的垂直气流有很大的阻挡作用，上升的水汽、尘粒多聚集其下，使得那里的能见度往往较差。对流层是大气层中湍流现象最多的一层，喷气式客机大多会飞越此层的顶部（即对流层顶）来避开影响飞行安全的湍流。

2）平流层

从对流层顶到50～55千米高度的一层称为平流层。从对流层顶到35～40千米的一层，气温几乎不随高度变化，为−55.5℃左右，故称为同温层。平流层集中了大气中的大部分臭氧，并在20～25千米高度上达到最大值，形成臭氧层。臭氧层能强烈吸收波长为200～300 nm的太阳紫外线，保护了地球上的生命免受紫外线伤害。

从同温层顶到平流层顶，气温随高度增加而增高，至平流层顶达到−3℃左右，这一部分称为逆温层。此层的增温是由于臭氧层吸收了来自太阳的紫外线，它将平流层的顶部加热，平流层的底部热量则被对流层的对流抵消。因此，在整个平流层中，高温层在上而低温层在下，因为没有常规的对流活动及相连的气流，使得平流层较为稳定，平流运动特别显著。由此可知，极地（高纬度地区）的平流层会于较低高度出现，因为极地的地面气温相对较低，其平流层气温一般只会下降至−45℃，相反赤道地区（低纬度地区）的平流层气温可以下降到−75℃。

平流层内的风力分布颇为特别。平流层的底部受到对流层的顶部的西风带影响，几乎都吹着西风。平流层上中部情况则不相同：极地附近的夏季会有极昼的现象发生，所以在夏半球，高纬度地区受到的日照时间会比中低纬度地区更长，因此极地附近会因臭氧层吸热而温度上升，结果形成了高压状态，反之低纬度地区会相对地处于低压状态。因此，根据风压定理，在平流层的中上部除了特别的场合，夏季会比较盛行东风。而在冬半球，这个现象就会逆转发生，极地附近长时间不会受到太阳照射，即发生极夜现象，结果高纬度地区就会比中低纬度地区低温，进入低压状态，反之低纬度地区会相对地处于高压状态，根据风压定理，平流层会盛行西风，称为平流层西风。由于风向会随季节变化而改变，所以平流层的风被认为是季候风的一种，称为平流层季候风。

民用航空领域的大型客机一般会于距离地表 10 千米的高空以上巡航，这是为了避开对流层强盛的对流运动。客机在巡航阶段遇到的气流，大多是在对流层发生了对流超越现象。在平流层的底部飞行的主要优势有以下几个方面。

第一，能见度高。平流层水汽、悬浮固体颗粒、杂质等极少，天气比较晴朗，光线比较好，能见度很高，便于高空飞行。

第二，受力稳定。平流层的大气上暖下凉，大气不对流，以平流运动为主，飞机在其中受力比较稳定，便于飞行员操纵驾驶。

第三，噪声污染小。平流层距地面较高，飞机绝大部分时间在其中飞行，对地面的噪声污染相对较小。

第四，安全系数高。鸟类飞行的高度一般达不到平流层，飞机在平流层中飞行就比较安全。

第五，经济效益好。较高高度的高空空气阻力小，高度越高就越省油，飞机的发动机经济性好。此外，因为平流层的水平气流比较强劲，飞机可以借助风力飞行，节省燃料。

但是平流层对于飞机飞行也不是百益而无一害的，其劣势主要在于高空中空气较为稀薄，对飞机升力的产生不利，很多飞机受升限设计的限制，不能飞往更高更稳定的高度。

3）中间层

中间层是指自平流层顶到 85 千米高空之间的大气圈。该层内因臭氧含量低，同时能被氮、氧等直接吸收的太阳短波辐射大部分已经被上层大气吸收，所以温度垂直递减率很大，气温随高度增加而迅速降低，中间层的顶部气温降至−83℃～−113℃，对流运动强盛。民航飞机的飞行高度不能达到该层面。

4）热层

热层也称热成层、热气层或电离层，位于中间层之上、散逸层之下，其顶部距离地面约 800 千米。热层的空气受太阳短波辐射影响而处于高度电离的状态，产生带电离子和自由电子，使高层大气中能够产生电流和磁场，并可反射无线电波。正是由于高层大气电离层的存在，人们才可以收听到很远地方的无线电台的广播。在高纬度地区的晴朗夜晚，热层中可以出现彩色的极光，推测是太阳发出的高速带电粒子使高层稀薄的空气分子或原子激发后发出的光。这些高速带电粒子在地球磁场的作用下向南北两极移动，所以极光常出现在高纬度地区上空。热层的气温随高度的增加而迅速增高，且昼夜温差很大，层内温度很高，层顶温度可达 1500K（约合 1226.85℃），热层下部尚有少量的水分存在，因此偶尔会出现银白并微带青色的夜光云。

知识链接：二氧化碳对热层大气的影响

2012 年 11 月一期英国《自然—地学》杂志刊登报告称，在大气圈分层中处于上部的热层，其二氧化碳含量近来出现上升趋势。这是科学家首次直接观测到热层大气中二氧化碳含量上升，说明人类大量排放二氧化碳的影响已经触及大气圈外围。

英国约克大学研究人员和国际同行报告说，他们借助卫星观测数据分析出热层中二氧化碳的含量变化。太阳光在热层大气中被吸收，不同气体分子会吸收不同波长的光线，进而可分析出其中二氧化碳分子的含量。结果显示，在101千米的高度，二氧化碳含量在以每十年23.5ppm（1ppm为一百万分之一）的速率增长。这是首次直接观测到热层大气中的二氧化碳含量变化情况。近年来科学界在测量不同高度大气中二氧化碳含量的变化，但是之前最高只测量到35千米的高度。

参与研究的彼得·伯纳斯教授说，二氧化碳在大气圈底层积累会导致“温室效应”和气温升高，但是在热层这个高度，二氧化碳含量上升反而会导致气温下降。这是因为热层中气体稀薄，二氧化碳绝对含量低，还不足以引发温室效应；同时二氧化碳分子会从周围吸取热量并将热量辐射到宇宙空间，使温度降低。

研究人员称，热层的二氧化碳浓度增加，可能对这一高度范围内的卫星造成影响。因为气温下降，气体密度变低，气体对卫星的阻力也会减小，长期作用下可能导致卫星轨道发生变化。

据介绍，此前曾发现过一些卫星轨道的变化，并据此推测热层的气体密度在降低，但原因不是很清楚。本次研究表明其原因可能就是人类大量排放的二氧化碳逐渐向上扩散到了热层之中。

5）散逸层

散逸层又称外层或逃逸层，是热层以上的大气圈，也是地球大气圈的最外层，底部距离地表800千米以上，而顶部距离地表2000～3000千米。由于温度高，空气粒子运动速度很大，又因距地心较远，地心引力较小，所以散逸层的主要特点是大气粒子经常散逸至星际空间。因此，该层的大气密度与星际空间非常接近，其大气质量只有大气圈总质量的10^{-11}。

散逸层的气温极高，气温由低到高呈垂直分布，随着高度的升高而升高。散逸层的高温在原理上与热层相同，是因为大气分子吸收了来自太阳的短波辐射而被加热。但是由于散逸层的大气密度实在太低，所以不会令人感到任何温暖。

2．水圈

水圈是外圈中作用最为活跃的一个圈层，也是一个连续不规则的圈层。它包括了地壳表层、地面和围绕地球的大气层中存在着的各种形态的水，包括液态、气态和固态的水，水圈的主体是海洋，其面积约占全球总面积的71%。陆地上的湖泊、河流、沼泽、冰川、地下水，甚至是矿物中的水都是水圈的组成部分。水是地表分布最为广泛的物质之一，同时也是地表最重要的物质和参与地理环境物质能量转化的重要因素。水分和能量的不同组合使地球表面形成了不同的自然带、地带和自然景观类型；水溶解岩石中的营养物质，为满足生物需要创造了前提；水分循环不仅调节气候、净化大气，而且几乎伴随一切自然地理过程，促进地理环境的发展与演化。

3．生物圈

生物圈是指地球上出现并感受到生命活动影响的地区，是地表有机体包括微生物及其自下而上环境的总称。到目前为止，生物圈是行星地球特有的圈层。生物圈是地球上最大的生态系统，也是人类诞生和生存的空间。

生物圈同大气圈、水圈相互交错，组成一个巨大的复杂的自然综合体。人类的出现是地球表面形成和发展过程中的一个重要转折。人类以其特有的智慧和劳动，通过社会生产和生活的各个方面对地球表面施加影响，创造了一个新的世界。

三、地球的运动

地球一方面围绕地轴旋转，叫作自转；另一方面又在围绕太阳旋转，叫作公转。下面着重介绍自转、公转及其影响。

（一）地球的自转及其影响

1. 地球自转的方向

了解地球的自转，首先需要了解地轴的概念。人们把通过地心且连接南、北两极，与地球自转轨道面——赤道面垂直的轴叫作地轴。地轴是地球自转的假想轴，地球始终不停地绕着这个假想轴运转，故其又被称为地球自转轴。地球绕地轴自西向东转动，从北极点上空看呈逆时针旋转，从南极点上空看呈顺时针旋转，如图 2-7 所示。

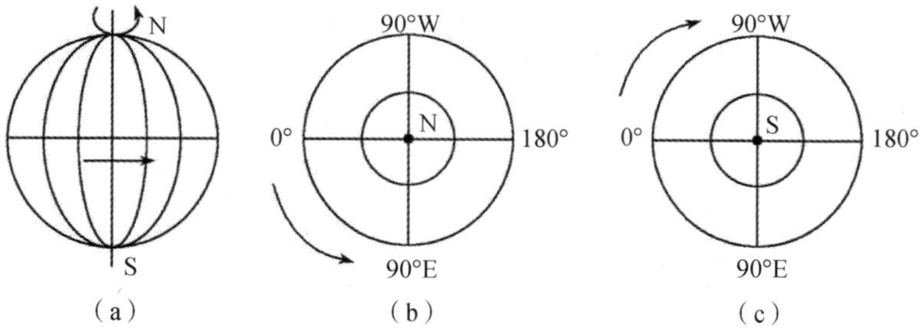

图 2-7　地球自转方向示意图

2. 地球自转的周期

地球自转一周的时间是 23 小时 56 分 04 秒，即一个恒星日。恒星日是地球相对于遥远的恒星（除太阳外）自转一周所用的时间。而地球相对于太阳自转一周的时间为 24 小时，称一个太阳日。一个太阳日与一个恒星日之间的差异主要是受地球公转影响的结果，如图 2-8 所示。

用天文术语讲，一个太阳日就是太阳连续两次经过同一子午面的时间间隔。子午面即通过子午圈的无限伸展的平面。对于地球上任一地点来说，子午面就是沿南北方向延伸与地面垂直的平面。太阳过子午面时，该地点恰好是正午 12 点。那么，两次正午 12 点的时间间隔恰好是 24 小时。在日常生活中，一般把两次天亮或天黑之间的时间段叫作一天，也是 24 小时。

如图 2-8 所示，地球在自转的同时还围绕太阳公转，当地球处在位置 1 时，在地表 A 点处，太阳刚好过 A 点处的子午面。当地球运动到位置 2 时，地球相对于遥远的恒星已经转了一圈。但是，由于地球也在公转，使得 A 点还没有对着太阳，也就是说太阳还没有第二次过 A 点处的子午面，在地球又转过一个角度 α 到达位置 3 时，这时 A 点又对着太阳了，即太阳第二次过 A 点处的子午面。我们把从位置 1 到位置 3 所用的时间段定为 24 小时，即一个太阳日，而把从位置 1 到位置 2 所用的时间定为一个恒星日，它不足 24 小时。如果设地球从位置 1 到位置 2 所用的时间数为 t，则有 t+Δt=24 小时。

Δt 为地球自转 α 角所需的时间，α 角就是地球公转一天所转过的角度，显然：α=360°/365 天≈1°，那么 24 小时地球自转的角度便为 361°，故自转 α 角所需的时间为：Δt=24 小时/361°≈3 分 56 秒。故有 t=24 小时−Δt=23 小时 56 分 04 秒，这个 t 值就是地球相对于遥远的恒星自转一周所用的时间，即地球自转的真正周期。

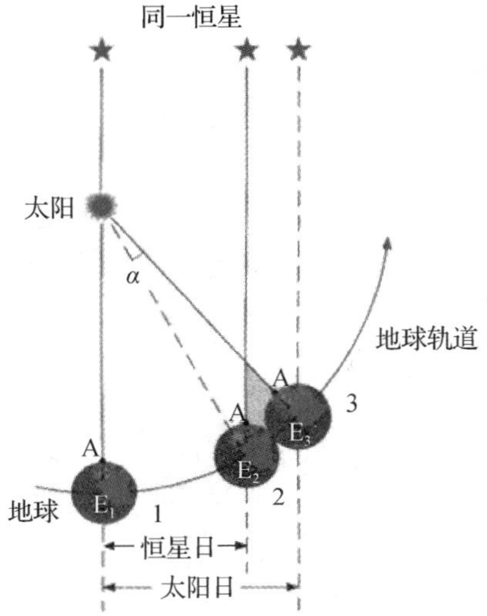

图 2-8　恒星日推算示意图

3. 地球自转的速度

地球自转的速度可分为绕地轴转动的角速度及地表上任意一点随地表运动的线速度。

1）角速度

角速度通常用ω表示，即单位时间内转过的角度，地球自转的角速度为：

$$\omega = \theta/t = 360° / 23\text{时}56\text{分}04\text{秒} \approx 15° / \text{时} \approx 1° / 4\text{分} \tag{2-1}$$

2）线速度

线速度用 v 表示，在赤道处最快，向两极逐渐降低，极点为零。这是在没有考虑地形起伏的条件下得出的线速度，由于地形起伏的实际存在，则计算地球上某点线速度大小的公式为：

$$v = [\cos\theta \cdot (\mathrm{R} + h) \cdot 2\pi] / \mathrm{T} \tag{2-2}$$

其中 v 是线速度，T 是自转周期，R 是赤道半径，h 是海拔高度，θ 为地理纬度。通过此公式可以说明线速度的大小随地理纬度的增加而降低，随海拔高度的增加而增加，但是这种影响比较微小，因为地表上的高山相对于地球半径而言实在微不足道。

在地球上抛出的物体，当它的速度足够大时，物体就永远不会落到地面上。当速度达到第一宇宙速度时，它将围绕地球旋转，这就是人造地球卫星的运转原理。

4．地球自转的影响

地球自转主要产生了昼夜更替、地方时差、地转偏向等重要现象。

地球是一个不发光且不透明的球体，同一瞬间阳光只能照射半个地球，被阳光照射的半个地球是白昼，没有被阳光照射的半个地球是黑夜。昼半球和夜半球的分界线叫作晨昏线。这样随着地球的自转，昼夜更替现象产生了，如图 2-9 所示。

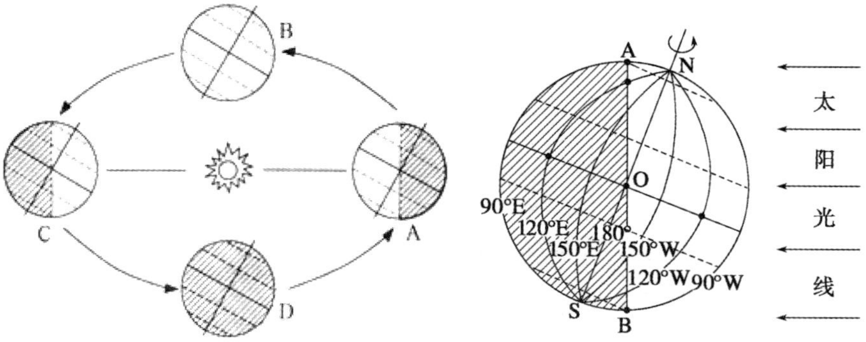

图 2-9　昼夜更替现象的产生

由于地球的自转，地球不同位置同一时刻的昼夜情况是不一样的，有的是正午，有的是子夜，有的正经历昼夜交替的黎明或傍晚。当某地太阳升起到一天中最高位置时，太阳直射在该地所处的经线上，这时就是当地的正午，这样确定的时间叫作地方时。经度每相差 15°，地方时相差 1 小时。有关地方时的详细论述见后续章节。

由于地轴是倾斜的，所以地球上不同地区的昼夜长短是不同的。在地球的南北两极地区，太阳光线终年斜射，昼夜长短变化很大。南北半球的高纬度地区还会出现太阳终日不落或终日不出的现象，即一天 24 小时都是白天或者都是黑夜，这就是极地地区的“极昼”和“极夜”现象。在南北极点，有长达半年的极昼和极夜，如图 2-10 所示。

地球自转还会产生相应的力作用于运动物体，这个力称作地转偏向力。沿地表水平运动的物体的运动方向在地转偏向力的作用下会发生偏移，这种现象叫作地转偏向。地球上运动物体受地转偏向力的影响是一个极为重要的话题，飞机的长距离飞行明显受其作用，空气运动、河水流动，几乎一切在地球上运动的物体都要受到它的作用。有关地转偏向力的产生原因及其对飞行的影响将在后续章节中做详细探讨。

地球自转还使地表物体产生惯性离心力，从而塑造了两极略扁、赤道略鼓的地球形状。一般说来，凡做圆周运动的物体都会产生离心力。如果用细绳拴一个重物，让它们做圆周运动，这时手会感觉到拉力，如果松手，重物会飞出去，这就是离心力所致。由于地球本身在绕地轴转动，因此地球上的物体均受到离心力的作用，这个力被称为惯性离心力。如图 2-11 所示，A 点绕纬圈做圆周运动，离心力如图所示，同样 B、C 两点也会受到离心力的作用。根据物理学中力的分解原理，A 点处的离心力可理解为两个力的合力：一个是垂直于地面向上的力，另一个是与地面一致指向赤道的力。同样 C 点处也有一个指向赤道的分力。由此可见，赤道两侧的物体有向赤道运动的趋势，而赤道上的物体有向外运动的趋势，由此形成了地球两极略扁、赤道略鼓的形状。

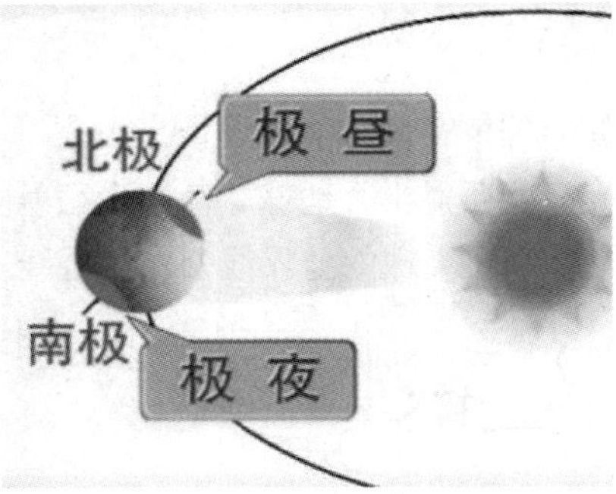

图 2-10　极昼及极夜现象的产生

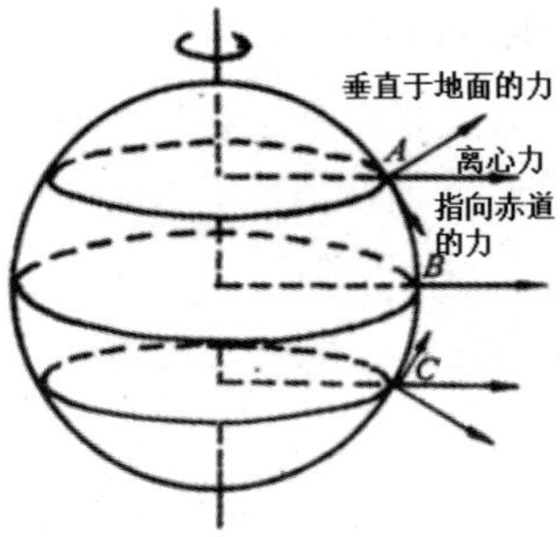

图 2-11　地表物体所受惯性离心力分析

（二）地球的公转及其影响

1．地球公转的速度及周期

地球公转就是地球按一定轨道围绕太阳转动。和地球的自转具有其独特规律性一样，由于太阳引力场及自转的作用而导致的地球公转也有其自身的规律。地球以平均 29.79 千米/秒的公转线速度和平均 1°/日的公转角速度沿着一个偏心率很小的椭圆绕着太阳公转，绕完一圈大约 9.4 亿千米的路程要花费 365 天 5 小时 48 分 46 秒，即一年。

地球公转速度与日地距离有关，公转的角速度和线速度都不是固定的值，随着日地距离的变化而改变。地球在过近日点时，公转的速度快，角速度和线速度都超过它们的平均值，角速度为 1°1′11″/日，线速度为 30.3 千米/秒；地球在过远日点时，公转的速度慢，角速度和线速度都低于它们的平均值，角速度为 57′11″/日，线速度为 29.3 千米/秒。地球于每年 1 月初经过近日点，7 月初经过远日点，因此，从 1 月初到当年 7 月初，地球与太阳的距离逐渐加大，地球公转速度逐渐减慢；从 7 月初到次年 1 月初，地球与太阳的距离逐渐缩小，地球公转速度逐渐加快，如图 2-12 所示。

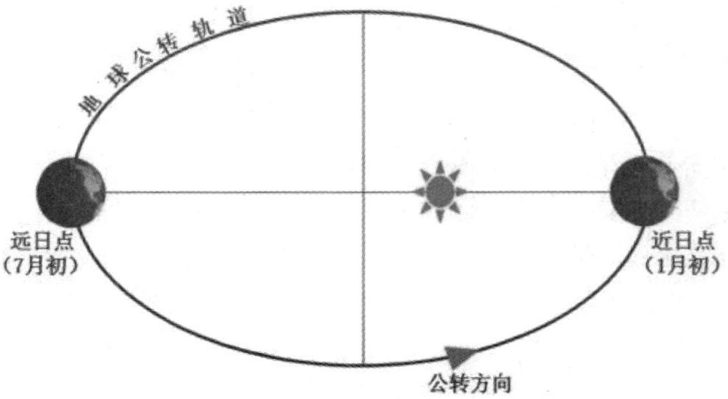

图 2-12　地球公转示意图

2．地球公转的影响

地球公转是造成四季更替、昼夜长短变化、太阳高度角变化、五带形成等的主要原因。

1）四季更替

在地球公转的过程中，不同位置点距离太阳的远近不同，而且在不同的时间段地球南北半球所受太阳光线照射的强度和角度也不同，太阳光线照射角度小的地区热量就少，这样不同的时间段就会产生不同的气候，一年四季也就会产生并互相更替。同理，由于赤道附近总是处于太阳光线的直射状态，所以热带地区只有夏季。

此外，四季的时间也是不相等的，这也是地球公转的结果。这主要是因为：如果地球的公转速度是均匀的，地球相对太阳由春分点运行到秋分点所需要的时间，应该与由秋分点运行到春分点所需要的时间是相等的，各为全年的一半。但是，地球公转速度是不均匀的，那么运行相等距离的时间必然是不相等的。地球由春分点经过夏至点到秋分点，公转速度较慢，需要 186 天多，长于全年的一半，此时是北半球的夏半年和南半球的冬半年；地球由秋分点经过冬至点到春分点，公转速度较快，需要 179 天，短于全年的一半，此时是北半球的冬半年和南半球的夏半年，如图 2-13 所示。由此可见，地球公转速度的变化是造成地球上四季时间不相等的根本原因。

2）昼夜长短变化

一年中，大部分地方、大部分时间是昼夜不相等的。理论上讲，赤道是永远昼夜平分的。离开赤道，纬度越高，昼夜变化幅度就会越大，到南北极圈范围以内，就有可能发生极昼极夜现象，也就是说，南北极圈以内是昼夜变化幅度最大的地方，全球昼夜平分只有春分日和秋分日这两天。北半球从春分日到夏至日再到秋分日，这个半年整个北半球是昼长夜短，并且北极圈以内出现极昼现象，也就是说北半球在这个半年内白天大于 12 小时，夜晚小于 12 小时；南半球情况相反。对于全球而言，纬度越高昼夜长短的变化幅度越大。在北半球冬至日，北半球昼最短、夜最长；南半球情况相反。在北半球夏至日，北半球昼最长、夜最短；南半球情况相反。北半球昼夜长短变化规律如图 2-14 所示。

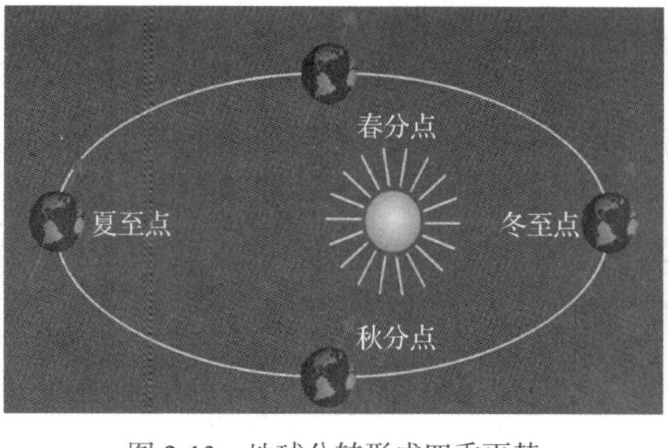

图 2-13　地球公转形成四季更替

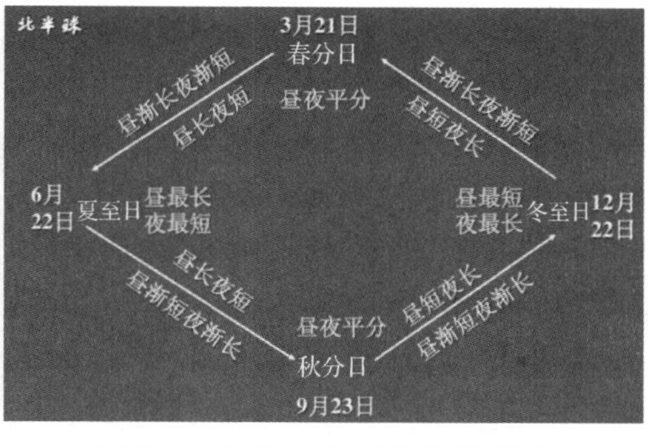

图 2-14　北半球昼夜长短变化规律

3）太阳高度角变化

地球的公转致使一年内太阳光线在地球上的直射点在南北回归线之间往复一次。以北半球北回归线穿过的地区为例：一年中当太阳光线直射北回归线时，正值我国北方的夏至节气，正午太阳在头顶正上方，即太阳高度角为 90°，为一年之中的最大值；当太阳光线直射南回归线时，正值我国北方的冬至节气，此时的太阳高度角为 43°，为一年之中的最小值。太阳直射点规律曲线如图 2-15 所示。

4）五带形成

由于地球公转造成太阳高度角变化和昼夜长短变化，各地区接收的太阳辐射量也不同，从低纬度向高纬度递减，于是形成了地球上气候差异显著的五带区。地球五带的划分如图 2-16 所示。

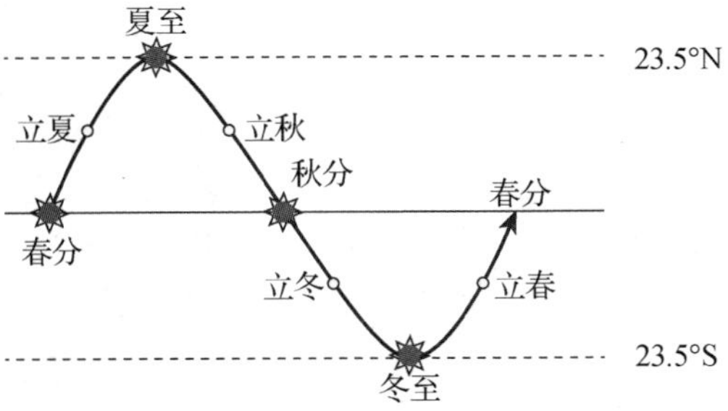

图 2-15　太阳直射点规律曲线

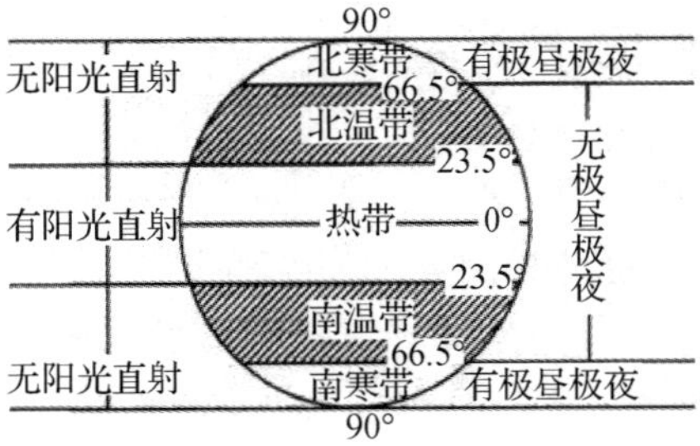

图 2-16　地球五带的划分

案例链接：昼夜长短变化规律的应用

1941 年 6 月 22 日 3 时许，德国突然对苏联不宣而战，以 190 个师、1830 架飞机大举进攻苏联。苏联方面由于毫无防备，损失惨重，苏联西部的重要城市、交通枢纽、军事基地均遭受毁灭性打击。在德军猛烈突击面前，苏军一个月内损失 60 多个师、约 160 万人，战线全线溃退。

德国选择在 6 月 22 日发起进攻并非偶然，而是刻意为之，德国势图利用自然条件之便争取战争的胜利。因为 6 月 22 日刚好是夏至日，北半球各地白昼时长达到年内最大值。而苏联地处高纬度地区，当天更是上午 3 时许就已日出，为德军进行炮火准备和空袭提供了绝佳的有利条件。

第二节　飞行偏移

人们很早就发现，北半球的河流右岸冲刷明显，而南半球的河流左岸冲刷明显。欧洲的一个学者曾做过一个有趣的实验，叫作澡盆实验，即在澡盆里放满水，拔掉塞子，发现水流总是呈逆时针方向转动流出。后来经过许多科学家的实验，发现几乎所有物体在运动时都要发生偏转，这些现象产生的原因就是地球自转产生的地转偏向力。

一、地转偏向力产生的原因

按照惯性原理，地球上运动的物体总是力求保持它的方向和速度，但是由于地球本身在旋转，从而使各地的方向坐标也在不断地变化，也就是东、南、西、北的方向在不断地变化，这就使运动物体发生了相对偏转。通俗地说，就是运动物体始终沿原来的方向运动时，东、南、西、北这四个方向却发生了相对改变。如图 2-17 所示，把一个带有东、南、西、北四个坐标的平面，与地球仪某点相切，代表该点的地平面，四个坐标分别表示东、南、西、北。然后把地球仪转过一个角度，将看到东、南、西、北的坐标发生了改变，这意味着在该平面运动的物体会产生相应的偏移。

地转偏向力是由于地球自转而使地球表面运动物体受到与其运动方向相垂直的力，地转偏向力不会改变地球表面运动物体的速度大小，只改变运动物体的运动方向。

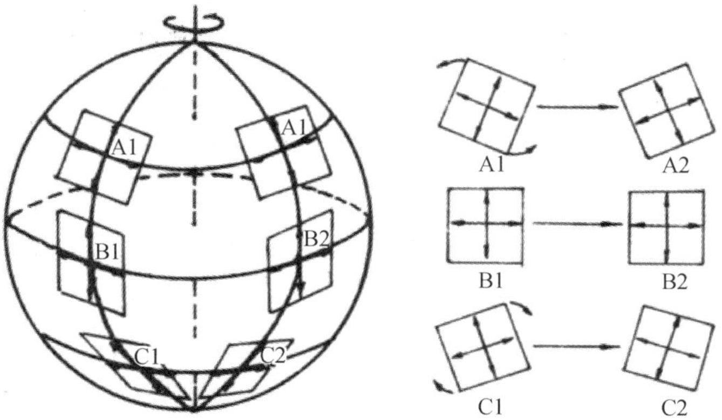

图 2-17 地转偏向力原理示意图

二、地转偏向力的规律

如图 2-17 所示，在北半球，固定地点从 A1 转到 A2，方向坐标逆时针转过一个角度；而在南半球，情况恰恰相反，固定地点从 C1 转到 C2，方向坐标顺时针转过一个角度；在赤道上，固定地点从 B1 转到 B2，南、北方向始终不变，东、西方向虽然有变化，但是在水平方向上，方向坐标并没有转动，就是说地平面本身没有自转。但是这种情况只有站在地球以外才能观察到，而地球上运动的物体随地球一起转动，站在地球上看不到这种变化，认为东、南、西、北的参照是不变的，那么运动物体的偏转方向便会与坐标的偏转方向刚好相反：北半球运动的物体受地转偏向力的影响顺时针偏转；南半球运动的物体受地转偏向力的影响逆时针偏转；赤道上运动的物体方向不变，如图 2-18 所示。

比较简便的判别方法为左右手原则：北半球用右手，手心向上，四指指向初始运动方向，拇指则为物体的偏转方向；南半球则用左手，手心向上，四指指向初始运动方向，拇指则为物体的偏转方向，如图 2-19 所示。

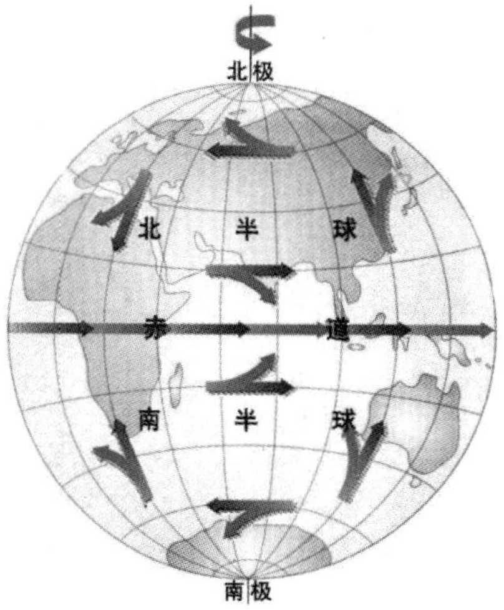

图 2-18 运动物体受地转偏向力影响偏转示意图

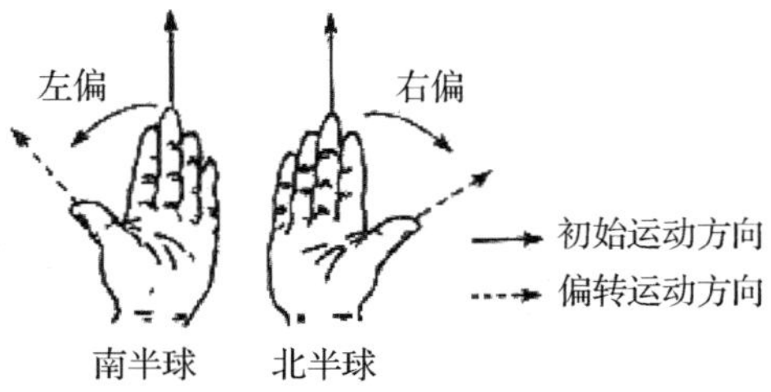

图 2-19 运动物体偏转方向的判别

三、地转偏向力的影响

地转偏向力对地球上所有的运动物体都有影响。比如北半球的河岸形态会呈“右岸侵蚀、左岸堆积”状，北半球运行的机车右轮通常比左轮磨损得快，炮弹轨迹会发生偏移，洋流和风向会改变等。

第三节　导航

导航是指通过测量航空器航行中的位置、方向、距离和速度等航行参数，引导飞机沿选定航线安全、准确、准时到达目的地的方法，它是航空器正常航行必不可少的技术手段。自出现飞行活动以来就有了空中导航，随着科技的进步，导航设备和导航方法也不断更新，导航经历了目视导航、推测导航、天文导航、无线电导航、惯性导航和卫星导航六个阶段。

一、目视导航

早期的飞行活动高度低、速度慢，飞行员可以通过目视显著地标对照简易地图的方法来确定飞机位置，用指南针来辨别飞行方向，这种导航方法称为目视导航，如图 2-20 所示。目视导航高度依赖天气条件和地理条件，适用于天气晴朗时基地附近的飞行活动。

（a）指南针

（b）飞行者一号

图 2-20　目视导航

二、推测导航

随着人类飞行经验的积累，飞机飞行高度增加、速度增大、距离增长，目视导航已无法完成飞行任务。飞行员需要依靠简陋的机械式飞行仪表（如磁罗盘、空速表、气压式高度表、航空时钟等）测量航行方向和速度，根据飞机在空中的航行规律在航空地图上进行地图作业来推测飞机的位置，这种导航方法称为推测导航，如图 2-21 所示。推测导航不受天气条件和地理条件的限制，能够实现云上和夜间飞行。但是随着飞行时间和距离的增加，推测导航的累计误差逐渐凸显，需要结合目视导航进行位置校准。

（a）机械式飞行仪表（Me-262 战斗机）

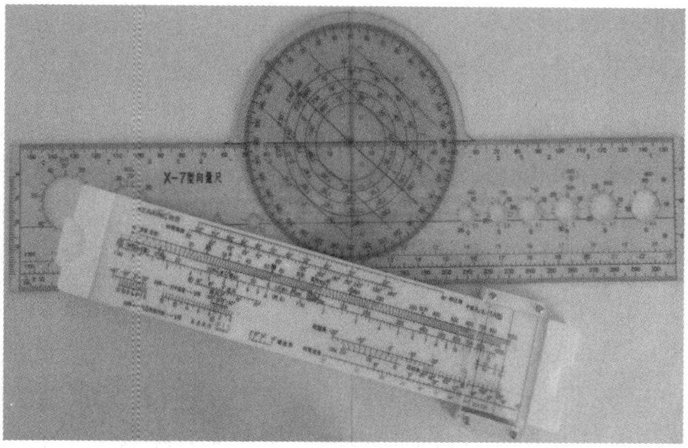

（b）领航尺

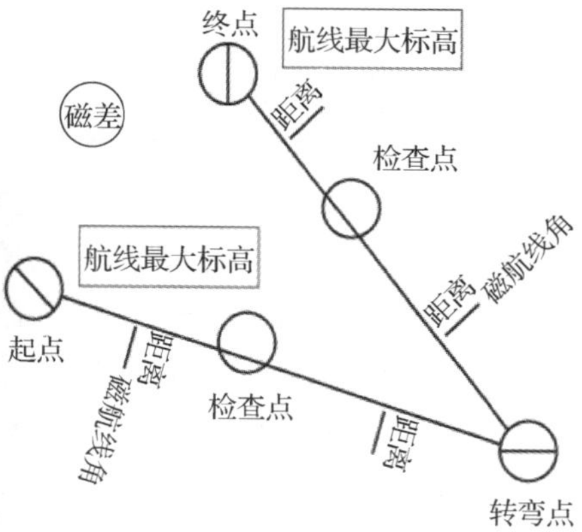

（c）地图作业示意

图 2-21　推测导航

三、天文导航

天文导航起源于航海，它是根据人们掌握的自然天体的准确位置和运行规律，利用机载设备［如六分仪（如图 2-22 所示）］测量天体相对于飞机参考面的天体高度角和方向角，从而计算出飞机位置和航向的技术方法。在日月星辰构成的惯性参考系中，某一时刻，对于地球上不同的地点来说，天体有不同的高度角和方向角，人们根据天体运行的时空规律编制了天文年历。在确定飞机位置时，用仪器测出天体的高度角和高度计算作图半径，根据天文年历查出该时刻的星下点位置并画出等高圆。使用同样方法求解另一天体的等高圆，取其交点来确定飞机的位置。在确定飞机航向时，用天体的方向角减去测量的飞机航向角（飞机纵轴与天体连线之间的夹角）可得到飞机真航向。天文导航系统是自主式系统，不需要地面设备，不受人工或自然形成的电磁场的干扰，不向外辐射电磁波，隐蔽性好，定向、定位精度高。但是天文导航会受到天气条件的制约，当空中能见度较差时，就无法对天体进行观测。

图 2-22　六分仪

四、无线电导航

随着无线电技术和电子技术的发展，20 世纪 20 年代后期出现了无线电导航。无线电导航的原理是利用机载无线电导航设备接收和处理来自无线电导航台站发射的无线电波，从而获得导航几何参量，确定飞机位置及飞往预定点的航向、时间，引导飞机沿选定航线安全、高效地完成飞行任务。它利用了无线电波传播的一些基本特性，通过对无线电信号某一电参量（如振幅、频率、相位、时间等）的测量来测定飞机的距离、距离差、方向和位置等导航几何参量，从而获得两条（或三条）位置线（位置面），取其交点确定飞机的位置，如图 2-23 所示。无线电导航使飞机能够在复杂气象条件下安全起降，并且导航不受时间、距离限制，精度高，定位时间短，可以连续实时定位。但是由于无线电导航必须辐射无线电波，因此易被干扰，同时陆基导航设备易被破坏。

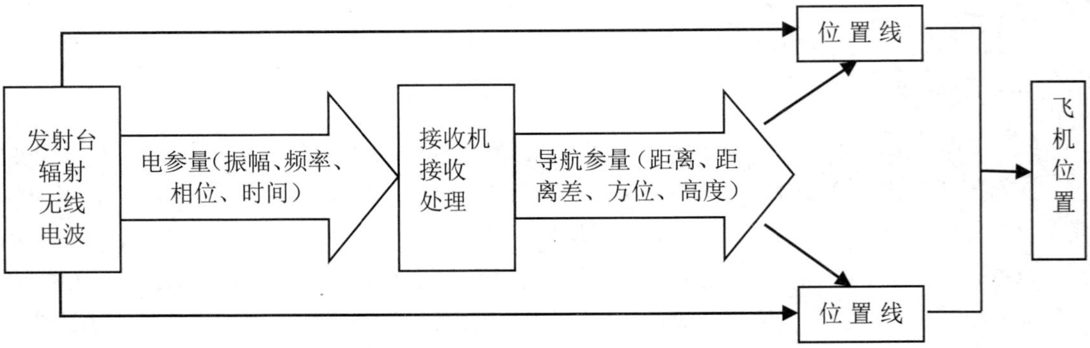

图 2-23　无线电导航原理

（一）无线电波的传播特性

无线电波是电磁波的重要形式之一，它以电磁波的形式在空间传播，传播过程中的共同特性包括：第一，无线电波在理想均匀媒质中沿直线传播；第二，无线电波在不连续媒质的界面上必然发生反射；第三，无线电波在理想均匀媒质中传播速度恒定。

利用上述无线电波的传播特性可以测定接收目标的导航几何参量，如利用无线电波直线传播的特性可以测定目标的方向，利用无线电波反射的特性可以发现目标，利用无线电波等速性可以确定目标的距离等。

不同波长和频率的无线电波的特性有所不同，它们在大气中的传播线路和能力也有所不同。根据频率的大小可以将无线电波划分为不同波段，相应特性如表 2-1 所示。

表 2-1 无线电波波段划分表

频率分类	频率	波长	特性	用途	设备
甚低频（VLF）	30KHz 以下	10km～100km（超长波）	传播衰减特性极小	远程导航	奥米伽（Omega）
低频（LF）	30KHz～300KHz	1km～10km（长波）	全向辐射的特征	近程导航、广播	无方向性信标（NDB） 自动测向接收机（ADF）
中频（MF）	300KHz～3MHz	0.1km～1km（中波）			
高频（HF）	3M～30MHz	10m～100m（短波）	电离层的反射进行传播	远程通信	高频通信系统
甚高频（VHF）	30MHz～300MHz	1m～10m（超短波）	穿透电离层而没有反射	近程导航、通信	测距仪（DME）、 仪表着陆系统（ILS） 甚高频全向信标（VOR） 全球导航卫星导航（GNSS） 卫星通信
超高频（UHF）	300MHz～3GHz	1dm～10dm（分米波）			
特高频（SHF）	3GHz～30GHz	1cm～10cm（厘米波）			雷达 卫星通信
极高频（EHF）	30GHz～300GHz	1mm～10mm（毫米波）			微波着陆系统（MLS）

（二）无线电导航设备

无线电导航在过去几十年中发展迅速，出现了各种无线电导航设备，在现代民航飞机的起飞爬升、航路巡航、进近着陆阶段，都可以通过各种数字化的无线电导航设备及时准确地指示飞机在空间的经纬度位置、高度、速度等信息。迄今为止，几乎所有的导航设备都是以无线电波的传播为基础的。即使是最先进的卫星导航系统也不例外。

民航导航可分为终端区导航和航路导航，主要空管及导航设备如下。

1. 空中交通管制设备

雷达是用无线电波来发现和确定目标位置的设备，它对于飞行员来说是一个被动的过程。空管使用的雷达有一次雷达（PSR）和二次雷达（SSR）。

1）一次雷达（PSR）

一次雷达由发射系统向飞机发出无线电脉冲信号，信号从飞机上反射回来，由雷达接收后在空中交通管制中心的设备显示屏上显示飞机的位置，如图 2-24 所示。一次雷达包括航路监视雷达

（ARSR）、机场监视雷达（ASR）、机场场面监视雷达（SSRS）和精密进近雷达（PAR）。ARSR是远程搜索雷达，用于监视连接各个机场的航路与航路外飞机的活动情况，供区域管制使用；ASR是近程搜索雷达，用于探测机场区域内各种飞机的活动，一般与二次雷达配合使用；SSRS 用于提供机场地面目标（如飞机、牵引车等）的平面位置图，对地面运行的飞行员进行指示和帮助；PAR 是安装在跑道头一侧的三坐标雷达，同时提供着陆飞机的方位、俯仰和距离。PAR 分别发射左右扫描的航向波束及上下扫描的下滑波束，雷达控制器通过水平和垂直方向上的扫描图像指挥飞机把握准确的方位和高度，从而将飞机引导至着陆点。但是飞机座舱里并没有相应的导航设备，飞行员依赖空管人员的无线电话被动操作，只能作为进近着陆引导的辅助设备。

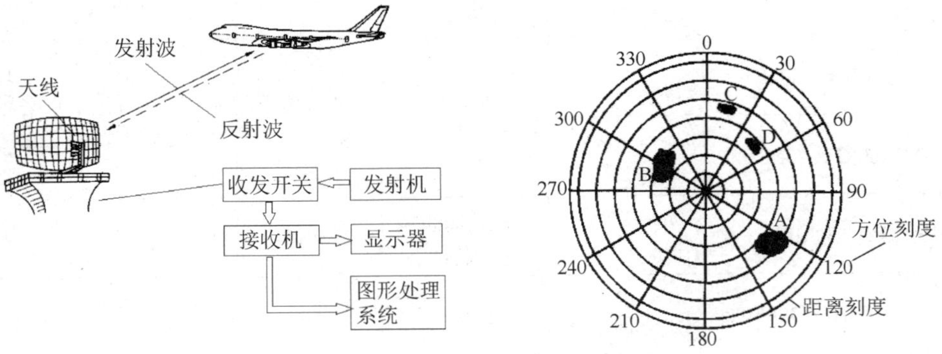

（a）地面台　　（b）设备显示屏

图 2-24　一次雷达工作原理

2）二次雷达（SSR）

二次雷达采用无线电脉冲信号的接送和问答的方式，先由地面询问雷达发射特定编码的询问信号，飞机上的应答机收到询问信号后，经译码处理再由应答机将回答信号发回地面，得到飞机编号、高度、方向等参数，如图 2-25 所示。这种传输过程经过了一次问询和一次回答两个程序，故称为二次雷达。二次雷达可用于航道监视或终端监视。

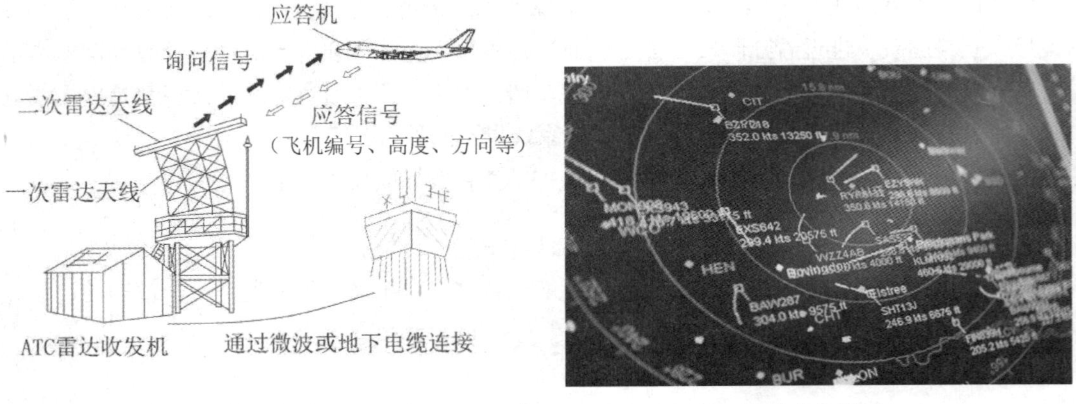

（a）地面导航台　　（b）设备显示屏

图 2-25　二次雷达工作原理

2. 终端区进近着陆引导设备

终端区进近着陆引导是指机场区域的无线电导航，一般包括中频无方向性信标（NDB）、甚高频全向信标（VOR）/测距仪（DME）、仪表着陆系统（ILS）和微波着陆系统（MLS）。

1）中频无方向性信标（NDB）

中频无方向性信标（NDB）是一种陆基导航设备，与机载自动定向仪（ADF）配合使用组成自动定向系统（ADF 系统），它是近程无线电振幅测角系统，如图 2-26 所示。NDB 地面导航台安装在终端区或航路上，不断向空间发射全向无线电信号。ADF 接收这个信号，旋转环形天线平面在正对 NDB 地面导航台时振幅最大、信号最强，通过电子线路使天线自动锁定在这个方向上，测出飞机与 NDB 地面导航台的相对方位角，结合飞机航向确定飞机的绝对方位。同样方法可以测出飞机相对于其他 NDB 地面导航台的绝对方位，两条方位线的交点就是飞机的位置。安装在航路上的 NDB 地面导航台供飞机在航路上定向和定位使用；安装在终端区的 NDB 地面导航台供飞机在着陆时使用，一般安装在飞机着陆方向的跑道延长线上，分为远台和近台，为飞机提供跑道方位的引导从而实现进近着陆。ADF 系统始建于 1912 年，是最早的无线电导航系统，其结构简单、性能可靠、造价低廉，但是易受天气影响且精度较低，目前仍在中小型机场中使用。

（a）NDB 地面导航台

（b）无线电磁指示器（RMI）

图 2-26　ADF 系统

2）甚高频全向信标（VOR）/测距仪（DME）

甚高频全向信标（VOR）是一种陆基近程无线电相位测角系统，如图 2-27 所示。VOR 地面导航台发射的信号有基准相位信号和可变相位信号，可变相位信号按照 VOR 地面导航台的径向方位而变化，只有磁北方向上可变相位信号和基准相位信号的相位一致。飞机上的甚高频接收机通过测量可变相位信号与基准相位信号的相位差，得到 VOR 地面导航台的径向方位，也就是在磁北方位上飞机相对于 VOR 地面导航台的绝对方位。与 ADF 系统定位方法类似，VOR 系统同样可以实现飞机定位。VOR 系统根据地面导航台安装位置的不同，分为终端区 VOR 和航路 VOR。航路 VOR 供飞机在航路上定位和定向；终端区 VOR 通常安装在跑道延长线上，为飞机提供跑道方位的引导从而实现进近着陆。VOR 系统出现于第二次世界大战之后，1949 年被国际民航组织正式确定为国际导航标准设备，其不受天气影响、指示稳定、精确度高，但是甚高频无线电波采用直线传播方式，对台址的选择相当严格。VOR 系统目前仍广泛应用于主要航线的导航。

（a）VOR 地面导航台　　（b）机载指示器（HSI）

图 2-27　VOR 系统

测距仪（DME）是一种陆基超高频无线电测距系统，采用二次雷达的工作方式测量机载询问器到地面应答机（地面导航台）之间的斜距。机载询问器向地面应答机发射一组询问脉冲对，地面应答机接收这些询问脉冲对，随即送回一组回答脉冲对，机载询问器接收信号并且测出发射和接收脉冲对的时间间隔，计算飞机到地面导航台的斜距。斜距与地面距离不同，随着飞行高度的增加两者差别也会变大，在高空飞行或接近地面导航台时使用 DME 测距的差别不可忽略。DME 地面导航台可以安装在航路或终端区，可以和 VOR 系统组成 VOR/DME 测角测距近程导航系统，实现航路或终端区的定位和定向；或协助 ILS 实现进场着陆的导航。DME 是在第二次世界大战期间随着雷达的出现而发展起来的，其作用距离为 0.1 ~ 320 海里[①]，误差为 0.1 ~ 0.3 海里，广泛应用于航路和终端区的导航。

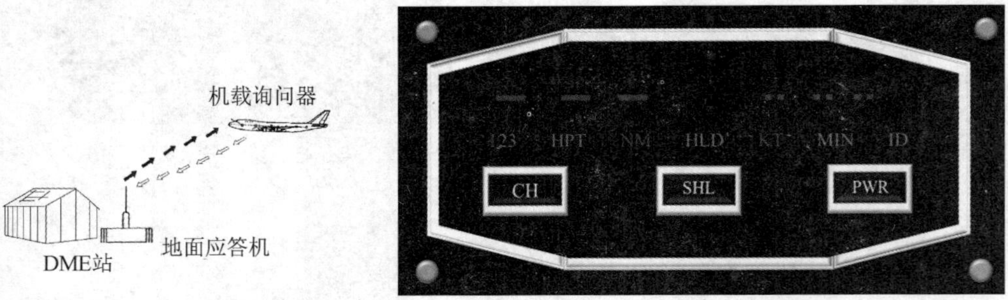

（a）DME 地面导航台　　（b）DME 指示器

图 2-28　DME 测距示意图

3）仪表着陆系统（ILS）

仪表着陆系统（ILS）是机场终端区引导飞机精密进近着陆的主要导航设备，俗称盲降系统。ILS 由地面导航台和机载导航设备组成，地面导航台包括航向信标（LOC）台、下滑信标（GS）台和指点信标（MB）台。LOC 安装在跑道末端的中心延长线上，向空间发射沿跑道中心延长线的垂直波束；GS 安装在跑道接地带旁边，向空间发射与跑道平面成一定仰角（下滑角，一般为 2° ~ 4°）的水平波束，两个波束重叠部分形成由跑道指向空中的楔形下滑道，飞机通过

① 海里是一种国际度量单位，单位为 nmi，1 海里约合 1.852 千米。

机载设备确定飞机与下滑道的相对位置，飞机只要保持在下滑道中线上飞行，就能沿下滑路线平稳下降，实现进近着陆，如图 2-29 所示。为了进一步引导驾驶员在 ILS 的进近航道上前进，通常还在距跑道的一定距离处设置二至三个指点信标台，分别称为外指点信标（OM）台、中指点信标（MM）台和内指点信标（IM）台。这些指点信标台能够向飞机提供距跑道入口处的距离和垂直高度。按照引导着陆的精密程度，ILS 分为 I 类、II 类、III类三个等级，III类 ILS 能够实现真正的盲降，即使在能见度非常恶劣的情况下也能自动引导飞机安全进近着陆和滑跑。ILS 在 1949 年被国际民航组织确定为飞机标准进近着陆设备，它能够在恶劣气象条件下和能见度不良条件下给飞行员提供引导信息。现代 ILS 与自动驾驶仪配合使用，一般可达到IIIb 类着陆条件；但是高等级的 ILS 费用昂贵，调试复杂，波束较宽，只有一条下滑道，并且精度受地形、建筑物及活动飞机和车辆的影响。

（a）航向信标台天线

（b）下滑信标台天线

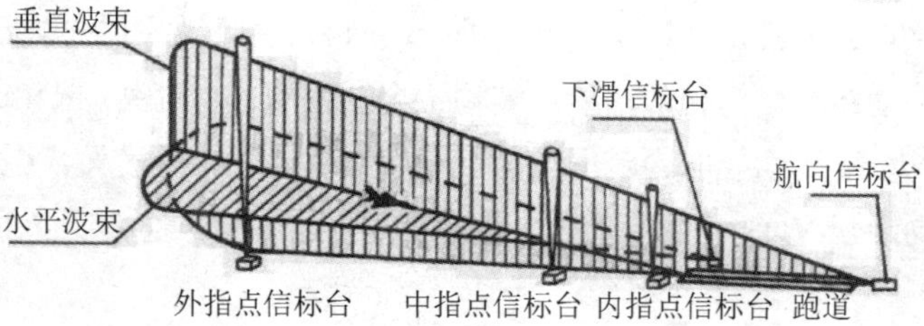

（c）ILS 工作原理

图 2-29　ILS 引导飞机精密进近着陆

4）微波着陆系统（MLS）

微波着陆系统（MLS）的工作原理与仪表着陆系统（ILS）基本相同，包括方位台、仰角台、反方位台、精密测距仪等，如图 2-30 所示。方位台提供航向引导，仰角台提供下滑引导，反方位台为起飞或进场失败而复飞的飞机提供背航向导航，精密测距仪一般和方位台安装在一起，提供连续的距离信息，代替 ILS 的指点信标台。III类精密进近还有拉平台，用于保证飞机进入跑道拉平至主轮接地过程的导航。MLS 的研究开始于 20 世纪 70 年代，它是为克服 ILS 的缺陷而研制的进近着陆辅助设备，工作在微波波段，工作频道容量是 ILS 的 5 倍，视场更宽广；并且 MLS 的导航是多向的，允许有多条不同方位的下滑路线；MLS 的传输信号不易受地面物体的干扰，不依赖于平整地面对波束信号的反射，精度高；MLS设备更为精巧，又易于安装调试，费用没有高等级的ILS昂贵，目前许多国家的主要机场已设置MLS。

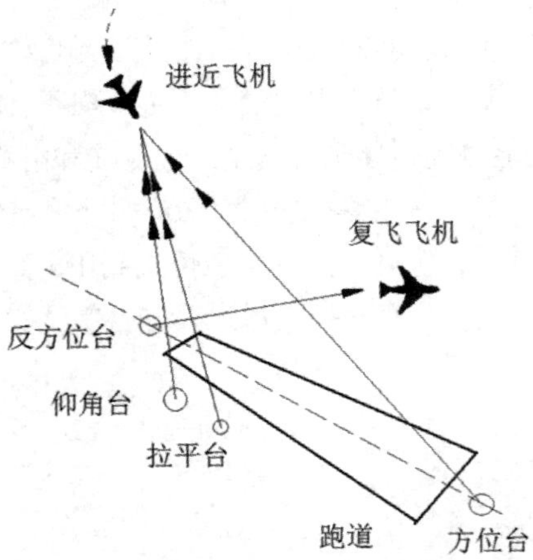

图2-30　微波着陆系统的工作原理

3．航路导航设备

传统航路导航是由NDB、VOR、DME等导航设备引导，为飞机提供准确的方位和相对距离信息使飞机按照逐台飞行的方法实现航路飞行。传统航路是由地面导航台连接的三度空间的飞行通道，中心线由地面导航台连接而成，具有一定的宽度和垂直间隔，一般宽度为15～20千米，垂直间隔300～600米。一条航路上飞行的飞机之间的最小时间间隔（纵向间隔）不小于5分钟，在比较繁忙的空域都划定有固定的航路。VOR/DME系统仍是目前大部分地区主要的航路导航手段。但是VOR/DME航路的建设受到地理条件和费用的制约，不能在地面上的所有城市都建立航路，如果飞机需要在没有建立航路的一般城市之间飞行，将不得不沿着已有航路绕飞，这样不仅浪费燃油也会给航路带来拥堵。随着空中交通流量的日益增长，这种束缚于地面导航台的传统航路和导航方法已不能满足要求，因此出现了区域导航。

区域导航（RNAV）仍旧可以使用VOR/DME导航设备，但是在飞机上增设了航线计算机，它接收两个VOR地面导航台的信号后计算出一条不依赖地面导航台的航线，并计算出假想的航路点，飞机在这些航路点上进行定向和定位，如图2-31所示。现代化飞机的计算机系统已具备自动跟踪信标台的功能，实现了全航程的自动驾驶。RNAV在不增加地面导航设备的情况下将VOR地面导航台范围内的传统航路扩展成一个平面，缓解了空中交通的压力。但是RNAV仍局限于VOR地面导航台的信号覆盖范围，在跨洋或无人区飞行中无法实现导航。

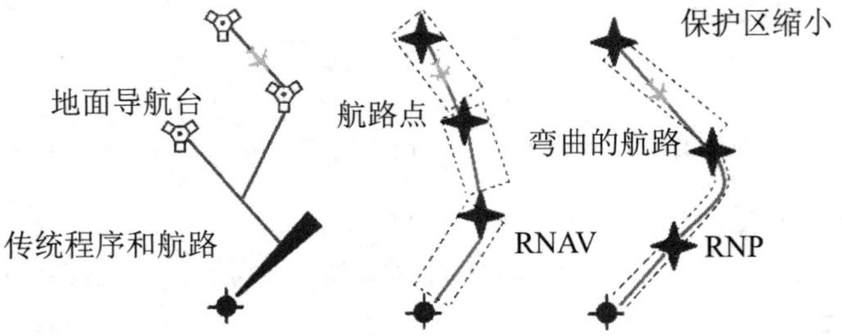

图2-31　区域导航工作原理

五、惯性导航

惯性导航系统（INS）是利用惯性导航设备（如加速度计和陀螺，如图2-32所示）测量飞机相对于惯性空间的线运动和角运动参数，在给定的运动初始条件下，由计算机解算出飞机的姿态、方位、速度和位置等参数，从而引导飞机完成预定的飞行任务。INS 是自主式导航系统，只需要飞机在起始机场准确输入导航数据，以后不需要任何地面设施的辅助，因此不受外界条件的限制，不需要像其他无线电导航方法那样沿特定地面特征或特定航路点飞行，是飞机飞越无人区或大洋最有效的导航手段。但是 INS 存在累积误差，通常和其他导航系统共同使用，以便矫正。

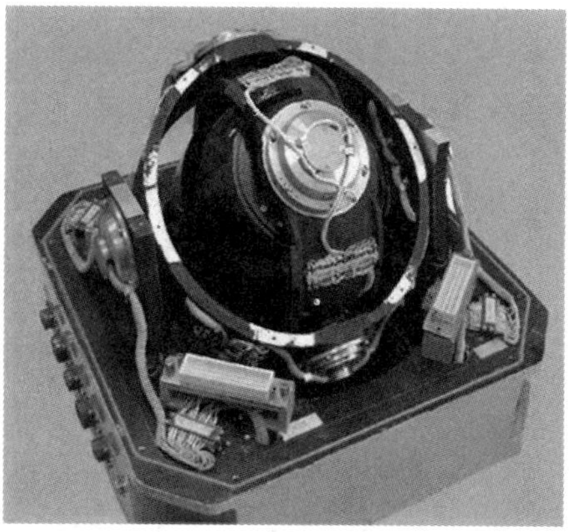

图 2-32　惯性导航设备

六、卫星导航

全球导航卫星系统（GNSS）是把地面导航台设置在人造卫星上的一种导航系统，属于星基无线电导航设备。人造卫星严格地控制在预定的轨道上运行，利用飞机上的无线电装置测出飞机与卫星之间的相对速度和位置，从而确定飞机在地球上的位置等导航参数。由于卫星距离地表很远，所以信号覆盖范围大，一个卫星相当于几十个地面导航台。因此只要有一定数量的卫星即可为全球提供不受天气、时间变化影响的导航服务。卫星导航出现于 20 世纪 70 年代，起源于航海导航，它将逐步取代所有常规的无线电导航设备，将节省大量的用于建设复杂地面导航设备的人力物力。

目前正在使用的 GNSS 主要有：全球定位系统（GPS）、全球卫星导航系统（GLONASS）、伽利略卫星导航系统（GSNS）、北斗卫星导航系统（BDS）。

全球定位系统（GPS）是美国军方主导开发的 GNSS，也是目前宣传最多、竞争较强的 GNSS，已于 20 世纪 90 年代初期投入运行。它由空间段、地面段和用户段组成，空间段由 24 颗卫星组成，地面监控站设在美国本土和大西洋、太平洋、印度洋的岛屿上，如图 2-33 所示。GPS 基本上可以覆盖全球，但是在某些区域的某些时段内会出现服务不连续问题，定位精度为：军用 1cm，民用 10m。

全球卫星导航系统（GLONASS）简称格洛纳斯，是苏联时期发展的军用卫星系统，但是在 1996 年才投入使用，现在归属于俄罗斯。它由空间卫星分系统、检测与控制分系统和导航用户系统组成，空间段由 31 颗卫星组成，信号性能良好。GLONASS 打破了美国 GPS 垄断的局面，但是其定位精度低于 GPS。

伽利略卫星导航系统（GSNS）是欧洲航天局与欧洲委员会共同负责的民用导航卫星系统，

于 2002 年正式启动研究，计划由 30 颗卫星组成，具有与其他导航系统相结合的优越性能。但是由于某些技术原因目前还不能提供全球服务。

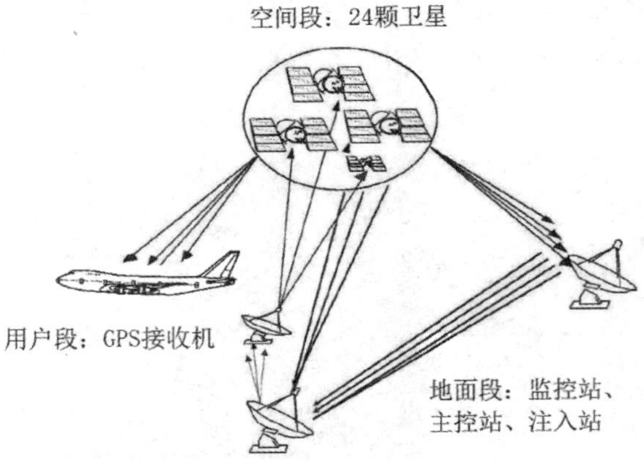

图 2-33　GPS 组成

北斗卫星导航系统（BDS）是中国自主研发、独立运行的 GNSS，是 GPS 和 GLONASS 之后世界上第三个成熟的 GNSS，于 2012 年年底向亚太地区提供服务，2020 年提供全球服务。BDS 由 35 颗卫星、地面控制中心为主的地面部分、北斗用户终端三部分组成，定位精度与 GPS 相当。

第四节　航图

航图是专为满足空中航行需要而绘制的地球的一部分及其地物和地形的图像，全称为航空地图。它是航空专业人士获取航行数据的最有效资源之一，通过航图可以快速地查阅通信频率、导航设施、飞行程序、机场等相关资料，航图为航行提供了现行、全面和权威性的航行数据。在航空事业高度发达的今天，航图以其使用方便、资料集中、方式协调的特点，成为保证飞行安全的重要工具。

航图属于地图的范畴，它是建立在地图学基本理论之上的专题地图，因此具备一般地图的特性。绘制航图时，需要将地球表面的各种景物画到面积有限的平面上，因此必须将地球缩小到一定的比例，并采用一定的符号和投影方法显示。航图由地图比例尺、地图符号和地图投影组成，它们又称地图三要素。

一、地图比例尺

地图比例尺是地图上线段长度与实地相应线段长度之比。为了使用方便，比例尺的分子通常化为 1，分母的大小就表示实地长度画在地图上时缩小的比例，常用的表示形式有以下三种。

（一）数字比例尺

数字比例尺使用数字的比例式或分数式表示，例如，1:1000000 或 1/1000000 表示地图上 1cm 代表实地距离 10km。

（二）文字说明比例尺

文字说明比例尺使用文字直接注明地图上长度和实地长度的关系，例如，“图上一厘米相当于实地距离十千米”。

（三）图解比例尺

图解比例尺又称为线段比例尺，使用线段的形式将地图上1cm所对应的实地距离表示出来。

根据航空运输的用途不同，需要有不同大小比例尺的航图。比例尺大小是就其比值而言，导航中通常将比例尺大于 1:500000 的地图称为大比例尺地图，如 1:200000；将比例尺小于1:1000000 的地图称为小比例尺地图，如 1:2000000。在图幅尺寸相同的地图上，比例尺越大，所表示的实地范围越小，也就越详细；比例尺越小，所表示的实地范围越大，也就越简略。

一般航线飞行和飞行训练，需要观察地面景物和进行领航计算，通常选用 1:1000000 或1:500000 的航空地图；远程航线飞行，需要推测飞机位置，常选用 1:2000000 的小比例尺航空地图；通航飞行或执行特殊飞行任务，如航拍、救援、空投等，需要详细识别地面景物和地形，常选用 1:100000 或 1:50000 的大比例尺航空地图。

二、地图符号

地球表面的自然景物，如河流、森林等，以及人工建筑物，如铁路、机场等，统称为地物。地球表面高低起伏的形态称为地形。绘制地图时需要将地物和地形按比例尺缩小后在地图上用一定的符号加以描述，称为地图符号。

根据地物缩小后的面积和长短，地图符号可分为如下三种。

（一）真形

地物缩小后仍能在地图上表示出真实轮廓的，用实线或虚线画出其真实轮廓，并用符号和颜色进行填充，如森林、大湖泊、大城市等。

（二）半真形

地物缩小后长度和弯曲情况在地图上可以表示，但是宽度无法表示，用半真形的符号表示，如河流、公路等狭窄的线状地物。

（三）代表符号

地物缩小后在地图上无法表示其形状和大小，只能用一些规定的代表符号来表示，如村镇、建筑物等。每幅地图的边缘或背面都有代表符号的图例。

根据地形情况的特点，常使用的地图符号有以下三种。

（一）标高点

标高点用以表示地图上某些特殊地点，如山峰，用“•”或“▲”表示，旁边注明该地点的标高数值，如“•1245”或“▲1245”。标高是某一地点沿垂线方向到大地水准面的距离，我国以黄海海平面作为大地水准面。标高点只能查出个别地物的标高，而不能表示整个地形的起伏情况。

（二）等高线

等高线是地球表面标高相等的地点的连线在地图上的投影。现代地图上的地形主要用等高线来表示，在地图上每隔一定高度画出一条等高线，线上注明其标高。等高线疏密表示了地形的平缓或陡峭，但仍然不够直观。

（三）分层着色

分层着色是在两条等高线之间，从低到高、由浅到深分别涂上不同的颜色，以表示不同的高度，并在地图边缘注明颜色高度尺。分层着色使地图上的地形一目了然。

以我国市级标准地图为例，地图比例尺和地图符号在图中清晰可见，如图 2-34 所示。

图 2-34　市级标准地图

三、地图投影

地图投影是将地球椭球面上的客观世界转换到有限的平面上的数学方法。由于地球表面上地物与地形的地理位置是用经纬度表示的，因此地图投影的实质是将地球上的经纬线描绘在平面上的数学方法。但是地球椭球面是不可能直接展开成平面的，那样必然产生褶皱、拉伸或断裂，因此需要采用透视投影法。透视投影法是假想地球按比例尺缩小后成为一个透明的地球仪，在地球仪球心（或球面、球外）安置一个光源，将球面的经纬线投影到投影面（平面、圆柱面、圆锥面）上，然后展开成平面，如图 2-35（a）、（b）所示。

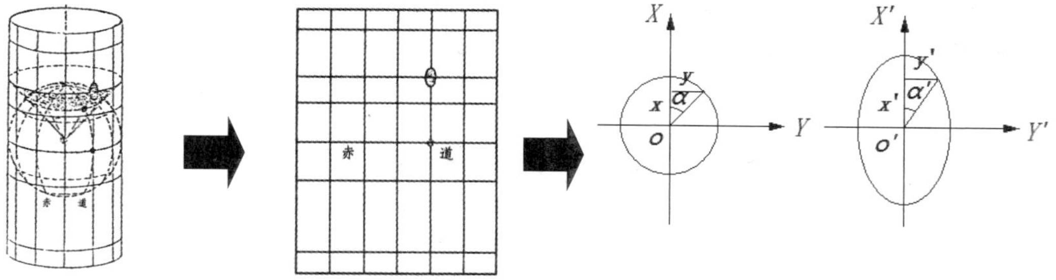

（a）透视投影模型　　（b）投影面展开　　（c）投影后变成椭圆

图 2-35　透视投影原理

透视投影法的原理是地球投影原理，实际绘制地图时采用的是在透视投影法基础之上发展的数学解析法，它是根据球面和投影面之间的关系，使用数学方法建立经纬线的投影方程式，通过计算绘制地图。

根据地图投影原理，将地球表面的经纬网投影到平面上的过程中必然出现变形，如图 2-35（c），这种变形称为地图失真。地图失真体现在长度、角度和面积三方面。

第一种是长度失真。地球表面上的某一线段投影到投影面上的长度会发生伸长或缩短，叫作长度失真。长度失真因投影方式、地球表面的地点和方向的不同而不同，如图 2-35（c）中椭圆长轴（经线）和短轴（纬线）方向的长度变化。

第二种是角度失真。地球表面上的某两线段组成的夹角投影到投影面上的角度发生增大或减小，叫作角度失真。角度失真是投影时沿经线和纬线方向的局部比例尺不同导致的，如图 2-35（c）中椭圆长轴（经线）和短轴（纬线）方向的长度变化比例不同而导致角度 α 发生变化。

第三种是面积失真。地球表面上的某一区域投影到投影面上的面积发生扩大或缩小，叫作面积失真。面积失真是由长度失真引起的。

根据地图失真性质、投影面的类型、投影面同球面位置关系等可以将地图投影进行分类。

按地图失真性质分类。绘制地图时可以运用投影方法使某一方面的失真消除或减至极小，因此分为等角投影、等距投影和等积投影；如果不是上述三种投影，则为任意投影，如图 2-36 所示。

按投影面的类型分类。根据投影时采用的投影面类型，分为圆柱投影、圆锥投影、平面投影和多圆锥投影，如图 2-37 所示。绘制地图时可以选择地球与投影面相切或相割。

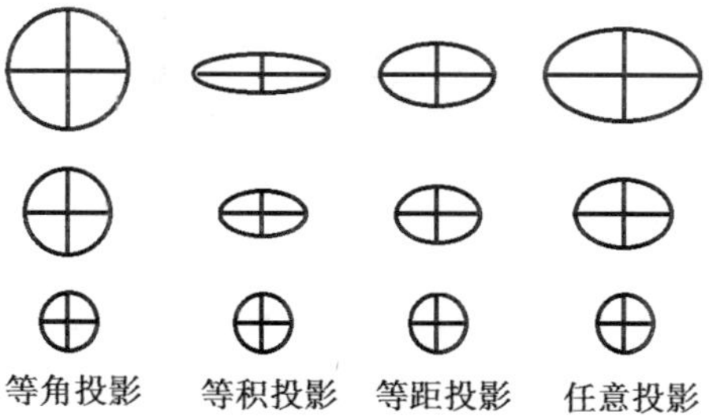

图 2-36　按失真性质分类

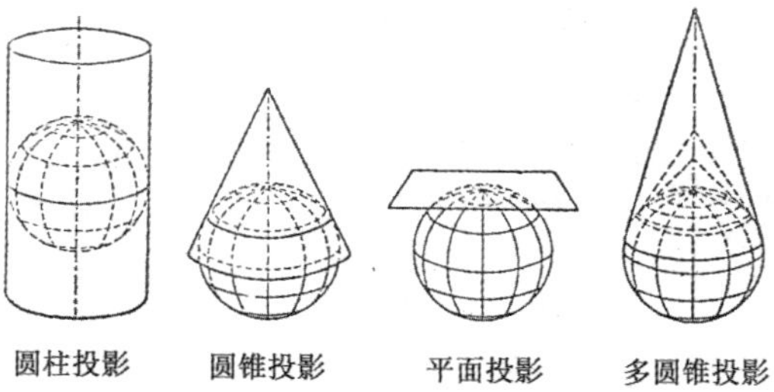

图 2-37　按投影面的类型分类

按投影面同球面位置关系分类。根据投影面的轴线与地轴的相对位置关系，分为正轴投影、横轴投影和斜轴投影，如图 2-38 所示。

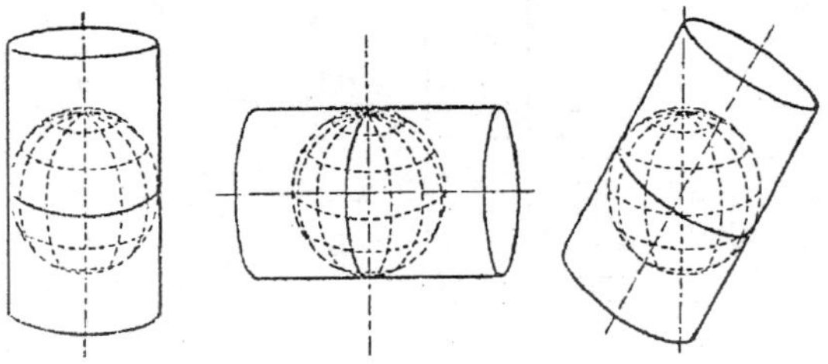

正轴投影　　横轴投影　　斜轴投影

图 2-38　按投影面同球面位置关系分类

由于航空导航需要在航图上画航线、量取航线角和航线距离，因此绘制航图时最好采用等角、等距的投影方法，但是目前没有一种投影方法能够保证既等角又等距，只能在保证等角的前提下尽量减小长度失真。目前常用的地图投影方法如下。

（一）墨卡托投影

墨卡托投影是由荷兰地图学家墨卡托于 1569 年专门为航海创建的，又称为等角正切圆柱投影。它是将圆柱面与地球的赤道相切，按照等角投影的方法将经纬网投影到圆柱面上，再将圆柱面展开成平面，就得到墨卡托投影图，如图 2-39 所示。墨卡托投影图没有角度失真，赤道上没有任何失真，其余地区存在长度失真和面积失真，并且纬度越高失真越大。墨卡托投影图的经纬线是互相垂直的平行直线，保持了方向和相对位置关系的正确，并且等角航线为直线，因此墨卡托投影图广泛应用于航空、航海的定位和定向，也用于世界时区图。

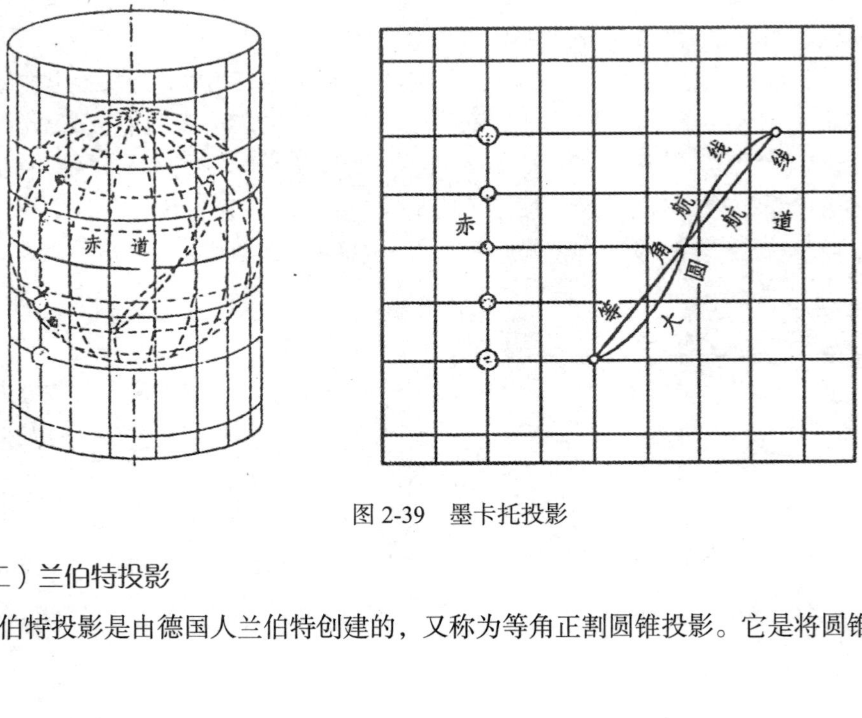

图 2-39　墨卡托投影

（二）兰伯特投影

兰伯特投影是由德国人兰伯特创建的，又称为等角正割圆锥投影。它是将圆锥面与地球上的两条纬线相割，按照等角投影的方法将经纬网投影到圆锥面上，再将圆锥面展开成平面，就得到兰伯特投影图，如图 2-40 所示。兰伯特投影图没有角度失真，在相割的两条纬线（标准纬线）上没有任何失真，其余地区存在长度失真和面积失真，两条标准纬线之间长度缩短，之外长度增加。兰伯特投影图的经线是收敛于极点的直线，纬线是以极点为圆心的同心圆弧，并且经纬线互相垂直。在实际使用中，两条标准纬线的纬度差通常取得很小，可以认为兰伯特投影图是既等角又等距的，并且大圆航线近似直线，因此民航航图主要使用兰伯特投影图。百万分之一的世界航图采用的主要是兰伯特投影图，我国民航的航图采用的是改良的兰伯特投影图（等角正割多圆锥投影图）。

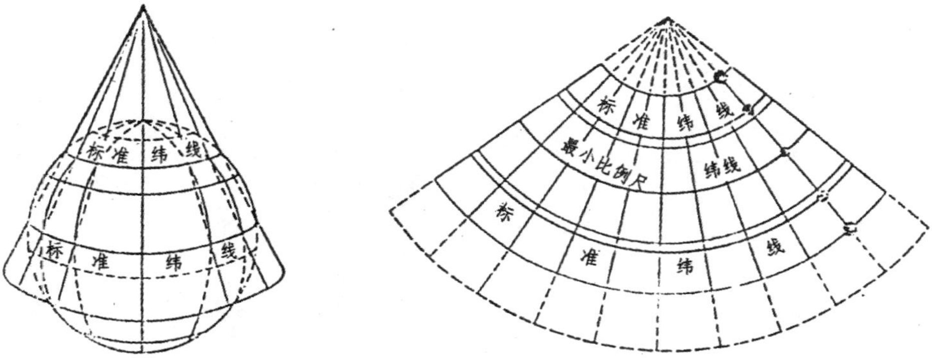

图 2-40　兰伯特投影

（三）极地平面投影

极地平面投影方法将平面与极点（南北极）相切，然后将经纬网投影到平面上，得到极地平面投影图，如图 2-41 所示。极地平面投影图是任意投影，除了极点没有任何失真，其余地区离极点越远失真越大；经线是从极点向外发散的直线，纬线是以极点为圆心的同心圆，并且大圆航线是直线。极地平面投影图用于极地领航或作为画大圆航线的辅助用图。

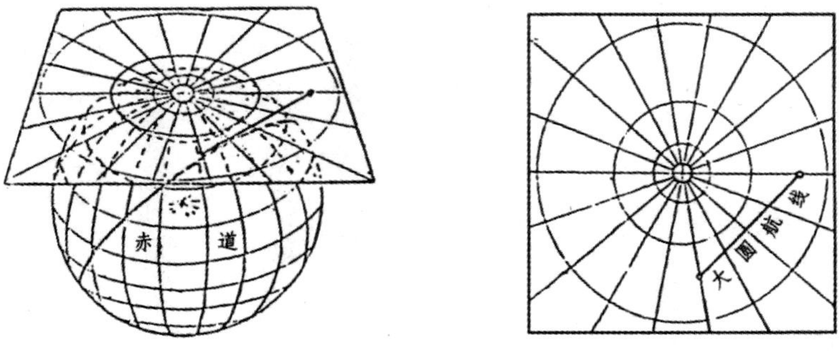

图 2-41　极地平面投影

（四）高斯–克吕格投影

高斯–克吕格投影是由德国数学家、物理学家高斯于 19 世纪首创，后经德国大地测量学家克吕格于 1912 年加以补充改进完成的，又称为等角横切圆柱投影。高斯-克吕格投影方法将圆柱面与地球某一经线相切，然后将经纬网投影到圆柱面上，只取经线附近失真较小的地区展开成平面，得到高斯-克吕格投影图，如图 2-42 所示。高斯-克吕格投影图没有角度失真，投影带的中央经线上没有任何失真，其余地区离中央经线越远失真越大；中央经线和赤道是直线，其余经纬线都是曲线。在实际使用中，每个投影带范围取得非常小，长度失真可以忽略不计，因为其既等角又等距，大圆航线和等角航线都可以认为是直线。高斯-克吕格投影图主要用于制作大比例尺的投影图，在通航领域应用广泛，同时也用作绘制机场专用航图和设计仪表飞行程序的基础用图。

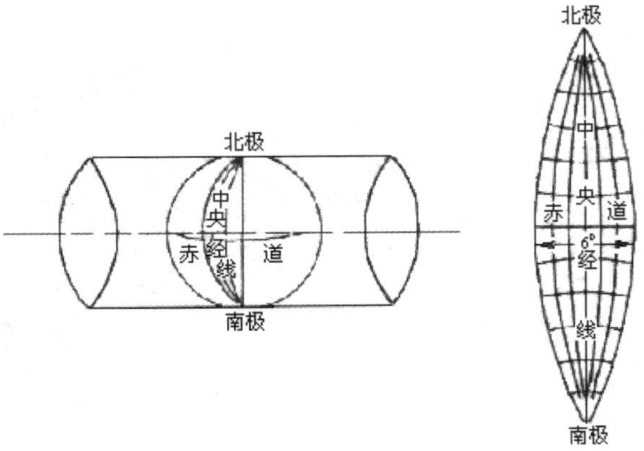

图 2-42　高斯-克吕格投影图

第五节　航空与气象

飞机在大气中飞行，大气总是在不停地运动。特别是在对流层的中下部，各种复杂天气频繁出现，对航行和起降产生不利影响，轻则延误航班，重则造成事故。气象人员要及时、准确地提供航空天气实况、航站预报、航线预报和区域预报，以供航行管制、飞行人员参考，同时还需要地面服务人员的密切配合、协调。飞机的安全、正点要靠全体工作人员的努力。这里简单阐述一些基本气象要素和对飞行影响较大的天气系统，不着重研究它们的形成背景、产生机制和发展变化。

一、影响飞行的基本气象要素

（一）气压、气温、大气密度

这些因素对飞机起飞和着陆时的滑跑距离、飞机升限、载重及燃料消耗等的影响较大。随着气温的升高，气压降低，空气密度变小，飞机产生的升力变小，飞机载重减小，同时起飞滑跑距离变长。此外，空气密度变小，发动机的进气量也会受到影响，使发动机的效能下降，推力降低，飞机飞行性能下降。仪表示度也会随着外界大气环境的变化产生相应的误差，随高度、纬度和季节而不同。例如，冬季在我国北部地区飞行时，仪表示度值偏高约 10%左右；夏季在我国南部地区中高空飞行时，仪表示度值偏低通常不到10%。气温对高度表示度的影响如图2-43所示。

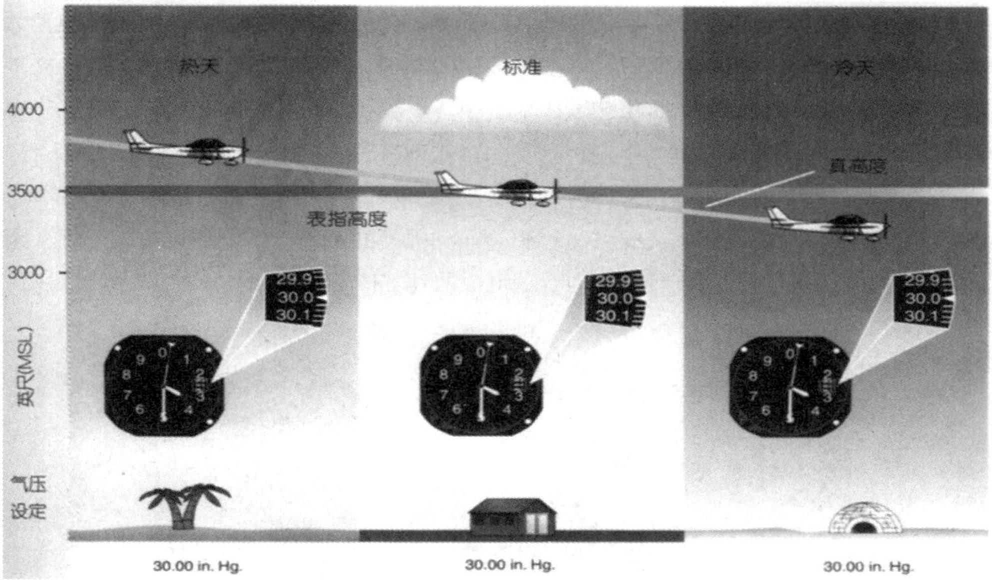

图 2-43　气温对高度表示度的影响

（二）风

风对飞机起飞、着陆的滑跑距离和时间及航线飞行的影响都比较大。飞机起降时所能承受的最大风速取决于机型及风与跑道之间的夹角。逆风起降时飞机所能承受的风速最大，逆风起降可以增加空速，从而保证升力。正侧风起降时飞机所能承受的风速最小，这是因为近地面风变化复杂，具有明显的阵性，风速越大，阵性越强，使飞机受到无规律的影响，难以操纵。在侧风条件下起降的飞机要保持正常的下滑道或滑跑非常困难，为克服侧风影响需要采取大坡度接地，但是这样的姿态可能使飞机打地转或发生滚转，加上阵风的影响，会使飞机更加难以操控，如图2-44所示。

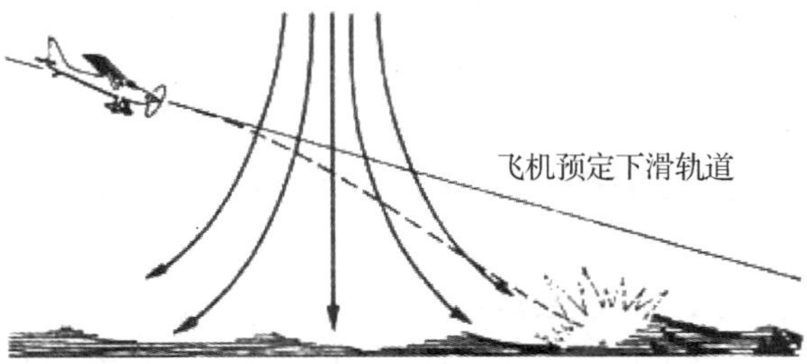

图 2-44　飞机遭遇下冲气流改变航道轨迹

飞机在航线飞行时也不可避免地受到风的影响。顺风飞行会缩短飞行时间，减少燃油消耗；逆风飞行则相反。

（三）云和降水

云是水汽凝结物在空中聚集而形成的自然现象，降水是水汽凝结物从云中降落到地面的自然现象。云和降水能反映当时的大气运动状态、大气稳定度和水汽条件，还能在一定程度上预示未来天气变化的趋势。云和降水对航空活动的影响很大，如低云可以造成能见度低而严重妨碍飞机起降，云中飞行可能产生飞机积冰，在云中或云外边缘飞行会产生飞机颠簸，降水可能影响能见度和飞机气动性能等。云中危害最大的是积雨云，这种云是由于空中存在强对流而形成的，云体高大，像大山或高峰，常伴有雷电、狂风、暴雨等恶劣天气，有时还会下冰雹；积雨云中能见度极差，飞机在云中或云区飞行都会遇到强烈的颠簸、雷电的袭击和干扰，因此禁止飞机在积雨云中或积雨云区飞行。积雨云的形成原理如图 2-45 所示。

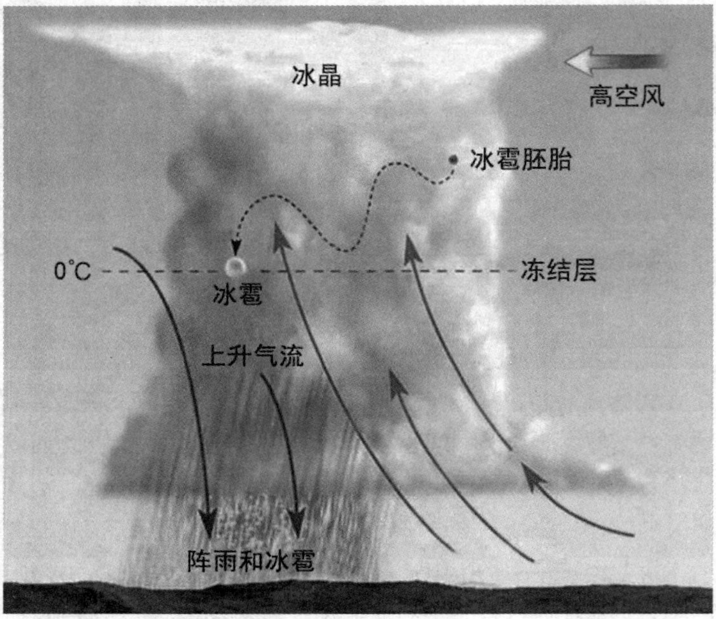

图 2-45　积雨云的形成原理

（四）能见度

能见度与航空活动的关系极为密切，是决定飞机能否飞行、飞行气象条件简单或复杂的重要依据之一。低空飞行时，能目视看见地标对飞行安全尤为重要。在飞行过程中，飞行人员需要观察地标、障碍物、其他飞行物和灯光等目标物，并分辨它们的种类，判断它们的位置。最基本的要求就是要看清目标物的轮廓。因此能见度是指正常视力的人能看到或辨认目标物的最大距离。

大气透明度是影响能见度的最主要因素，大气中存在着固体和液体杂质，在一定条件下聚集起来形成各种天气现象，使能见度降低，如云、雾、降水、烟幕、霾、风沙、浮尘、吹雪等，如图 2-46 所示。

图 2-46　雾霾笼罩下的机场能见度很差

（五）扰动气流

飞机在飞行中遇到扰动气流就会震颤、上下抛掷、左右摇晃，造成操纵困难、仪表不准确等现象，产生飞机颠簸。轻度颠簸会使乘员感到不适或受伤，强烈颠簸时，一分钟之内飞机可能上下抛掷十几次，高度变化数十米或几百米，空速变化 20km/h 以上，即使飞行员全力操纵飞机，飞机仍会暂时失去控制。

飞机颠簸使飞机飞行状态和动力性能发生不规则变化，使某些仪表误差加大，从而失去稳定性，甚至失常，难以保证飞机的正确飞行状态。强烈颠簸可能使飞机部件受到损害，酿成事故。由于阻力加大燃料消耗增加，航程和续航时间都会减少。高空飞行时，强烈颠簸还可能使发动机进气量减少而自动停车。飞机颠簸会导致飞行人员和乘客紧张和疲劳，严重影响飞行安全。

知识链接：遭遇飞机颠簸时如何应对

在高空气流比较平稳的巡航阶段，飞机遭遇强烈颠簸的概率很小。但是如果机组没有事先提醒，突然遇到飞机强烈颠簸时，旅客唯一的防范就是系好安全带。据统计，几乎所有在颠簸中受伤的旅客都是没有系好安全带的乘客或在客舱中服务的机组人员。所以，旅客应该在登机后系好安全带，尊重并听从相关安全指令。

突发强烈颠簸时，旅客可能离座位较远，来不及回座位，这时应该就近坐好并系好安全带；如果没有空余位置则立即蹲下，抓住旁边的固定物体，如座椅护手、座椅脚柄等。正在使用卫生间的旅客，由于卫生间是没有安全带的，因此要立即抓住水盆边缘、门把手等坚实物件（有很多机型的马桶旁配有辅助手柄），使突然的颠簸造成的伤害减小到最低。

（六）结冰

飞机结冰是指飞机机体表面某些部位聚集冰层（积冰）的现象。积冰主要由云中过冷水滴或降水中的过冷雨碰到飞机机体后结冰形成，也可由水汽直接在机体表面凝华而成。随着航空技术的发展及飞机飞行速度和飞行高度的提高，机上的防冰、除冰设备日趋完善，积冰对飞行的危害日益降低，但是中低空的飞机受到积冰的危害仍然较大。

飞行中比较容易结冰的部位主要是迎风部位，如机翼、尾翼、风挡、发动机、桨叶、空速管、天线等。飞机结冰会增加飞机的质量，改变重心和气动外形，从而使飞机的空气动力性能变差，影响飞机的安全性和操纵性。在飞机桨叶上结冰，会使发动机效能下降，脱落的冰块还有可能打坏发动机和机身。发动机进气道结冰会使发动机进气量减少，影响发动机工作，严重时会导致熄火停车。风挡结冰会妨碍目视飞行的视界。天线结冰会影响无线电的接收与发射，甚至造成通信中断。

案例链接：积冰造成的空难

1. 东方航空公司包头空难

2004 年 11 月 21 日 8 时 21 分，包头飞往上海的 MU5210 航班起飞出现事故，坠入包头市南海公园的湖中，并发生爆炸起火，机上 47 名乘客、6 名机组人员和地面 2 人共 55 人在事故中丧生。

事故调查组通过对 CRJ-200 机型飞机的气动性能、机翼污染物、机组操作和处置等进行分析，认为本次事故是由于飞机起飞过程中，机翼污染物使临界迎角减小，机翼失速造成的。飞机刚刚离地后，在没有出现警告的情况下飞机失速，飞行员未能从失速状态中改出，直至飞机坠毁。经调查认定这起事故是一起责任事故，飞机在包头机场过夜时为结霜的天气，机翼污染物最大可能是霜，而飞机起飞前没有进行除霜（冰）作业。

2. 全美航空公司航空事故

1992 年 3 月 22 日，全美航空 405 号航班发生事故。当日一架福克 F28 飞机载有 51 人，计划由纽约拉瓜迪亚机场起飞，飞往俄亥俄州克里夫兰霍普金斯国际机场。飞机在等待起飞过程中产生积冰，起飞时飞机机翼失去升力在跑道尽头坠落。事故造成飞机全毁，27 人遇难，其中包括机长和一名乘务员。

调查后将事故原因归咎于机师失误、拉瓜迪亚机场错误的除冰措施，以及由于数个较长的延误导致机翼和机身产生了大量的积冰。积冰扰乱了通过机翼的气流，增加阻力的同时也降低了升力，最终导致飞机坠毁。美国国家运输安全委员会（NTSB）认定机组人员并不知晓在延误期间机身上积累的冰层情况，并指出此次航班在低于标准的速度（VR）情况下过早抬机头转入爬升，也是导致事故发生的原因之一。

二、飞行高度和飞行高度层

（一）飞行高度

民航客机起飞和降落阶段都处于对流层，旅客机的飞行高度以舒适、经济为原则，中小型客机在数千米高度上巡航飞行，大型客机则在平流层内（大约 11 000 米高度）巡航飞行。大多数现代歼击机的最大飞行高度约为 20 000 米，一些轻型飞机可以在离地十几米的高度上飞行，不同类型飞机的飞行高度上限主要决定于其动力装置，下限主要决定于其能够安全平飞的最小速度和飞机的机动性。为了准确表达飞机所处的高度位置，人们引入了飞行高度的概念，飞行高度是指在飞行中的飞行器到某基准水平面的垂直距离，是重要的飞行参数之一。

飞行器常用的飞行高度有绝对高度、标准气压高度、相对高度和真实高度等，如图 2-47 所示。

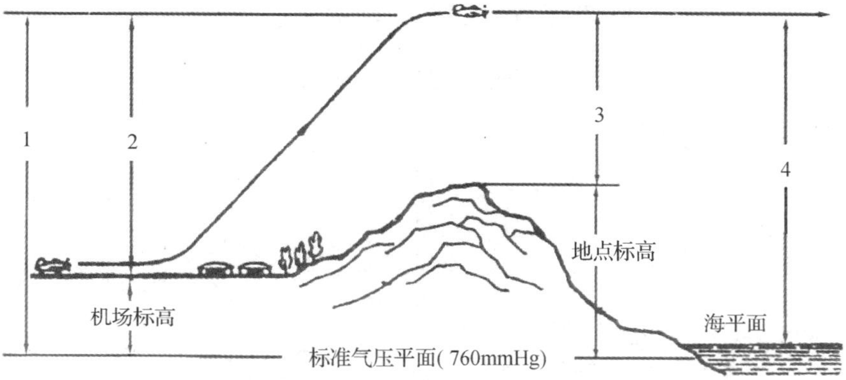

1. 标准气压高度　2. 相对高度　3. 真实高度　4. 绝对高度

图 2-47　飞行器的几个常用飞行高度

1. 标准气压高度

飞行器从空中到标准气压平面（大气压力等于 760mmHg 的水平面）的垂直距离叫作标准气压高度。大气压力经常发生变化，因此，标准气压平面与海平面的垂直距离也经常改变。如果标准气压平面恰好与海平面重合，则标准气压高度等于绝对高度。民航飞机在航线上飞行和军用飞机转场飞行时，都需要利用标准气压高度，以免飞机相撞。这个数值可由气压式高度表显示出来，把气压式高度表的气压刻度调到标准大气状态（101 325Pa 或 760mmHg），对应的高度就是标准气压高度。

2. 相对高度

飞行器到某指定的机场平面的垂直距离叫作相对高度。飞机在起飞和着陆时需要知道飞机相对机场的高度，这时把气压式高度表的气压刻度调到该机场的气压值（场压），飞机对机场的相对高度即可显示出来。

3. 真实高度

飞行器从空中到正下方地面目标的垂直距离叫作真实高度。在执行轰炸、对地攻击、照相侦察、搜索和救援、飞越障碍及农林作业等任务时需要知道真实高度。

4. 绝对高度

飞行器到海平面的垂直距离叫作绝对高度。在海上飞行时使用雷达可直接测出绝对高度。

（二）飞行高度层

飞行高度层是指以标准气压平面为基准面，按一定高度差划分的高度层，把航空器配备在不同的高度层上，使航空器之间有规定的安全高度差，这是防止航空器互撞或航空器与地面障碍物相撞的重要措施。

应当根据飞行任务的性质、航空器性能、飞行区域及航线的地形、天气和飞行情况等配备飞行高度层。我国的飞行高度层配备标准如图 2-48 所示。

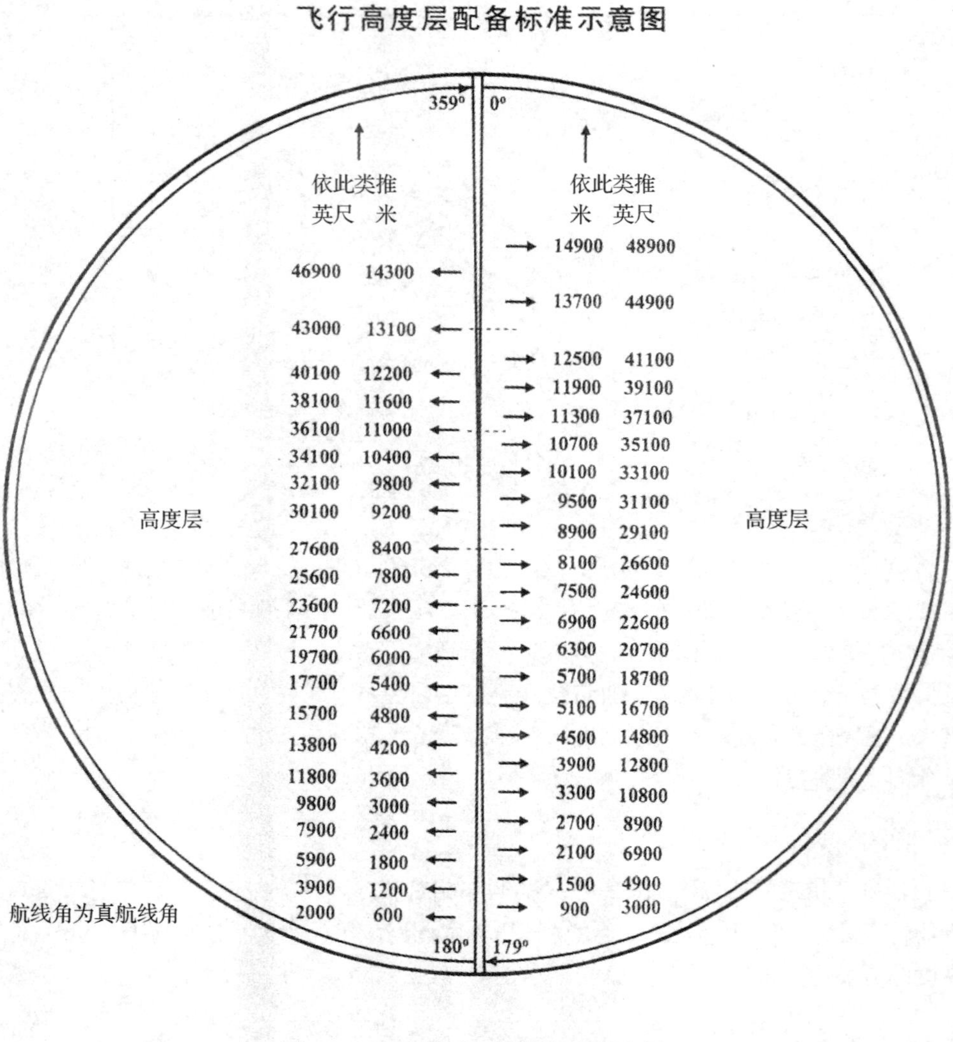

图 2-48　飞行高度层配备标准示意图

第一，真航线角在 0°～179°范围内，高度由 900 米至 8100 米，每隔 600 米为一个高度层；高度由 8900 米至 12 500 米，每隔 600 米为一个高度层；高度在 12 500 米以上，每隔 1200 米为一个高度层。

第二，真航线角在 180°～359°范围内，高度由 600 米至 8400 米，每隔 600 米为一个高度层；高度由 9200 米至 12 200 米，每隔 600 米为一个高度层；高度在 13 100 米以上，每隔 1200 米为一个高度层。

第三，飞行高度层根据标准气压条件下假定海平面计算，真航线角从航线起点和转弯点量取。

12 500 米以下严格按照“东单、西双”进行高度层配备，便于管制员和飞行员通话和记忆；8900 米至 12 500 米将定义为民航的缩小垂直间隔（RVSM）空域，其内对应的英制高度层都比国外高 100 英尺（约 30.48 米），规律性强，便于民航飞行员操作和使用。进出国境的航空器可实现安全顺畅的高度层转换；不符合 RVSM 适航要求的航空器应当在 8400 米（含）以下飞行，8400 米与 8900 米按 500 米分层，自然形成了与缩小垂直间隔空域的缓冲空间。

本章小结

本章首先介绍了地球的基本自然状况，包括地球的内部圈层结构和外部圈层的结构特征、地球的运动规律及其产生的各种影响；其次对地转偏向力的产生及影响进行了讲解；再次介绍了飞行的导航方式及飞行中各种航图的基础知识；最后阐述了地球上各种气象要素对飞行的影响。通过本章的学习，我们能够进一步认识地球，了解地球与飞行之间的关系，掌握飞行中涉及的基础地理知识。

本章思考题

1．地球的圈层结构是如何划分的？
2．地球的大气圈结构分为哪几层？划分的依据是什么？
3．对流层大气有什么特征？
4．地球的自转和公转的周期分别是多久？自转和公转会带来什么样的影响？
5．地转偏向力是如何产生的？偏转方向有什么规律？
6．我国的飞行高度层是如何划分的？
7．绝对高度、标准气压高度、相对高度和真实高度是指飞机到哪个平面的高度？

第三章

时差与飞行

本章学习目标

- 了解时差及其产生的原因；
- 了解国际日期变更线的特征；
- 掌握理论时区划分的方法；
- 领会理论时区和地方时的关系；
- 熟练掌握时间的几种表达方式；
- 掌握国际时间换算表的查用；
- 熟练掌握时差换算和有关地方时的换算；
- 解决起飞时刻、到达时刻、飞行时间的计算应用问题；
- 了解飞行中的昼夜长短变化对飞行的影响。

最早发现时差现象的是麦哲伦（见图 3-1）环球航行探险队。当船队返航至佛得角群岛时，发现船上的日期是 1522 年 7 月 8 日星期三，岸上的日期却是 1522 年 7 月 9 日星期四，这引起了世界的关注和探讨，逐渐揭开了时差之谜。

图 3-1　葡萄牙航海家斐迪南·麦哲伦（1480—1521）

时差是地球自转造成的一种自然现象。目前，世界主要航线的分布多呈东西向，飞机沿着这些航线飞行时，必然跨越经度，所经过的各个地区的时刻并不统一，因此必须进行时差的换算。此外，时差与飞行中昼夜长短的变化对机上人员的生物钟也有较大影响。时差与飞行之间的关系极为密切，时差换算对安排航班、制订飞行计划和提高服务质量等都具有实际意义。

知识链接：麦哲伦环球航行

麦哲伦环球航行是世界航海史上的一大创举。1519—1522 年，葡萄牙航海家麦哲伦率领的探险船队实现了首次环球航行。麦哲伦环球航行不仅开辟了新航线，同时证明了地球是个球体。

麦哲伦是地圆说的信奉者，他在 1517 年就向葡萄牙提出了环球航行计划，但是没有得到支持。后来在 1519 年 9 月 20 日，在西班牙王室的支持下，麦哲伦探险船队驶离了西班牙，探险船队的 5 艘远洋海船开始在大西洋的惊涛骇浪中航行。船队在航行期间经历了无数的艰难险阻，终于在 1521 年横渡了太平洋。同年 3 月 8 日，探险船队抵达菲律宾群岛中的胡穆奴岛，3 月 27 日，船队到达马克坦岛，随后又到了宿务岛。麦哲伦想要征服岛上的土著居民，把岛上的一个个小王国变成西班牙的殖民地，他带领船员，手持火枪、利剑强行登陆，想通过血腥手段征服这个地区，并用西班牙国王菲利普二世来命名该地区，菲律宾的名称由此而来。但是他们遭到了土著居民的反抗，土著居民使用箭、标枪对付入侵者，一支毒箭射中麦哲伦，使其客死他乡。麦哲伦死后，他的船员继续了麦哲伦未完成的航程，并于 1522 年 9 月 6 日回到西班牙，历时 1082 天，完成了人类首次环球航行。

麦哲伦航线全长 60 440 千米，麦哲伦探险船队最初的 5 艘远洋海船只剩下了“维多利亚”号 1 艘，出发时的两百多名船员只剩下了 18 名。麦哲伦探险船队以巨大的代价获得了环球航行成功，证明了地球是圆球形的，世界各地的海洋是连成一体的。为此，人们称麦哲伦是第一个拥抱地球的人。

第一节 时差的产生及有关概念

一、地方时

自古以来，人们习惯把天亮作为白天的开始，天黑作为白天的结束、黑夜的开始。由于地球不停地自西向东自转，东面亮的早，正午时刻也来得早，而西面则相反。这样，地球上经度不同的地区的时刻也不相同，例如，当东经 90°处为正午 12 时时，0°经线处刚刚天亮，而 180°经线处则已经夕阳西下了。把一个地方太阳升到最高点的时间定为正午 12 时，将连续两个正午 12 时之间等分为 24 份，每份是 1 个小时，这样形成的时间系统只适用于当地，称为地方时。

二、理论时区的划分

地方时的使用和计算都非常麻烦，经度不同则地方时不同，如果把经度分得很细，就会出现很多地方时，比如一个经度设置一个地方时，那么全球会出现 360 个地方时，这会对信息传递、交通运输、社会活动等产生极为不利的影响。因此，需要找到一种简便的方法统一对世界时刻进行计量和换算。

1879 年，加拿大铁路工程师伏列明提出了理论时区的概念，这个概念在 1884 年的一次国际会议上得到认同，由此正式建立了统一世界计量时刻的“区时系统”。区时系统规定，地球上每 15°经度范围作为一个时区（即太阳光线 1 个小时内走过的经度），每 1°对应 4 分钟，从东 12 时区到西 12 时区为过一天，中间就是日界线。这样，整个地球的表面就被划分为 24 个时区。各时区的“中央经线”规定为 0°经线（即本初子午线）、东西经 15°、东西经 30°、东西经 45°、……、180°经线，在每条中央经线东西两侧各 7.5°范围内的所有地点，一律使用该时区中央经线的地方时作为标准时刻。区时系统在很大程度上解决了各地时刻的混乱现象，使得世界上只有 24 种不同时刻存在，而且由于相邻时区间的时差恰好为 1 个小时，这样各时区间的时刻换算也变得极为简单。因此，一百多年来，世界各地广泛沿用这种区时系统。世界时区分布示意图如图 3-2 所示。

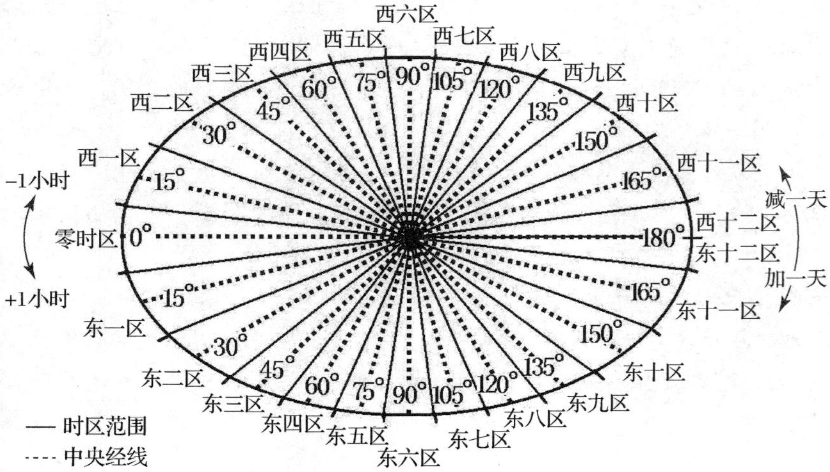

图 3-2　世界时区分布示意图

地球上的 0°经线是人为假定的，也称格林尼治子午线，是位于英国格林尼治天文台的一条经线。国际上规定，从西经 7.5°到东经 7.5°，以 0°经线为中央经线的时区为中时区（又称零时区），并将这个时区的时间定为标准时间。从中时区开始向东每隔 15°划分一个时区，依次为东一区、东二区……一直到东十二区；从中时区开始向西每隔 15°划分一个时区，依次为西一区、西二区……一直到西十二区，东十二区和西十二区是重合的，以 180°经线为中央经线。

北京地处东八区。我国横跨东五区到东九区五个时区，为了使用方便，采用首都北京所在的东八区的地方时为全国统一时间，故东八区的地方时又称作北京时间。

三、国际日期变更线

假如由西向东周游世界，每跨越一个时区，就需要把表向前拨一个小时，这样跨越 24 个时区回到原地后，表也刚好向前拨了 24 个小时，也就是显示为第二天的同一时刻；相反，当由东向西周游世界一圈后，表显示的就是前一天的同一时刻。为了规避这种“日期错乱”的不便，国际上统一规定 180°经线为“国际日期变更线”。这条穿过太平洋的“国际日期变更线”并不是一条直线，而是有几个拐弯的折线，避开了一些岛屿和地区，这样可以使这些地方不至于被分成两个日期。国际日期变更线的拐弯情况如下：第一处位于俄罗斯东部，穿越白令海峡，第二处位于美国的阿拉斯加地区，避开了阿留申群岛，第三处位于南太平洋，向东突出，将斐济群岛等划入东十二区。这条经线一共只在两处穿越陆地，一处位于俄罗斯渺无人烟且靠近白令海峡的远东地区，另一处就是斐济的塔韦乌尼岛，因此这里几乎成了世界上唯一有机会在陆地上跨越日界线的地方，如图 3-3 所示。

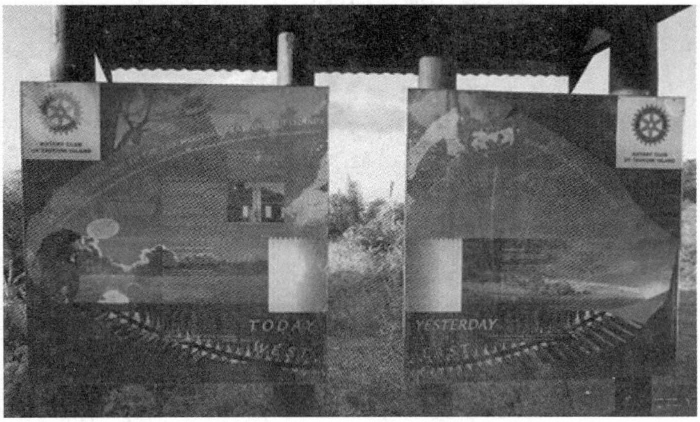

图 3-3　塔韦乌尼岛上的国际日期变更线地标

由西向东跨越国际日期变更线时，必须在日期中减去一天；反之，由东向西跨越国际日期变更线时，则必须在日期中加上一天。东十二区和西十二区的时刻永远是一样的，但是东十二区的日期总比西十二区快一天，如图 3-4 所示。

类别	日界线西侧		日界线东侧
时区	东十二区	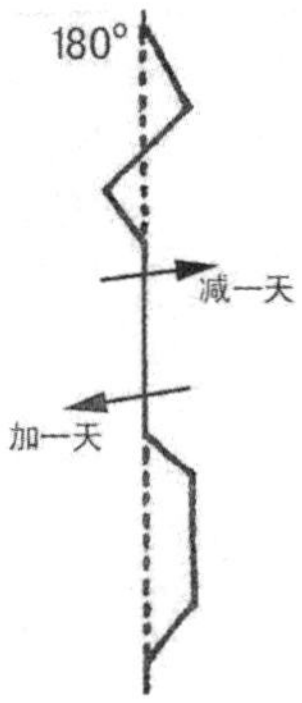	西十二区
经度	东经度		西经度
时刻	相同		相同
日期	今天		昨天
日期变更	加一天		减一天
地球自转方向	自西向东		自西向东

图 3-4　国际日期变更线东西侧对照

知识链接：神奇的国际日期变更线

国际日期变更线避免了环球旅行时日期的错乱，但是有的时候会带来意想不到的问题，也可能带来意想不到的惊喜。

2007 年 2 月，12 架美国空军 F-22“猛禽”隐形战斗机飞离夏威夷希卡姆空军基地，前往日本冲绳岛，这也是 F-22 战斗机首次海外之旅。刚开始时，一切都风平浪静，飞行员心情也不错。然而，当 F-22 战斗机机群越过国际日期变更线时，一些飞行员发现导航系统出现故障。飞机上的多个电脑系统发生了崩溃，燃料分系统、导航、部分通信系统完全失灵。这种当时世界上最先进战斗机一下子变成了“瞎子”，似乎又回到第一次世界大战时的原始状况。美国空军后来解决了这一问题，发现是一个电脑系统的小故障，因为对国际日期变更线考虑不足而宕机。

有时候也会发生一些有趣的事情。例如，一艘客船自西向东航行在太平洋上，船上有一位怀了双胞胎的孕妇临产。航行到国际日期变更线西侧时，老大出生，当时是 2011 年 1 月 1 日。接着航行到国际日期变更线东侧时，老二出生，他的出生日期是 2010 年 12 月 31 日。这样，老二的出生日期比老大提前了一天。

一年过两个生日的愿望如何实现呢？试着在过完生日后由西向东穿越国际日期变更线。

第二节　时差计算

一、地方时转换

两个地区地方时之间的差别称为时差。由于地球自西向东自转，同纬度的偏东位置的地方总比偏西位置的地方要先见到日出，时刻较早。经度每隔 15° 地方时相差 1 个小时，经度每隔 1° 地方时相差 4 分钟，同一经线的各地地方时一定相同，不同经线上各地地方时存在差异。

先来思考一个小问题，假设 A 地在 B 地的东边 15°经度位置处，那么 A 地的时间比 B 地的时间早或晚多长时间？显然，A 地在东，时刻一定比 B 地早，经度又刚好相差 15°，故 A 地比 B 地早 1 个小时，也就是说，当 B 地是 6:00 时，那么 A 地是 7:00；当 A 地 6:00 时，那么 B 地是 5:00。

下面通过两道例题引入时差计算的方法。

例 1　我国最东端约在 135ºE，最西端约在 73ºE，当最东端的地方时是 8:00 时，最西端的地方时是多少？

解答：最东端与最西端的经度差=135°−73º=62°，时差=4 小时 8 分钟，所求地点在西，所以最西端的地方时为 8:00−4:08=3:52 。

例 2　当 60ºE 的地方时是 9:00 时，120ºW 是几点？

解答：两地经度差=60º+120º=180º，时差=12 小时，所求地点在西，所以 120ºW 的地方时为 9:00−12:00=−3:00，即前一日的 21:00。

地方时差的相关问题可以通过如下几个步骤进行计算。

第一，求间隔的经度差。如果两地同在东半球或同在西半球，则二者经度相减；如果两地分别处于东半球和西半球，则二者经度相加。

第二，计算时差。用所求得的经度差除以 15°，所得商的整数即时差的小时数，所得余数×4 分钟即时差的分钟数，二者相加即可。

第三，计算某地地方时，未知地地方时=已知地地方时+（或-）时差。这里有几点需要注意：首先，未知地在已知地东侧，则加时差，反之相减；其次，如果两地同在东半球，经度大者为东，如果两地同在西半球，经度大者在西；再次，如果两地分别在东半球和西半球，东经度地在东侧，西经度地在西侧；最后，如果时差计算结果大于 24 小时，则日期加一日后时刻减去 24 小时，如果计算结果出现负值，则日期减一日后时刻加上 24 小时。

飞行中遇到的具体的时差换算问题也可以参照世界主要城市时区对照表（详见附录 A）。下面举例说明。

例 3 当世界标准时间是 12:00 时，求马来西亚吉隆坡的当地时间。

解答：在对照表中，马来西亚的当地时区表示为 UTC+08:00。则当 UTC 为 12:00 时，吉隆坡当地时为 20:00。

例 4 当世界标准时间是 12:00 时，求厄瓜多尔基多的当地时间。

解答：厄瓜多尔除了科隆群岛之外，当地时区表示为 UTC−05:00。则当 UTC 为 12:00 时，基多的当地时间为 07:00。

例 5 当委内瑞拉加拉加斯的当地时间为 08:00 时，求泰国曼谷的当地时间。

解答：在对照表中，加拉加斯的当地时区表示为 UTC−04:00，泰国曼谷的当地时区表示为 UTC+07:00，我们可以列出关系式：

$$T_{\text{加拉加斯}} = \text{UTC}-04:00;\ T_{\text{曼谷}} = \text{UTC}+07:00 \qquad (3\text{-}1)$$

则当加拉加斯当地时间为 08:00 时，世界标准时间为 12:00，曼谷的当地时间为 19:00。

本例是利用世界标准时间过渡进行计算的。各地的地方时相互是没有可比关系的，但是它们与世界标准时间之间有直接关系，在世界每个地方的同一时刻，世界标准时间都是一样的。

一些联邦制国家在本国实行多时区制，如美国、加拿大、巴西、澳大利亚等，一个国家有多个时区。航空公司的航班时刻表均以当地时间公布，在这类多时区国家的国内旅行也要考虑时差问题，以免造成时间上的混乱。多时区国家的各个时区是以不同的区域来表示的，要直接从相关表中查到某个具体城市的时差并不容易。如果您对地理位置比较熟悉，可以直接在相关表中查找；如果您对其地理位置不熟悉，那么就需要借助其他工具，比如通过世界地图中的“世界时区”来定位。

例 6 当西班牙马德里的当地时间为 10 月 30 日 05:00 时，请问加拿大温哥华此时的当地时间是多少？

解答：根据对照表可知：

$$T_{\text{马德里}} = \text{UTC}+01:00;\ T_{\text{温哥华}} = \text{UTC}-08:00 \qquad (3\text{-}2)$$

此时的世界标准时间为：

$$UTC=05:00-01:00=04:00 \quad (3-3)$$

那么温哥华此时的当地时间为：

$$T_{温哥华}=04:00-08:00=-04:00 \quad (3-4)$$

10 月 30 日的-04:00 即 10 月 29 日的 20:00。

例 6 与上述算例的主要区别就是涉及日期的变化，当所得时间为负值时，可将日期推算至前一日，当所得时间大于 24 小时时，可将日期推算至后一日。

二、飞行小时计算

在运输业务中，常常需要计算飞行小时，以便安排旅客的旅行或计算货物的在途时间。虽然可以在民航计算机服务系统中通过指令查询飞行小时，但是手工计算飞行小时是每个民航运输业务人员的基本能力。

航班飞行小时的计算大致可以分为三个步骤，根据如下算例进行说明。

例 7 某航班 12 月 10 日 10:30 从巴黎出发，将于同日 11:55 到达蒙特利尔。请计算航班的飞行时间。

步骤一：查清始发地、目的地的地方时和世界标准时间的关系。

$$T_{巴黎}=UTC+01:00;\ T_{蒙特利尔}=UTC-05:00 \quad (3-5)$$

步骤二：将始发时间和到达时间换算成世界标准时间。

巴黎始发时的 UTC=10:30-01:00=09:30

蒙特利尔到达时的 UTC=11:55 + 05:00=16:55 （3-6）

步骤三：求算到达时间和始发时间之间的差额。

飞行小时 t=16:55-09:30=7h25m （3-7）

有的航班飞行跨越国际日期变更线，会出现日期上的前一天到达或后一天到达的情况，甚至后几天到达的有趣现象。这类航班在计算飞行小时时，需要用一天 24 小时的换算去调整，根据如下算例进行说明。

例 8 某货机航班 12 月 10 日 15:15 从香港出发，航班有两个经停站，将于 12 月 11 日 01:25 到达纽约，请计算航班的全程运输时间。

步骤一：查清始发地、目的地的地方时和世界标准时间的关系。

$$T_{香港}=UTC+08:00;\ T_{纽约}=UTC-05:00 \quad (3-8)$$

步骤二：将始发时间和到达时间换算成世界标准时间。

香港始发时的 UTC（12 月 10 日）=15:15-08:00=07:15

纽约到达时的 UTC（12 月 11 日）01:25 + 05:00=06:25 （3-9）

为了计算飞行小时数，需要把始发时的世界标准时间和到达时的世界标准时间调整至同一日期，纽约到达时的世界标准时间也可以表达为 12 月 10 日 30:25。

步骤三：求算到达时间和始发时间之间的差额。

飞行小时 t=30:25-07:15=23h15m （3-10）

第三节　时差对飞行中的人的影响

一、时差效应

人们在相应时区内长期适应实现了人体的生理节律与当地昼夜交替的同步化，人体在形成这种似昼夜节律之后，睡眠、饮食等身心活动的诸多方面都会表现出周期性节律或习惯，出现工作能力和睡眠状态的正常交替，以适应昼夜变化。如果因为某种原因，人体在短时间内穿越多个时区而导致睡眠模式和其他生理功能节律（身体生物钟）失调，就会出现时差效应。

航空运输中飞机以高速运行状态向东或向西作跨时区飞行，在较短的时间内跨越若干个时区，这种改变超越了机体调节生理节奏的能力，从而引起生理节奏失调，使机组人员及乘客的昼夜节律与新抵达地点的昼夜环境之间发生“去同步”，导致人体对时差的不适应及一系列生理、心理和行为能力的节律失调。出现时差效应时，人可能表现出明显的疲劳感、头脑不清醒、昏昏欲睡、不能迅速集中注意力进行思考、精神抑郁、决断问题的时间和操纵反应时间延长、工作效率降低，同时也可能有肠胃功能退化的表现，如食欲不振、消化不良，也可能有入睡困难、醒得早、睡不实等睡眠障碍发生。

当然，人体昼夜节律具有一定的“可塑性”，即在新环境昼夜周期的影响下，可以逐步改变自身的节律以获得节律重建。在适应阶段，人体昼夜节律每天大约能向当地环境移进 60 ~ 90 分钟。一般而言，如果跨越 10 个时区，需要经过 7 ~ 10 天才能完全适应。

二、时差效应的影响因素

跨时区飞行后，人的生理和心理功能受影响程度与跨越时区数、飞行方向、停留时间有着密切的关系，同时也存在着明显的个体差异。

（一）跨越时区数

跨越时区数是影响时差效应的最基本因素。研究表明，只有跨越的时区数目为 4 个或更多时，才会出现明显的时差效应，引起不同程度的节律失调。跨越的时区数目越多，时差效应越显著，人体生理和心理功能受到的影响也就越大。一般情况下，跨越多少个时区就需要多少天的适应时间才能实现节律重建。因此，跨越的时区数目越多，完成节律重建需要的时间就会越长。

（二）飞行方向

不同的飞行方向所产生的时差效应存在较为明显的差别，向东飞行对时差的影响比向西飞行对时差的影响大，时差效应往往更为明显，节律重建更为困难，恢复同步所需的时间比向西飞行后节律重建所需的时间长。究其原因，有学者认为是因为人的天生倾向是将睡眠—清醒的循环延长到 25 个小时，因此，推迟人的睡觉时间很容易，而提前则较难。向西飞行时，外界环境时间延长，一些外界时间提示如昼夜交替、工作休息、社会活动节奏等实际上阶段性推迟了，从而睡觉和起床的时间都相对晚一些，向西飞行刚好与人体自身的节律一致，因此比较容易适应。而向东飞行时，外界环境时间缩短，睡觉和起床时间相对要早一些，与人体自身的节律相反，因此适应较为困难。

（三）停留时间

通常情况下，机组人员跨时区飞行抵达新地区后仅做短暂停留，在 24 小时内就返回常驻地，且在此期间保持原有的作息时间，其昼夜节律不会发生明显障碍。只有在抵达地点停留超过 24 小时，昼夜节律才逐渐向当地环境时间系统转移。如果停留时间较长，足以完成节律重建，对之后返回时执行飞行任务也不会有不良影响。但是如果停留时间不长不短，在节律重建尚未完成的情况下便返回，则会对执行飞行任务构成严重的影响。

（四）个体差异

跨时区飞行对人体昼夜节律的影响表现出较大的个体差异。有调查表明，迅速跨越若干个时区的人员中，有 25%～30%的人很容易调整过来，主观无任何不适或仅有轻微不适；25%～30%的人不能调节，症状严重。一般情况下，傍晚型（猫头鹰型）的人比早晨型（云雀型）的人更能快速地实现节律重建；外向型性格者比内向型性格者更容易快速实现节律重建。

时差效应也与年龄有一定的关系。随着年龄的增长，人的昼夜节律调整能力也越来越差，年龄越大，昼夜节律失调问题也越突出，年轻人比老年人更容易快速实现节律重建。

此外，跨时区飞行前或飞行中，是否得到充足的休息和睡眠，也会对个体节律重建的时间产生明显的影响。

三、如何应对时差的影响

科学地应对时差效应，首先要正确认识时差可能给人体带来的各种负面影响，其中最主要的方法是科学地安排作息时间。

（一）保证足够的睡眠和休息时间

在飞行前的 24 小时内应有足够的睡眠和休息时间。例如，跨时区飞行后立即返航（不超过 24 小时）的机组成员，至少要保证 14 小时的休息时间；如果跨越超过 4 个时区，停留 24 小时以上者必须增加休息时间。

（二）针对飞行方向采取不同的睡眠方式

向东与向西跨时区飞行对人体昼夜节律的影响不一，两者在完成节律重建的方式和所需时间上也存在差异。在跨时区飞行时，由于飞行方向（向东或向西）及日间或夜间飞行的不同，到达目的地后应采取不同的睡眠方式。例如，向东的昼间飞行，飞行后应安排良好的夜间睡眠；向东的夜间飞行，则飞行后“上午小睡，下午大睡，当晚早睡”。反之，由东向西飞行后，到达目的地的地方时和启程时的出发时间几乎相同，使一天的时间看起来“延长”了，因此不分日间或夜间，飞行后均应早休息、长睡眠。

（三）依照过站停留时间安排作息

针对停留时间的应对策略取决于过站停留时间的长短，一般以 48 小时为划分标准。如果过站停留时间小于 48 小时，飞行员最好能够保持始发地的时间节奏，而不是适应目的地的时间节奏，在睡眠和饮食上尤应如此。如果过站停留时间超过 48 小时，飞行员则应尽可能地与目的地的时间节奏保持一致，调节睡眠和就餐时间，采取白天参与一些活动等方法以便于实现节律重建。

本章小结

本章分为三节，主要介绍时差与飞行的相关知识。首先介绍了时差的产生及有关概念，主要包括地方时、理论时区的划分、国际日期变更线等；其次介绍了时差的换算问题，总结了时差计算和飞行小时计算的方法，并通过一些算例进行了详细的讲解；最后讲解了时差对飞行中人的影响，简单介绍了如何采用合适的方法减少时差的负面效应。通过本章的学习，我们应了解时差的产生原因，熟练掌握时间的几种表达方式；掌握世界主要城市时区对照表的查用；熟练掌握时差换算和有关飞行时间的计算；了解飞行中的时差变化对飞行中人的影响。

本章思考题

1．已知北京当地时间是 28 日 9:44，求此时的世界标准时间。

2．当大马士革（东三区）的当地时间是 15 日的 12:00 时，上海的当地时间是多少？

3．某航班于北京时间 4 月 5 日傍晚 6 时从上海直飞纽约（西五区），于当日当地时间下午 4 时到达，那么飞机在空中的飞行小时数是多少？

4．一架飞机从圣彼得堡（约 60°N，30°E）起飞，经过 11 个小时飞到古巴首都哈瓦那（西五区），起飞时圣彼得堡时间是 18 日 15 时，到达哈瓦那的当地时间是多少？

5．某飞机从某地（约 30°N，116°E）于当地时间 3 月 14 日 14 时起飞向东飞行，经过 10 个小时到达加拿大温哥华（西五区），到达时当地时间是多少？

6．某航班于 2 月 3 日 12:30 从洛杉矶（西七区）LAX 机场出发，到达北京的当地时间是 2 月 4 日 23:20，那么飞机在空中飞行了多长时间？

7．理论时区是如何划分的？

8．什么是“本初子午线”？

9．什么是“国际日期变更线”？从不同方向跨越“国际日期变更线”时，时间上有什么变化规律？

10．如何应对长途飞行时差对人体带来的负面影响？

11．时差对飞行的影响与哪些因素有关系？

务实篇

✧ 第四章　航空运输布局

✧ 第五章　国际航空运输地理分布

✧ 第六章　国际航空旅游地理

✧ 第七章　中国航空运输地理

✧ 第八章　中国航空旅游地理

第四章

航空运输布局

本章学习目标

- 了解航空运输布局要素；
- 了解航空运输布局的概念；
- 了解机场的分类；
- 了解航线的分类；
- 了解航向网络布局的形式及优缺点；
- 掌握影响航空运输布局的因素；
- 掌握经济因素如何影响航空运输布局；
- 掌握影响航空运输布局的行业。

第一节　航空运输布局要素

航空运输布局的三大要素是航线、机场和航空公司（航司）。航线是航空公司的宝贵财富和立命之本，代表运力的分布和方向；机场提供飞机的起降点，是地面交通和空中交通的连接点，机场布点往往决定了航线的构成和航路的设置，机场的规模也决定了进出航线上航班的密度及所采用的机型，与城市的客、货运量及城市的性质、地位关系密切；航空公司主要为航空运输提供运力资源，运力设置是随基地机场和运营航线的状况而定的。

一、航线

（一）航线的定义

航线即飞机飞行的空中交通路线，由飞行的起点、经停点、终点、航路等要素组成。航线不仅确定了飞机飞行的具体方向、起讫点与经停点，还根据空中交通管制的需要，规定了航线的宽度和飞行高度，以维护空中交通秩序，保证飞行安全。民航从事航空运输的飞机必须按照规定的航线飞行。

（二）航线的分类

按照航线起讫点、经停点地理位置的不同，航线可分为：国内航线、国际航线和地区航线，如图 4-1 所示。

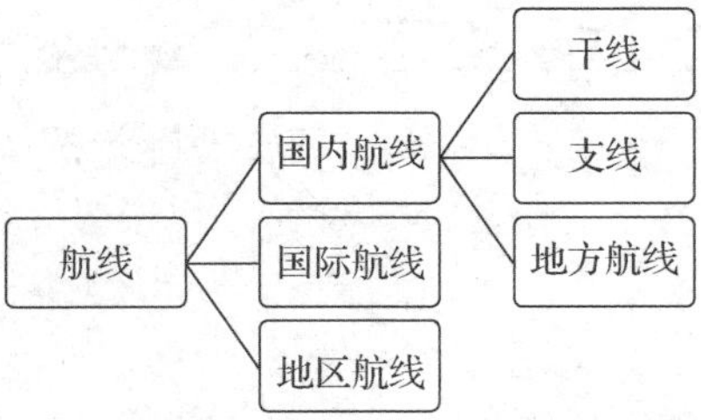

图 4-1　航线分类示意图

1．国内航线

国内航线是指连接国内航空运输中心的航线，航线的起讫点、经停点均在一国国境之内。根据航线规模又可分为干线、支线和地方航线。

1）干线

干线是连接国内航空运输中心的航线。这些航线的起讫点都是重要的交通中心城市。这些航线上的航班数量大、密度高、客流量大，比如北京—上海航线、北京—深圳航线等。

2）支线

支线是指把各中小城市和干线上的交通中心联系起来的航线。支线上的客流密度远小于干线；支线上的起讫点中有一方是较小的机场，因而支线上使用的飞机大都是 150 座以下的中小型飞机。

3）地方航线

地方航线是把中小城市连接起来的航线。地方航线客流量最小，它和支线的界限不是很明确，过去一般把省内航线称为地方航线，现在国外把支线和地方航线统称为区域性航线。

2．国际航线

国际航线是指飞行的路线连接两个或两个以上国家或地区的航线。在国际航线上进行的运输是国际运输，如果一个航班的始发站、经停站、终点站有一点在外国领土上，都属于国际运输。

3．地区航线

地区航线是指在一国之内各地区与有特殊地位的地区之间的航线。比如大陆与香港、澳门、台湾之间的航线。

（三）航线网络

航空运输布局能否实现资源的优化配置，航线网络的结构形式是一个非常关键的因素。航线网络是一个公司或一个地区、一个国家的航线组织和航班安排形式。航线网络由机场、航线和飞机等要素组成，其中机场和航线构成了航空运输的空间分布，而飞机则通过航线实现旅客、货物、行李、邮件等的空中位移。

目前航线网络的结构形式主要有城市对式、城市串式、中枢辐射式（枢纽式）三种，如图 4-2 所示。

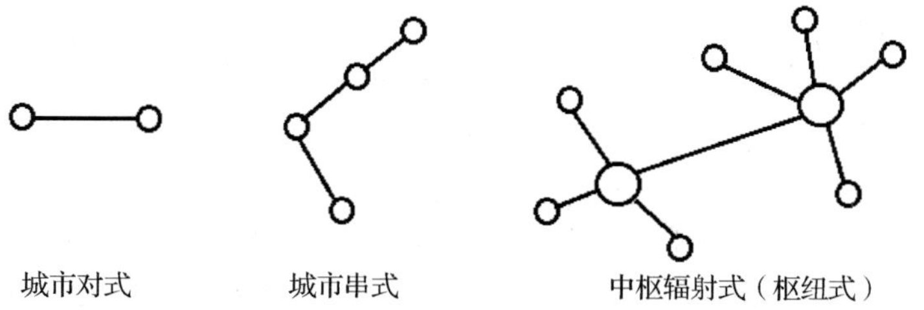

图 4-2　航线网络结构形式

城市对式航线网络的基本特点是两地间都为直飞航线，旅客不必中转。这种航线网络的优点在于可直达目的地，形式简单，便于调配运力；但是由于只考虑两地间的运输，而不考虑或无法顾及同其他城市航线间的衔接问题，因而无法形成区域资源的有效配置。

城市串式航线网络的特点是一条航线由若干航段组成，航班在途中经停、获得客货源的补充，以弥补起讫航站之间的运量不足。这种航线网络具有能够提高飞机的利用率、载运率和客座率，能够节省运力等优势；但是容易造成航班延误，影响正常的运力调配。由于经停站较多，航班一旦延误，会影响整个航程乃至整个网络的运力调配。

中枢辐射式航线网络由城市对式航线和枢纽机场的辐射航线共同构成，通常需要确定全国或区域范围内的中枢机场，它是区域内的航空客货集散地，与区外的其他中枢机场之间有便利的空运联系。中枢机场之间采用城市对式航线直飞，再以每个中枢机场为中转站建立其辐射航线。客流量较小的城市之间不对飞，而是分别把客货运送到中枢机场，通过中枢机场进行航班衔接、客货中转，实现相互之间的空中连接。相对于城市对式或城市串式航线网络来说，中枢辐射式航线网络具有很多方面的作用或优点。

第一，能更好地适应市场需求。多数国家的空运需求集中分布于少数大型中枢机场，而大多数中小型机场的空运需求量较少，这是空运市场的显著特点。中枢辐射式航线网络中的中枢机场正是考虑到了这一特点而建立的。中枢机场之间的干线飞行一般采用大中型飞机，且可安排较高的航班密度，基本上能够满足主要空运市场的需求。辐射航线的飞行一般采用中小型飞机，一方面满足了运量不大的市场需求，另一方面可适当增加航班密度，显示航空方便快捷的优势。

第二，能刺激需求，促进航空运输量的增长。在中枢辐射式航线网络中，干线与辐射式支线连通后，使所有网络内的航站之间均可通航，这就增加了通航点，使大中小城市之间的空中连接更为畅通，这无疑能够为旅客提供更大的便利，并促使一些潜在的空运需求转化为现实的需求。而且由于在中枢辐射式航线网络中，干线与支线的功能明显并有机地连接在一起，大小机群与航线匹配，能使航空公司的运营效率提高、运营成本降低，从而可以降低票价，进一步刺激市场需求。

第三，有利于航空公司提高飞机的利用率、客座率和载运率。运量较小的机场之间采用对飞的形式，一方面会使自身航线经营难以维持，另一方面又对中枢机场起到不必要的分流作用，降低了中枢机场之间的航班客座率和载运率。中枢辐射式航线网络的建立可将原来小型机场对飞航线上的空运量转移到干线上来，从而提高了干线上的客座率和载运率。原来吞吐量较少的机场改用小型飞机运营，通过支线与中枢机场连接进而接入干线。这样就避免了在运量较少的机场之间采用大中型飞机对飞而造成的运力过剩，同时也提高了小型飞机的客座率和载运率。

由于可以在不增加运力的情况下大量增加航线数量和航班频率，又可以提高飞机的利用率。

第四，有利于机场提高经营效益。中枢辐射式航线网络的建立使得中枢机场能够发挥规模经济效应，飞机起降架次和客货吞吐量的大幅度增加将使航空业务收入和非航空性收入随之增加，单位运营成本降低；同时，中小机场也能通过起降架次和客货吞吐量的增加而改善财务状况，增强自我生存和发展的能力。总之，中枢辐射式航线网络的建立和成功运营能够提高航空公司和机场的经营效益，促进航空运输业的发展，并有效带动地区经济的发展和繁荣。

（四）中国航线分布特征分析

1. 国内航线

目前，我国国内航线发展较快，形成了一个复杂的航线网络，其分布特征如下。

第一，航线主要分布于哈尔滨—北京—西安—成都—昆明一线以东的地区。其中以北京、上海、广州为中心的地带最为密集。航线的密度由东向西逐渐减小。

第二，航线多以大中城市为中心并向外延伸辐射，形成多个放射状系统并相互连接，从而形成全国的航空网络。

第三，国内主要航线多呈南北向分布，在此基础上又有部分航线从沿海向内陆延伸而呈东西向分布。

2. 国际航线

中国的国际航线以北京、上海、广州三大国际门户为主，以大连、青岛、厦门、深圳等沿海城市为辅，同时又以一些沿海城市为中心向北、西、南方向辐射。主要的国际航线有：亚洲航线、欧洲航线、美洲航线和澳洲航线。

3. 地区航线

目前我国的地区航线主要是指大陆与香港、澳门、台湾之间的航线，数量和规模均发展迅速。以香港、澳门为中心向内地几十个城市辐射的地区航线发展速度较快，旅客和货物吞吐量年年攀升，扩大了香港、澳门与内地的交往，为香港、澳门的稳定、繁荣、发展起到积极作用。台湾与大陆之间的航空运输线也在积极发展中。

二、机场

（一）机场的定义

国际民航组织将机场（航空港）定义为：供航空器起飞、降落和地面活动而划定的一块地域或水域，包括域内的各种建筑物和设备装置。机场有不同的大小，除了跑道之外，机场通常还设有塔台、停机坪、航空客运站、维修厂等设施，并提供机场管制服务、空中交通管制等其他服务。

（二）机场的分类

民用机场的分类方式有很多种，如图 4-3 所示。

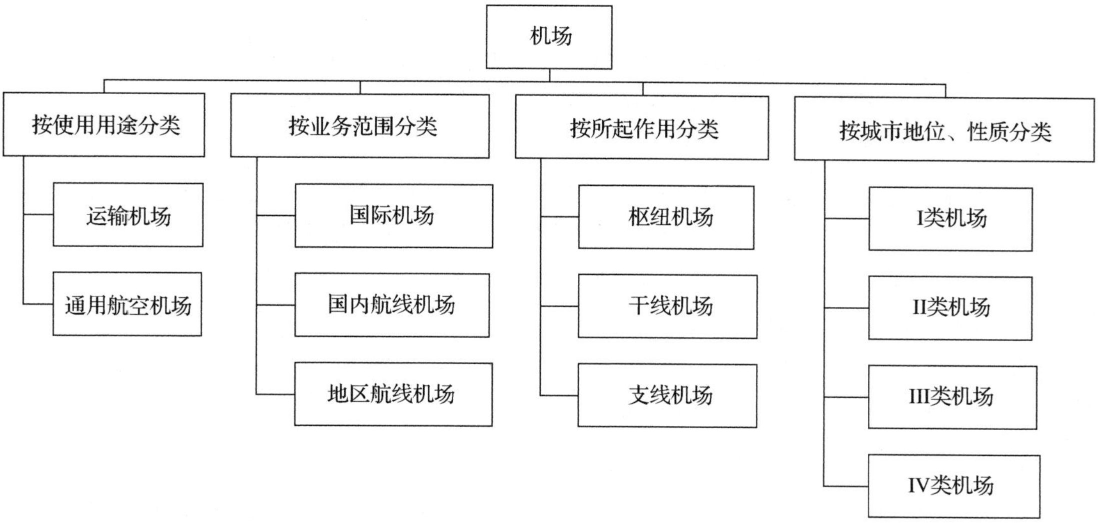

图 4-3　民用机场的分类方式

按使用用途分类，机场主要分为运输机场和通用航空机场，此外，还有供飞行培训、飞机研制试飞、航空俱乐部等使用的机场。运输机场指主要为定期航班运输服务的机场，其规模较大，功能较全，使用较频繁，知名度也较高。通用航空机场主要供专业飞行使用，使用场地较小，因此规模一般较小，功能单一，对场地的要求不高，设备也相对简陋。本书重点介绍运输机场。

按业务范围分类，机场可以分为国际机场、国内航线机场和地区航线机场。国际机场是指拥有国际航线并设有海关、边检、检验检疫等联检机构的机场。国内航线机场是指专供国内航线使用的机场。在我国，地区航线机场是指内地民航运输企业与香港、澳门之间定期或不定期地进行航班飞行，并设有相应联检机构的机场。很多机场同时开设了上述多种航线业务，通过不同的航站楼或不同的航站楼层加以区分。

按机场在民航运输系统中所起的作用分类，机场可以分为枢纽机场、干线机场及支线机场。枢纽机场是指作为全国航空运输网络和国际航线网络枢纽的机场。干线机场是指以国内航线为主、建立跨省跨地区的国内航线的、可开辟少量国际航线的机场。支线机场是指经济较发达的中小城市或经济欠发达但地面交通不便的城市地方机场。

按机场所在城市的地位、性质分类，机场可以分为Ⅰ类机场、Ⅱ类机场、Ⅲ类机场和Ⅳ类机场。Ⅰ类机场是指全国政治、经济、文化中心城市的机场，是国内及国际航空运输网络的枢纽，运输业务量特别大，除了承担直达客货运输，还具有中转功能。北京首都国际机场、上海浦东国际机场、广州白云国际机场等就属于Ⅰ类机场。Ⅱ类机场是指省会、自治区首府、直辖市和重要经济特区、开放城市和旅游城市或经济发达、人口密集城市的机场，可以全方位建立跨省、跨地区的国内航线，是区域或省区内航空运输的枢纽，有的可开辟少量国际航线。Ⅱ类机场也可称为国内干线机场；Ⅲ类机场是指国内经济比较发达的中小城市，或一般的对外开放和旅游城市的机场。是能与有关省区中心城市建立航线的机场。Ⅲ类机场也可称为次干线机场。Ⅳ类机场是指支线机场及直升机场。

（三）机场的区域划分及其功能

按照区域活动主体划分，机场主要分为三部分，包括飞行区、航站楼区和进出机场的地面运输区。

飞行区为航空器在地面活动的区域，飞行区分为空中部分和地面部分，空中部分指机场的空域，包括了进场和离场的航路；地面部分包括跑道、滑行道、停机坪和登机门，以及一些为维修和空中交通管制服务的设施和场地，如机库、塔台、救援中心等。

航站楼区是地面交通和空中交通的结合部，是机场对旅客服务的中心地区。主要是指航站楼（也称作候机楼）建筑，供旅客完成从地面到空中或从空中到地面的转换，内有办理登机手续的柜台、候机厅、出入境大堂、海关和检疫设施，也有提供前往市区服务的公共交通交汇站。此外，航站楼区也包括航站楼外的登机机坪和旅客出入车道。

地面运输区是车辆和旅客的活动区域，严格地说，航站楼属于地面运输区，鉴于空港中的很多主要活动在航站楼中进行，因而将航站楼作为一个独立的部分。

（四）中国机场发展概况

数据截至 2020 年年底，我国境内运输机场（简称“境内机场”）共有 241 个（暂不含中国香港、中国澳门和中国台湾的数据），以 2020 年公布的生产运输数据为例，其中民航机场吞吐量超过 1000 万人次的有 27 个，较上年净减少 12 个，完成旅客吞吐量占全部境内机场旅客吞吐量的 70.0%，较上年下降 13.3 个百分点。旅客吞吐量 200 万 ~ 1000 万人次的机场有 27 个，较上年减少 8 个，完成旅客吞吐量占全部境内机场旅客吞吐量的 19.0%。旅客吞吐量 200 万人次以下的有 187 个，较上年增加 22 个，完成旅客吞吐量占全部境内机场旅客吞吐量的 11.0%。受新型冠状病毒肺炎疫情影响，2020 年民航机场生产指标较上年数据均呈下降趋势，如图 4-4、4-5、4-6 所示。

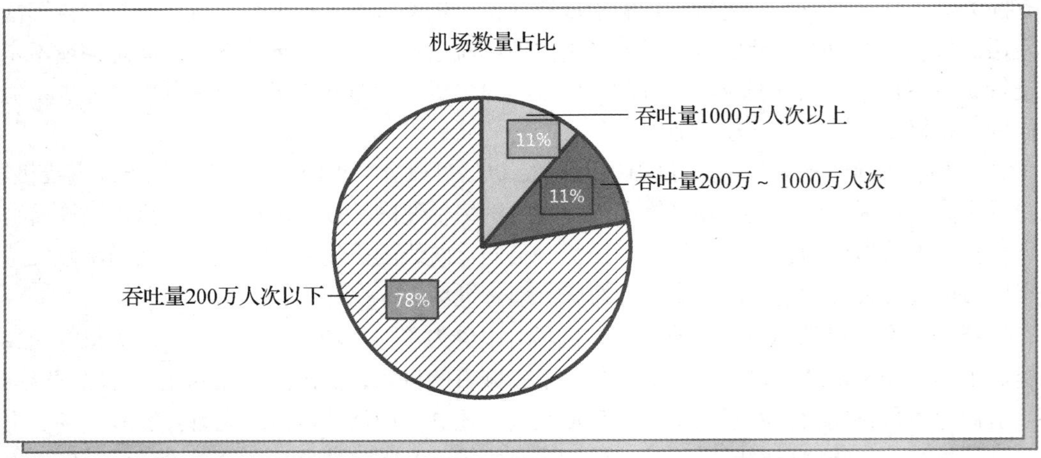

图 4-4　2020 年按照旅客吞吐量统计机场数量分布图

从增速看，北京大兴国际机场同比增长 413.3%，表现突出。京津冀机场群完成旅客吞吐量 7435.9 万人次，较上年下降 49.3%。长三角机场群完成旅客吞吐量 16 116.2 万人次，较上年下降 39.3%。粤港澳大湾区机场群珠三角九市完成旅客吞吐量 9148.1 万人次，较上年下降 35.6%。成渝机场群完成旅客吞吐量 8383.0 万人次，较上年下降 24.4%。

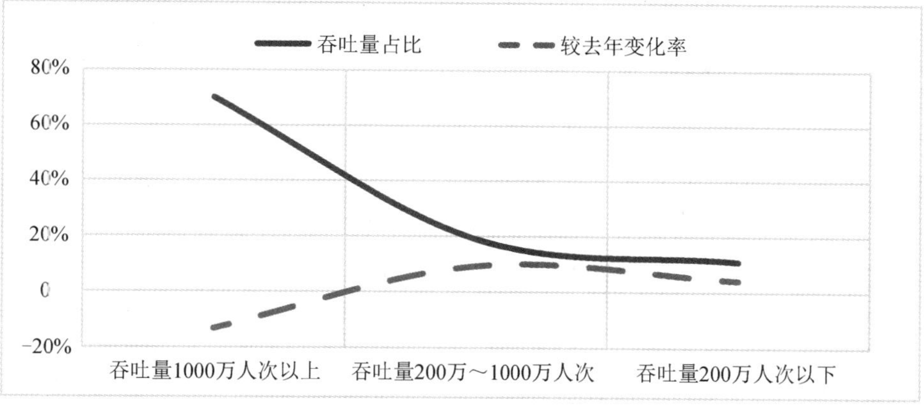

图 4-5　2020 年我国机场旅客吞吐量占比及增长率统计

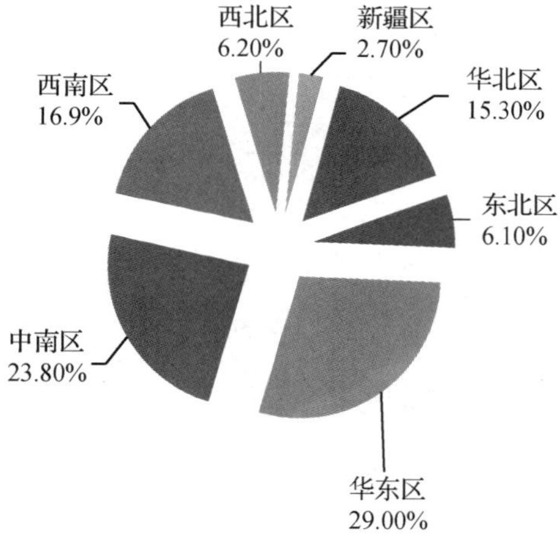

图 4-6　2020 年我国各航空区旅客吞吐量分布情况

当前我国机场建设和发展的现状已经初具规模，形成了以北京、上海、广州等的枢纽机场为中心，以其余省会和重点城市的机场为骨干，以及众多干线、支线机场相配合的基本格局。按地区划分，我国机场布局“东密西疏”的格局非常明显。

三、航空公司

航空公司是在获得官方认可的运行证书或批准后，以各种航空飞行器为运输工具为乘客和货物提供民用航空服务的企业。航空公司使用的飞行器可以是自己拥有的，也可以是租来的，它们可以独立提供服务，或者与其他航空公司合伙或组成联盟。航空公司的规模可以只有一架运输邮件或货物的飞机，也可以拥有数百架提供各类全球性服务的飞机。

航空公司的服务范围可以分为洲际的、洲内的、国内的，也可以分为航班服务和包机服务。航空公司的分类方法有很多，详见图 4-7。

运力是航空公司运输生产能力的简称，通常指航空公司所拥有的飞机数量或可提供的座位数，是航空公司规模的具体表现。衡量航空公司具体运输生产能力的指标参数有航空运输周转量、航班次数、飞行小时、航班正常率等。为了充分发挥资源优势，因地制宜地开展航空运输，提高飞机和地面设施的利用率，航空公司的运力多配置在经济发达、人口众多、航空运输业务发达的城市，这些城市的机场也被称为主基地机场。

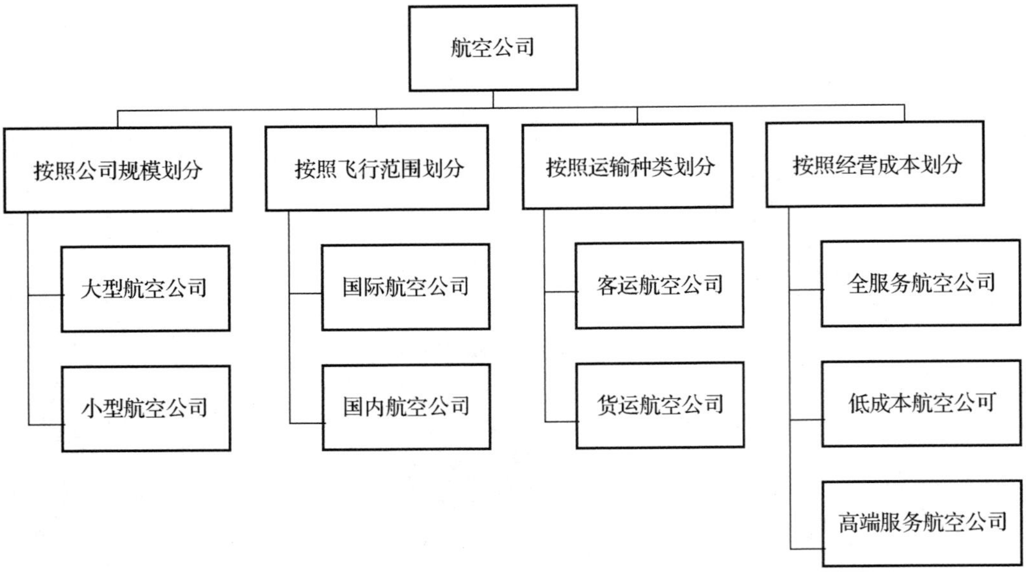

图 4-7　航空公司分类方法

第二节　影响航空运输布局的因素

布局一词源于棋局。如果将一个国家或地区看作一张大棋盘，如何在这个大棋盘上布局资源，以形成最佳配置，就是生产布局的真谛。实际上，任何生产部门的布局都受到地理位置、自然、经济、科技、人口等因素的影响和制约。不同生产部门对这些条件有不同要求，而这些条件在地区分布上又有较大差异，这就造成了生产布局的需求与实际条件之间的矛盾。为了合理布局生产力，就要充分发挥有利条件，克服不利条件，因地制宜地布局生产力，从而获得良好的社会经济效果。

航空运输布局是指航线、机场和运力在一定地域空间上的分布与组合。航空运输作为重要的生产和交通保障行业，也受上述条件的影响和制约。航空运输以其速度快、机动灵活、建设周期短、单机运量小、单位运价高等特点，使航空运输布局不同程度地受上述条件影响。以下结合航空运输特点，从地理位置、自然条件、经济条件、政治因素、科技条件、人口条件、已有空运网络、环境保护八个方面进行论述。

一、地理位置

地理位置是指地球上某一事物与其他事物之间的空间关系，包括经纬度位置、自然地理位置、政治地理位置和经济地理位置等。影响航空运输布局的地理位置主要指空运区位，即在空运网络中的位置与作用。空运区位的优劣取决于其航线网络的通达程度、航线上的航班密度。区位优势只有得到航空公司的认可并有运力投入时才能得到体现。

一个国家、一个地区或一个城市的航空运输发展水平与其所处的地理位置往往有一定的内在联系。世界上许多国家或城市，如新加坡、火奴鲁鲁、曼谷、德里、马尼拉、卡拉奇、开罗、阿尔及尔、安克雷奇、巴拿马城、里约热内卢、悉尼及我国的上海、广州等都是凭借有利的地理位置而发展为重要的航空枢纽的。

新加坡是东南亚的一个岛国，新加坡梵文意为狮子城，因国土小如星斗，又称星洲、星岛。新加坡国土总面积为 728.6 平方千米，人口总数为 568.6 万，是世界上面积最小、人口密度最高的国家之一。1965 年独立后，新加坡立足本国实际，因地制宜，实行对外开放政策，经济迅速发展，成为当时世界上经济增长最快的国家之一。究其发展的根本原因，主要是新加坡充分发挥了优越的地理位置优势，成为世界上利用地理位置优势发展经济最成功的国家之一。

新加坡位于马来半岛最南端，领土由新加坡岛和附近的 54 个小岛组成，地理位置十分重要，号称“东方十字路口”，如图 4-8 所示。北部与马来半岛隔着宽仅 1.2 千米的柔佛海峡，西部有长堤相连，交通便利；在南部隔着新加坡海峡同印度尼西亚相望，海峡全长约 105 千米，最窄处仅 4.6 千米，扼守着马六甲海峡入口处的航行要道。新加坡港地理位置优越，气候和水文条件十分理想，港口货物年吞吐量达 1 亿吨以上，居世界前列，国际航空客运周转量仅次于美、英、法、日，居世界第 5 位。新加坡以此为基础，从邻国大量进口各类初级产品，汇总、分级、包装后再行出口，形成了以转口贸易和航运业为主体的独特经济类型。新加坡利用本国特殊的地理条件，扬长避短，成为典型的利用地理位置优势发展经济的国家之一，成为举世闻名的航空枢纽。

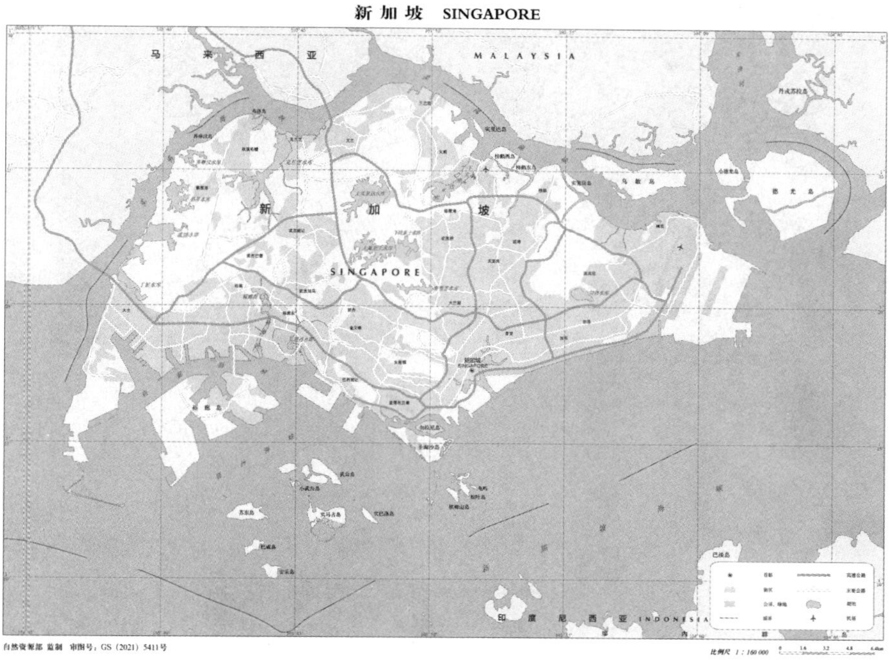

图 4-8　新加坡地图

知识链接：交通要地——火奴鲁鲁

火奴鲁鲁（Honolulu）是美国夏威夷州的首府和港口城市，如图 4-9 所示。在夏威夷语中，火奴鲁鲁意指“屏蔽之湾”或“屏蔽之地”。因为早期本地盛产檀香木，而且大量运往中国，因此被华人称为檀香山。火奴鲁鲁位于北太平洋夏威夷群岛中的瓦胡岛的东南角，延伸于滨河平原上。

火奴鲁鲁地处太平洋中心，是太平洋海、空交通的枢纽和重要港口，被喻作“太平洋的十字路口”。该地是从美国西岸去往澳大利亚、从巴拿马运河到远东的船舶航线及航空线的必经之地，穿越太平洋的海底电缆也在此经过。同时，其战略地位也十分重要，西郊 10 千米处的珍珠港是美国主要海、空军基地之一，美军印度洋-太平洋司令部就驻在这里，是美军在太平洋地区活动的中心。

位于火奴鲁鲁西南方的火奴鲁鲁国际机场（HNL）（檀香山机场）是夏威夷主要的空中交通门户。此外，也有许多飞往日本、韩国、中国台湾岛、南太平洋的塞班岛、美国本土和夏威夷州内各城市的航班。

图 4-9　夏威夷群岛之火奴鲁鲁

二、自然条件

自然条件是指影响人类活动的自然环境要素，包括地貌、地质、气象气候、土地、水、动植物，等等，这些要素相互联系，共同构成自然环境。在社会发展的一定阶段内，自然条件对生产布局有较大影响，特别是对农业、采矿业及铁路、公路、水运等交通部门有决定性的影响。由于航空运输本身的特性，某些自然条件在一定范围内一定程度上对航空运输产生的影响更大。

（一）地面自然要素

航空运输与其他运输方式一样，离不开固定的地面点站，机场、地面导航台、起落航线设计等都对地面自然条件提出了一定的要求，而每条航线飞越地区的自然条件更是千差万别。地形地貌是修建机场和确定航路的重要条件，修建机场必须考虑工程地质条件，应选择在地质、地貌较为稳定的地区。机场附近需要有一定的净空地带，周围不应有高大突出的山体或其他障碍物，一个机场的建设通常情况下至少需要一块 30 千米长、10 千米宽的宽阔场地，地势平缓，视野开阔。充足的水源也是建设机场的必备条件。还要考虑水文、植被、动物特别是鸟类等的影响。地面导航台需要考虑周边电磁环境的影响等。

在崎岖的山区很难找到理想的场址，几乎所有的大中型机场总是建在平原、盆地或宽阔的谷地之中。我国的西藏自治区出于发展需要，克服重重困难在高原地区修建了为数不多的几个机场，如拉萨贡嘎机场（见图 4-10）、林芝米林机场、昌都邦达机场等。

图 4-10　高原上的机场——拉萨贡嘎机场

（二）气象气候条件

飞行活动明显受到气象气候条件的影响和制约，气象气候条件在很大程度上决定飞行的安全与正点率。天气现象虽然千变万化，但总有一定规律可循，各种危险天气的产生具有一定的地域性和季节性。比如台风、飓风、热带风暴多产生于赤道地区以外的热带海域；在温带地区，雷暴总是在夏季和初秋频繁出现；在寒流经过的海岸、冰雪区的上空，以及盆地、山谷等处则常常出现大雾天气。在不同的气候区，危险天气出现的概率不同。为此，航路应尽量避开危险天气的易发地区，选择最安全的飞行路线。在机场，飞机起降主要受地面风速、风向、低空风切变、地面与空中能见度、降水等因素的制约。特别是盛行风向、风速对机场的选址及跑道的方向有着决定性影响。飞机起降的理想条件是逆风，这就使跑道的方向必须与当地的盛行风向一致。而在低能见度天气频发的机场，则要相应配备较高等级的进近着陆引导系统。

鉴于以上分析，选择机场或修建新机场时要满足如下几个要求：

第一，机场要避开大风、暴雨、雷击、低能见度等不良天气频发的地区；

第二，当机场距离城市、大工厂、湖泊等较近时，应尽量设置在上述区域的上风方向，以减少跑道视程受到被风吹来的城区烟雾的影响；

第三，在山区选择机场时，要避开容易产生风切变的地方，要注意跑道设置在不会遭受山洪或泥石流危害的地方；

第四，要避开自然保护区、重要水源保护区、森林和湿地等；

第五，避开强烈地震区、地质条件恶劣区，保证跑道不被洪水淹没和飞行区内不内涝；

第六，机场区域水源充足，水质良好。

三、经济条件

经济条件是影响航空运输布局的众多因素中最直接、最基本、最重要的因素，也是航空运输活动首先考虑的因素，它包括经济发展水平、经济重心区的分布、对外经济联系、产业结构等。

（一）经济发展水平

经济发展水平决定了整个社会的经济结构和物资流通量，决定了社会的收入和消费水平，相应地也就决定了空运需求。经济增长，航空运输量也随之增长，经济发达国家和地区必定是空运需求旺盛的国家和地区。航空运输是经济发展到一定水平的产物，一个国家或地区没有一定的经济基础，就不可能有发达的航空运输业。世界各国航空运输的发展大多与经济发展水平紧密相关。从目前世界航空运输布局现状分析，大多数经济发达国家和地区的航空运输业也比较发达。欧洲、北美洲、日本等国家和地区的航空运输业要远远超过大多数发展中国家。我国国民经济的迅速发展有力地支撑了航空运输业，目前，中国已崛起为全球第二大空运大国。按照发达国家的发展历程，人均 GDP 在 1000 ~ 4000 美元之间是航空运输需求快速增长阶段。中国人均 GDP 已于 2003 年超过 1000 美元，2008 年人均 GDP 超过 3000 美元。根据 2020 年国家统计局发布数据，中国已经是世界四大经济体之一，进出口贸易总额达到 32.16 万亿元人民币。预计中国民航业此后仍将保持快速增长态势。从长计议，中国民航业的增长率仍将保持在 10% 以上，国内空运市场仍处在成长期的快速发展阶段。

（二）经济重心区的分布

在整体经济水平相近的条件下，经济重心区的分布与联系会对航空运输布局产生较大影响。目前，几乎所有国家的经济重心区都是空运发达地区。大国地域辽阔，经济分布相对分散，为了加强国内的社会经济联系，就必须大力发展国内航空运输。我国航空运输布局与区域经济发展密切相关。目前，我国基本形成了沿海、沿江两大经济带，形成了长三角、珠三角、环渤海三大经济核心区及东北、华中、西北、西南等次一级的经济重心区。我国所有经济重心区均形成了相适应的机场群，如三大经济核心区的北京、上海、广州，华东区的南京、杭州、厦门、青岛，华中区的武汉、长沙、郑州，西南区的成都、昆明、重庆，西北区的西安、乌鲁木齐、兰州，东北区的大连、沈阳、长春、哈尔滨等区域经济中心城市都建设了相当规模的大中型机场。国务院出台的《全国民用机场布局规划》中的北方、华东、中南、西北、西南五大机场群与上述区域经济的发展和重要机场布局紧密相关。

（三）对外经济联系

航空运输快速、省时的特点使之成为国际间长途运输的理想方式。一个国家或地区的对外经济联系程度基本决定了其国际航空运输的规模。对外开放程度较高的国家，其国际航空运输发展迅速。每个国际大都市都拥有一个以上的大型国际机场。我国国际机场的分布基本体现了各地对外经济联系的程度。

市场研究表明，决定国际航空客货需求的主要相关量有：出入境人数、国际旅游人数、进出口贸易总值、外商投资及境外投资额度等。应当指出，我国除了北京、上海、广州、大连、青岛等地，多数国际机场所在地区的对外经济联系程度较低，国际客货需求相对不足，一些地方政府仅靠每年成百上千万元的航线补贴来维持生存。当然，对外经济联系越紧密，受世界经济波动的影响也越明显。近年来受新型冠状病毒肺炎疫情的影响，我国国际航空客货运输的增速明显放缓，特别是国际高端市场、货运市场的波动最为显著。

（四）产业结构

一般情况下，经济越发达的国家和地区，第二产业和第三产业所占的比例越高，其航空运输需求越旺盛。以农业生产为主的国家和地区，其经济对外开放程度较低，经济发展水平不高，因而航空运输需求较小。在工业生产中，资金密集型的电子、电器、精密仪器等高新技术产业往往聚集在大型国际枢纽机场周围，依托便利的航空运输条件形成“临空型”工业区。

以中东地区的经济和金融中心、被称为中东及北非地区“贸易之都”的迪拜为例，其经济的腾飞发展并不是倚重石油存量，而是政府致力于经济多元化，大力发展商业并刺激公司发展，以增加财政收入。迪拜经济从依赖石油向服务、观光业转变，使得迪拜不动产升值，建筑业的快速增长使城市建设经历了前所未有的发展。随着迪拜乐园及其他主题公园、度假胜地、体育场地等旅游基础设施的建设，其旅游业也得到了快速发展。如今，迪拜不仅成为重要的观光胜地与港口，更是资讯技术与金融的产业重镇，并将形成迪拜国际金融中心。1985 年在迪拜成立的阿联酋航空公司，坐落于迪拜国际机场，2005 年搭载了 1200 万名的旅客。迪拜国际机场为中东最重要的航空中转站之一。石油经济只占迪拜经济的小部分，从 GDP 产业构成上来看，其对外贸易、交通仓储、制造业、金融业、旅游业等占比较高。2019 年，迪拜国际机场客流量为 8639.68 万人次，阿联酋国内排名第一位。尽管面临油价下跌、全球经济增速放缓、政治不稳定等多重挑战，迪拜国际机场客流量仍保持强劲增长，预计到 2025 年，迪拜国际机场的客流总量将达到 1.428 亿人次；预计到 2030 年，迪拜航空产业规模将达到 881 亿美元，将占迪拜 GDP 总量的 45%。

四、政治因素

在某些特定时期，政治因素可以对整个国家或地区的经济发展和生产布局产生重大影响。国家的政策、法令对各行各业具有明显的促进或制约作用。航空运输是进行政治、外交活动的有力工具，政治因素对航空运输的影响是不容忽视的。国际航空运输在发展过程中经常受到各种政治因素的影响。许多世界性和地区性的国际航空组织往往带有浓郁的政治色彩。国际间制定的一系列航空法规、公约往往有其特定政治背景。为了维护国家主权，保护本国航空运输的发展，各国制定了相应政策、法令。由于政治体制、竞争能力的差异，各国的航空政策也不尽相同。目前国家间的双边、多边航空运输协定有 2000 多个，其中许多协定都是在一定的政治前提下达成的。

从国际上看，美国政府在 20 世纪 70 年代末实行的“放松管制”和“开放天空”政策对世界航空运输的发展产生了极为深刻的影响。海湾战争、伊拉克战争、“9・11”恐怖袭击、伊朗核问题、朝鲜核试验危机等政治、军事突发事件往往导致空运市场的短期波动。

五、科技条件

科学技术是影响生产布局最积极、最活跃的因素。自然、经济等条件往往对生产布局起一定的制约作用，使生产布局适应自然条件和经济发展的需要。科学技术的发展经常主动地影响生产布局，重大的科技成果往往使生产布局突破某些自然和经济条件的制约，使生产布局发生重大变化。自 20 世纪初航空运输问世以来，随着科学技术的发展，飞机的性能、地面设备及线路状况不断得到改善，促使航空活动能力不断增强，活动范围不断扩大。现代科技的迅猛发展在航空运输的技术改进、节能减排、销售方式等诸多方面产生了极其深刻的影响。

六、人口条件

人口既是航空运输的对象，也是航空运输所需的劳动力。作为运输对象的人口，其数量、密度、经济收入、职业构成、文化程度、亲缘分布等，都可能影响航空客货需求的大小。在一定的社会经济条件下，人口总数越大、密度越高、经济收入越高，则航空旅客运输需求越大，反之则小。对于一个国家来说，人口数量大、密度高的地区，往往经济发达，个人收入相对较高，对内对外经济联系紧密，因此这些地区的航空运输业就比较发达。而在人烟稀少的偏远地区，航空运输业则相对落后。两地间的客运联系由贸易、旅游、探亲、访友等社会活动形成，在经济水平相近的情况下，两地间人口的多少基本上决定了两地间客运联系的强弱。

七、空运网络

空运网络的整体性与连续性使已经形成的机场、地面导航台、航线网络等对新建机场、新辟航线产生一定影响和制约。当前，我国民航使用的空域被限制在相对狭小的空间内，由于空运量的迅速增加，民航空中交通管制部门已经对北京、上海、广州、深圳、成都等繁忙空域内的机场采取高峰小时及日航班量控制。已有航线的加密、新航线的开通、大中型机场扩建、所有新机场的建设都必须考虑空域容量的制约。

八、环境保护

环境保护已成为我国的基本国策。我国提出了建设资源节约型、环境友好型社会，任何行业的布局规划都必须把环境保护放在突出地位，民航的节能减排是国家环境保护战略的重要组成部分。航空公司的飞机在高空飞行，它所排放的污染物对大气的影响要比地面排放的污染物更大，更容易导致温室效应的产生和全球气候的变化。飞机每年要在大气层中排放大约 3 亿吨温室气体，在万米高空排放的温室气体对环境造成的损害大约是地面排放的温室气体的 4 倍。2009 年 3 月，国际航空运输协会（International Air Transport Association，IATA）呼吁在联合国气候变化框架公约会议上提出全球性的航空业节能减排、控制碳排放方案，并适时对航空公司进行额度分配，并征收排污费。同时，机场消耗大量电能、热能，机场地区的大气污染、水污染、噪声污染也尤为突出。作为世界第二大空运大国，中国民航的节能减排规划将为全世界的节能降耗和环境保护做出巨大贡献。因此，未来在进行航空运输布局规划时，需要首先把环境问题纳入其中。

上述八个方面的影响因素不是孤立存在的，它们之间往往具有一定的内在联系。八要素中的经济条件与人口条件对空运需求有决定性影响；政治因素可能造成空运市场的短期波动；科技条件的改善会主动促进空运发展；自然条件、已有空运网络是机场建设及航线运力投入所要必须考虑的；环境保护则是基本国策的刚性要求。应当结合不同规划的目标与要求，综合分析各要素，从而制定出科学、客观的航空运输发展规划。

第三节　影响航空运输布局的行业

任何行业都不可能脱离其他行业而孤立存在，航空运输业也不例外。影响航空运输布局的行业，比如交通运输业、旅游业、第三产业、对外贸易业、劳务输出等，对航空运输的依赖都很大，因此这些行业又被称为航空密集型行业。这些行业的发展状况对航空运输业的发展而言至关重要；同时，发达的航空运输服务也将吸引这些航空密集型行业在机场附近安家落户，以便形成完整的产业供应链，也使机场经济圈愈发繁荣。

一、旅游业

旅游业与航空运输业之间并不是简单的产业链上下游关系，也不是主业与辅业的关系，而是相互促进与相互回馈的关系。航空运输作为现代旅游交通的主要方式，是“大旅游业”的重要组成部分，航空运输业与旅游业相辅相成。旅游业对航空运输布局的影响主要表现在两个方面：首先为航空运输业提供了大量的客运需求，随着旅游业的发展，航空旅客中旅游者所占比重逐渐提升，目前，旅游者已成为国际航空客运的主流；其次影响空运企业的运力投放，旅游流是航空客流的重要组成部分，其分布和流向必然影响空运市场的形成及大小，从而影响空运企业运力的投放和布局。

根据原国家旅游局公布的入境旅游数据，以 2015 年 1 月—6 月为例，我国入境旅客总数为 6536 万人，通过飞机入境的旅客占总数的 15.4%，徒步入境的旅客占总数的 58.2%。其中，港澳同胞占 77.0%，几乎全部以地面交通方式入境（背景是港澳航空运输市场持续下滑）；台湾同胞与外国人分别占 4.0%和 18.9%，60%以上通过航空运输的方式入境，如表 4-1 所示。这就意味着，如果不考虑中国香港、中国澳门及中国台湾的游客，我国入境游的运输方式以航空运输为主、通过香港中转地面入境为辅。航空运输在我国国际旅游服务中有着不可替代的作用。

表 4-1　2015 年 1 月—6 月我国入境旅客情况

入境旅客人数（万人）	占比	比较项目	船舶占比	飞机占比	火车占比	汽车占比	徒步占比
6536	100%	整体	3.3%	15.4%	0.9%	22.1%	58.2%
3917	59.9%	香港同胞	1.4%	2.3%	1.0%	30.8%	64.5%
1119	17.1%	澳门同胞	0.5%	0.4%	0	6.3%	92.9%
264	4.0%	台湾同胞	15.0%	62.6%	0.4%	8.7%	13.3%
1236	18.9%	外国人	9.2%	60.4%	1.8%	12.1%	16.6%

注：表中数据四舍五入到小数点后一位数字。

虽然从价值链的角度看，航空运输只是交通服务的方式之一，但是在国际运输中，航空运输却具有不可替代的作用。因此，在国际旅游贸易与服务竞争中，航空运输往往会成为国家竞争的重要产业。近些年来，产生于海湾地区的“黑色经济”升级战略，其重要支柱就是国际化网络型航空公司的发展与大型航空枢纽的建设。

因此，要拓展旅游业发展空间，积极发展休闲度假旅游，大力发展通用航空成为重要的战略任务，要积极发展包括应急救援、医疗救助、海洋维权、私人飞行、公务飞行等在内的新兴通用航空服务，如表 4-2 所示。

表 4-2　旅游业与民航业的产品转型升级

旅游产品升级	民航服务要求
运动旅游（滑翔机等）	低空管理与应急救援
低空飞行（交通与观光）	直升机飞行、通勤航空、观光飞行、维护服务
旅游救援	应急救援
产品多元化	低成本运行、个性化服务
高端度假	旅游包机等

在产品转型与升级的战略要求中，旅游业与民航业有着千丝万缕的关系。为实现经济转型与产业结构升级，有必要建立旅游业与民航业的战略协同机制，创新管理思维，采取政策协调与联合运营等管理手段，抓住国家城镇化建设、区域协同发展与特色旅游小镇建设的战略契机，加大改革与开放的力度，全力构建全球性航空枢纽，构建新型航空运输布局网络结构，提高我国航空公司的国际竞争力，改变我国入境游竞争力不足的局面，努力扭转旅游服务贸易逆差，有效实现我国旅游业与民航业的融合发展。随着经济的发展，我国正逐步从旅游接待国发展为旅游输出国，作为旅游客源输出大国必将对国际航线网络产生重大影响。

二、劳务输出

劳务输出是劳动力空间流动的一种形式，包括国际劳务输出和国内劳务输出。国际劳务输出在第二次世界大战后获得了较大发展，已成为许多国家开展对外经济合作的一种重要形式。劳务输出通过劳动力在世界范围内的流通、调配，为国家和地区间的经济合作与技术交流提供人力资源服务。

劳务输入国家和地区主要集中在中东、北非、欧洲、北美洲和南美洲。其中中东、西欧、北美洲吸收的劳务量约占世界总劳务量的 80%。20 世纪 70 年代以来中东已成为世界劳务洪流的主要指向。劳务输出国家和地区主要集中在亚洲，输出的劳务量约占世界劳务输出总量的 60%，主要有印度、巴基斯坦、斯里兰卡、孟加拉国、泰国、菲律宾、韩国等。劳务输出人员中，工人占 70%，专业技术和管理人员占 30%。中国自 20 世纪 80 年代以来开始国际劳务输出，但迄今输出量较少，且大多是劳动密集型行业的劳务输出（建房、筑路等）。但是我国国内劳务输出规模较大，种类多样，有工程性劳务（建筑等）、技术性劳务和城市服务性劳务，包括家庭服务、环境卫生、园林、搬运等，以工程性劳务居多。劳务输入地区主要是大规模开展基本建设的地区，劳动强度大、劳动条件差的工矿区，技术力量不足的地区，以及结构性劳力不足的大城市。劳务输出地区主要是广大乡村劳动力富余地区和贫困地区（边远山区或灾区）。劳务输出是实现劳动力资源合理利用的重要形式，对解决乡村富余劳动力的出路，满足劳动力不足地区的需要，加速基本建设的进程和经济全面发展，以及加强国内外交流等具有重要意义。大力发展劳务输出已成为必然趋势。

劳务输出是一种特殊的对外经济活动。国际间的劳务合作使劳动者在国际间的流动成为国际客运的组成部分，大批劳工的客流也为航空运输带来了相当可观的收入。劳务人员的流动具有明显的国际性、时间性、单向性和团体性特征，在国际空运市场中具有较大的吸引力，劳务的输入、输出市场会对国际航空运输布局产生一定的影响。

三、对外贸易

对外贸易使商品在世界范围内流动，由此产生国际间的货物运输。国际航空货物运输是随着国际贸易的发展而发展起来的，同时国际航空货物运输也已成为影响和制约对外贸易进一步发展的重要因素。尽管从结构上看，国际航空货物运输量在对外贸易进出口总量中所占份额不大，但是国际航空货物运输的对象具有高新技术、附加值高的特点，承担紧俏商品、鲜活易腐和贵重物品等货物运输，使得通过航空运输产生的贸易额比例远高于贸易量比例。因此，航空货运的发展是对外贸易的有力支撑，对外贸易的横向扩张与纵向增长往往伴随着逐步发展的航空货运业，完善的航空运输服务能够极大地改善国际贸易环境，世界贸易的飞速增长与航空货运的发展是分不开的。长期来看，进出口贸易与国际航空货物运输周转量存在着相互依存的关系，进出口贸易总额增加会带动航空货物运输周转量的增加。同时，对外贸易使有关的商人、公务人员、技术人员频繁往来于贸易国之间，使之成为国际客运的重要组成部分，航空运输在对外贸易中承担业务、技术人员和劳务人员的旅客运输。航空运输在对外贸易中的重要作用是不容忽视的，对外贸易的发展也必将改变航空运输布局的规划与发展。

四、物流业

物流是物资资料从供给者向需要者的物理性移动，是创造时间性、场所性价值的经济活动。从其范畴来看，包括包装、装卸、保管、库存管理、流通加工、运输、配送等诸多活动。

作为一门产业，物流业是以“第三方物流”的形式出现的。交通运输是第三方物流的一个重要环节。航空运输作为一种重要的交通运输方式，与第三方物流的发展关系密切。许多发达国家的航空港附近都建有大型的物流仓储配送基地。航空物流的优势主要表现在以下几个方面。

第一，具有较高的运送速度。当今世界市场竞争十分激烈，行情瞬息多变，时间成本是企业需要考虑的重要因素，航空运输较高的运送速度已经成为当前国际市场上商品竞争的有利因素。

第二，破损率低、安全性好。采用航空运输的货物本身价值较高，航空运输的地面操作流程环节比较严格，管理制度比较完善，这就使货物破损率很低，安全性较好。

第三，适于鲜活、季节性商品。随着人们生活水平的提高，现在人们对食品的新鲜程度有着很高的要求，特别是对于那些价格昂贵的产品，只能够借助航空运输来实现。鲜活商品对时间的要求很高，运输延迟会使商品失去原有价值，采取航空运输可以保证商品新鲜成活，有利于开辟远距离的市场。对于季节性商品，航空运输能够保证在销售季节到来前应市，避免了错过季节导致商品无法销售而产生的费用。

当然，航空物流也不是十全十美的，主要缺点就是飞机机舱容积和载重量都比较小，运载成本和运价比地面运输高，而且受气象条件限制，飞行正常性、准点性易受影响。此外，航空运输速度快的优点在短途运输中难以充分发挥。

由此可见，现代物流业的迅速发展对交通运输体系产生较大影响，航空物流业也对传统航空货运提出了更大的挑战，从而对航空运输布局产生深刻的影响。

本章小结

本章内容主要介绍航空运输布局。首先阐述了航空运输布局的三大要素，即航线、机场和航空公司；其次介绍了影响航空运输布局的相关因素，从地理位置、自然条件、经济条件、政治因素、科技条件等八个方面按照先主后次的顺序进行了阐述；最后分析了影响航空运输布局的相关行业，主要包括旅游业、劳务输出、对外贸易、物流业等。通过本章学习，我们应了解航空运输布局的含义、航空运输布局的意义、航空运输布局的要素及哪些因素会对航空运输布局造成影响，并从宏观角度看待航空运输，培养大局观。

本章思考题

1．航空运输布局的三要素是什么？
2．航线有哪些不同的分类形式？
3．航线网络结构形式有哪几种？各有什么优势和劣势？
4．机场的分类形式有哪些？
5．机场的区域是如何按照其功能进行划分的？
6．简要论述目前我国机场发展的概况？
7．影响航空运输布局的因素有哪些？
8．经济条件是怎样影响航空运输布局的？
9．影响航空运输布局的行业有哪些？

第五章
国际航空运输地理分布

本章学习目标

- 了解世界地理的基本分布概况；
- 了解世界上各国家(地区)的分布及差异；
- 熟悉主要国际航空运输相关组织机构（如 IATA、ICAO、ACI、UFTAA 等）的组成、职能等；
- 掌握三大航空联盟的基本情况；
- 掌握国际航空运输协会业务区域划分情况；
- 了解三大航空区域及次区域划分情况；
- 了解 IATA 三大航空区域的航空运输发展概况。

随着航空运输业的国际化发展，了解全球航空运输概况、认识世界航空区划及国际航空管理方式显得尤为重要。本章从三个方面来介绍国际航空运输地理分布情况，首先介绍了世界地理概述，包括世界地理环境概况和世界国家（地区）概况；其次介绍了国际航空运输相关组织机构，包括 IATA、ICAO、ACI、UFTAA、航空联盟等；最后重点介绍了 IATA 根据地球的地理分布及航空业务范围划分的三大航空区域（国际航协交通会议区）。

第一节　世界地理概述

一、世界地理环境概况

（一）世界自然地理环境

地球表面积约为 5.1 亿平方千米，由陆地和海洋组成，其中陆地面积为 1.49 亿平方千米，约占地球表面积的 29%，海洋面积为 3.61 亿平方千米，约占地球表面积的 71%。因此，海陆面积之比大约是 7:3。陆地是地球表面未被海水淹没的部分，大体分为大陆、岛屿和半岛，大陆是面积最大的陆地。全球有六个大陆，包括附近的岛屿在内，全球共分为七个大洲，按面积大小划分依次为亚洲、非洲、北美洲、南美洲、南极洲、欧洲和大洋洲。海洋是地球上广阔连续的水域，平均深度 3795 米，包括洋、海和海峡，其中洋是主体部分，世界上有太平洋、大西洋、印度洋和北冰洋四大洋。七大洲、四大洋分布情况如图 5-1 所示。

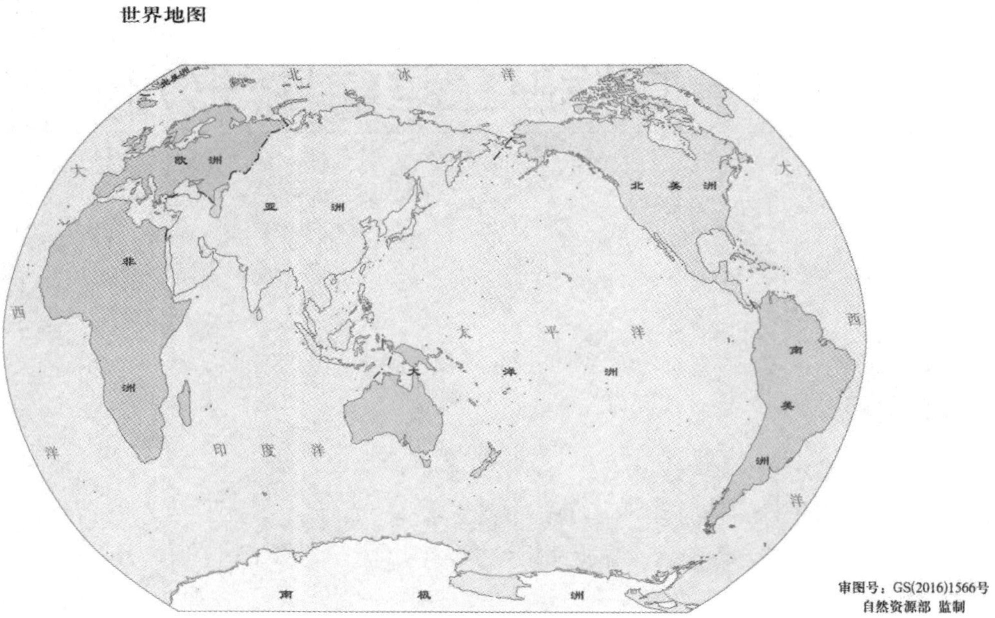

图 5-1　地球上的七大洲、四大洋

地球表面高低悬殊、形态多样，按照高度和起伏形态，陆地大体可以分为平原、山地、高原、丘陵和盆地五大形态。此外，还有受外力作用强烈影响而形成的河流、三角洲、瀑布、湖泊、沙漠等。深厚的海水掩盖了海底的地貌，海底地貌类型多样，有海岭、海盆、海沟、海丘、海山、海渊和海底高原等，海底地势的起伏并不亚于陆地。

（二）世界人文地理环境

文化是人类积累生活经验所获得的智慧，人类文化活动丰富多彩，错综复杂，大致可以分为语言文字、民族文化、社会组织和生活方式等。人类是习惯群居的，但是由于地域的差异性，地球上各个地区的人口分布并不均匀，目前世界上的总人口数量约为 70 亿，排名前 5 位的国家依次是：中国、印度、美国、印度尼西亚、巴西，其中人口数量在 10 亿以上的国家只有中国和印度。预计到 2054 年，世界人口数量将突破 90 亿。

1．世界的人种

人种是按照综合特征进行分类的，凡具有形态上和生理上的共同性及语言习俗等历史文化共同性、有区域性特点的群体一般可以归为同一人种。根据肤色、眼色、毛发、头型等特征，世界上的居民主要分为白种人、黄种人、黑种人，黄种人主要分布在亚洲，集中在东亚和东南亚；白种人是分布最广泛的人种，遍布全世界，欧洲和北美洲最为集中，南美洲、亚洲西部、非洲北部及中国西北部也有少量白种人；黑种人主要集中在非洲撒哈拉沙漠以南地区，美国等一些发达国家也有不少黑种人。三大人种的区别及分布如表 5-1 所示。

表 5-1　三大人种的区别及分布

人种类型	肤色	头发	面部	体毛	分布区域
白种人	色浅	波状	鼻子高、嘴唇薄	多	欧洲、北非、西亚、南亚、北美洲、大洋洲
黑种人	黝黑	卷曲	嘴唇厚	少	非洲、大洋洲、南北美洲部分地区
黄种人	浅黄色、棕黑色	黑直	扁平	中等	亚洲东部、印第安人、因纽特人分布地区

2．世界的民族

目前世界总人口数量约有 70 亿，分属 2000 多个大小不同的民族，这些民族的社会、经济、文化处于不同的发展阶段。其中，有人口数量 1 亿以上的民族，也有不足千人的民族。汉族是世界上人口最多的民族，人口较多的民族还有孟加拉族、俄罗斯族等。从世界民族统计资料来看，随着全球人口的持续增长，民族的总体数目呈现下降的趋势。在民族、文化融合日益加快的形势下，小民族的人口数量逐渐减少，若干个小民族聚合为一些大民族，而大民族的人口数量则在日渐增多。

3．世界的语言

迄今为止，没有人能确定世界上有多少种语言，语言学家认为至少有 2500 种语言，仅仅非洲就有 1000 种以上的语言，但是使用人数在 100 万以上的语言只有约 134 种。其余大部分语言的使用人数都很少，有的语言的使用者只有十几个人，有的语言甚至因为使用者去世而随之消失了。汉语是使用人数最多的语言，但是通用性不强，主要使用国家（地区）为中国、新加坡、马来西亚、文莱等。相对而言，英语的使用范围最为广泛，较大程度上起到了会话媒介的作用，主要使用地区为欧洲西部、北美洲、亚洲南部、大洋洲、非洲东部及南部。除此之外，法语、西班牙语、俄语、阿拉伯语的使用人数也较多。

二、世界国家（地区）概况

（一）国家（地区）分布

国家是政治地理学名词，由领土、人民、政府三个要素组成，在社会科学和人文地理范畴中，国家是指拥有共同的语言、文化、种族、血统、领土、政府或者历史的社会群体。一般情况下，国家行政管理当局是国家的象征，它是一种治理一个社会的权力机构，在一定的领土内拥有外部和内部的主权，具有区域划分和行政合法性。国家政府在经过长时间的行政统治之后，会形成独特的国家文化，包括语言、文字、信仰、习俗、服饰、佩饰、建筑风格、饮食习惯、忌讳，等等。国家既是一个地理概念，也是一个文化概念，带有丰富的感情色彩，其人民世代居住并对所在国文化有着高度文化认同感。

目前，世界上共有 200 多个国家和地区。截至 2017 年，世界上有 198 个国家被国际社会普遍承认，其中 193 个国家为联合国会员国，梵蒂冈、巴勒斯坦、纽埃、库克群岛、马耳他骑士团等 5 国为国际社会普遍承认，但非联合国会员国。其中梵蒂冈和巴勒斯坦为联合国观察员国。

（二）国家（地区）的差异

不同的国家和地区在国土面积、人口数量、政治制度、经济发展水平等方面均有不同程度的差异。全世界国土面积较大的国家有俄罗斯、加拿大、中国、美国、巴西、澳大利亚等；国土面积非常小的袖珍国家有梵蒂冈、摩纳哥、圣马力诺等。政治制度主要分为资本主义制度和社会主义制度。根据经济发展水平高低程度的不同，全世界的国家（地区）主要分为发达国家和发展中国家，其中发达国家主要集中在欧洲、北美洲、大洋洲等，发展中国家主要集中在亚洲大部分地区、非洲和拉丁美洲。这些差异均对国家（地区）的发展有很大的影响。

第二节　国际航空运输相关组织机构

为了保障国际航空运输的航行安全和有序发展，国际民用航空运输管理机构制定了国际民用航空运输活动的行为规范，用以协调国际间民用航空运输业务关系。当今世界上有许多国际性航空运输组织，具有较大影响的主要是三大国际民用航空运输管理机构：国际民用航空组织（International Civil Aviation Organization，ICAO）、国际航空运输协会（International Air Transport Association，IATA）和国际机场理事会（Airports Council International，ACI）。此外还有一些专业性协会，如旅行社协会联合会（Universal Federation of Travel Agents Association，UFTAA）和国际航空电信协会（Society International De Telecommunication Aero-nautiques，SITA）、航空联盟等。

国际民用航空运输管理机构的主要职责是负责制定国际民用航空运输活动的行为规范，协调各国间国际民用航空运输的业务关系，最终保障并实现国际民用航空运输的航行安全和有序发展。国际民用航空管理机构的协调与管理使得世界各国政府民航事务管理部门和民航运输企业在国际民用航空活动中采用统一的技术标准、航行标准、操作规程成为可能，引导行业共同执行统一的运价体系和运输凭证，遵循统一的国际法规准则，公正地处理国际航空事务等。

一、国际民用航空组织

国际民用航空组织（ICAO）是依据《国际民用航空公约》的要求设立的，为了协调各国有关民航经济和法律义务关系并为此制定各种民航技术标准和航行规则的政府间国际组织。

第二次世界大战末期，为解决民用航空发展中的国际航空运输业务权等国际性问题，1944 年 11 月 1 日至 12 月 7 日，由美国发起、52 个国家参加，在芝加哥召开了第一届国际民用航空会议，与会各方最终达成共识，共同签署了《国际民用航空公约》，简称芝加哥公约，成立了临时的国际民用航空组织。1947 年 4 月 4 日，《国际民用航空公约》正式生效，同时 ICAO 诞生，同年 5 月，该组织被联合国正式认可并成为联合国的一个专门机构。截至 2016 年 5 月，ICAO 的成员国共有 191 个，《国际民用航空公约》是世界上被广泛承认的公约。ICAO 总部设在加拿大的蒙特利尔，其标识如图 5-2 所示。

图 5-2　ICAO 标识

（一）ICAO 的机构框架

ICAO 由大会、理事会和秘书处三级框架组成。

大会是 ICAO 的最高权力机构。大会由理事会在适当的时间和地点举办，每三年至少召开一次。如遇特别情况，经理事会召集或经五分之一以上的缔约国向秘书长提出要求，可以随时举行大会特别会议。

理事会是向大会负责的常设机构，由大会选出的 33 个理事国组成，在每届大会上选举产生。理事国分为三类：第一类是在航空运输领域居于特别重要地位的成员国，第二类是对提供国际航行设施做出突出贡献的成员国，第三类是区域代表成员国。理事会下设航空运输委员会、航行委员会、财务委员会、防止非法干扰委员会、联营导航委员会和法律委员会。

秘书处是 ICAO 的常设行政机构，由秘书长负责保证 ICAO 各项工作的顺利进行，秘书长由理事会任命。秘书处下设航行局、航空运输局、法律局、技术合作局、行政局及财务处、外事处。此外，秘书处有一个地区事务处和七个地区办事处，分设在曼谷、开罗、达喀尔、利马、墨西哥城、内罗毕和巴黎。地区办事处直接由秘书长领导，主要任务是建立和帮助缔约国实行 ICAO 制定的国际标准、建设措施及地区规划等。

（二）ICAO 的宗旨和目的

ICAO 的宗旨和目的是促进国际民用航空飞行的规则制定和技术发展，以实现国际民用航空运输的规划和发展目标。具体内容包括：保证全世界国际民用航空安全和有秩序地发展；鼓励为和平用途改进航空器的设计和操作技术；鼓励发展国际民用航空应用的航路、机场和航行设施；满足世界人民对安全、正常有效和经济的航空运输的需要；防止因不合理的竞争而造成经济上的浪费；保证缔约各国的权利充分受到尊重，每一缔约国均有经营国际空运企业的公平的机会；避免缔约各国之间的差别待遇；促进国际航行的飞行安全；普遍促进国际民用航空在各方面的发展。

ICAO 主要针对与解决航空安全的技术问题，与国际航空运输协会（IATA）紧密配合共同保证国际民航安全、正常有效和有序地发展。

（三）ICAO 的主要活动

ICAO 的主要活动包括：通过制定《国际民用航空公约》的技术业务附件和多种技术文件，召开各种技术会议，逐步统一国际民航的技术业务标准和管理国际航路的工作制度；通过双边通航协定的登记、运力运价等方针政策的研讨、机场联检手续的简化、统计的汇编等方法以促进国际航空运输的发展；通过派遣专家或顾问、建立训练中心、举办训练班及其他形式，以执行联合国开发计划署向缔约国提供的技术援助；管理公海上的联营导航设备；研究国际航空法，组织拟订和修改涉及国际民航活动的各种公约；根据缔约国的建议和议事规则，通过大会、理事会、地区会议及特别会议讨论和决定涉及国际航空安全和发展的各种重要问题。

中国是 ICAO 的创始成员国之一，于 1944 年签署了《国际民用航空公约》，并于 1946 年正式成为会员国。1971 年 ICAO 通过决议承认中华人民共和国为中国唯一合法代表。1974 年我国承认《国际民用航空公约》并参加 ICAO 的活动，从 1974 年起连续八次当选为二类理事国。2004 年 10 月 2 日，在 ICAO 第 35 届大会上，中国以高票首次当选该组织一类理事国，并在蒙特利尔设立中国驻 ICAO 理事代表处。而后，中国连续四次连任一类理事国，积极参与 ICAO 的各类活动和项目。值得一提的是，2015 年 3 月，ICAO 投票选出新一任秘书长，由我国提名的柳芳当选，她是 ICAO 历史上首位中国籍秘书长，也是首位女性秘书长，2015 年 8 月正式上任，任期三年。

二、国际航空运输协会

国际航空运输协会（IATA）简称国际航协，是由世界各国航空公司自愿组织成立的大型非政府国际组织。其前身是 1919 年在荷兰海牙成立并在第二次世界大战时解体的国际航空业务协会。IATA 从组织形式上是一个航空企业的行业联盟，属于非官方性质组织，但是由于世界上大多数国家的航空公司是国家所有，即使非国有的航空公司也受到所属国政府的强力参与或控制，因此 IATA 实际上是一个半官方组织。

IATA 的总部设在加拿大的蒙特利尔，执行总部设在瑞士的日内瓦，其标识如图 5-3 所示。

图 5-3　IATA 标识

IATA 的宗旨是：为了世界人民的利益，促进安全、正常而经济的航空运输；为直接或间接从事国际航空运输工作的各航空公司提供合作的途径；与 ICAO 及其他国际组织通力合作。

（一）IATA 的机构框架

IATA 由全体会议、执行委员会、专门委员会和分支机构四级框架组成。全体会议是 IATA 的最高权力机构，每年举行一次会议，经执行委员会召集，也可随时召开特别会议。所有正式会员在决议中都拥有平等的一票表决权，如果不能参加，也可授权另一个正式会员代表其出席会议并表决。全体会议的决定以多数票通过。在全体会议上，审议的问题只限于涉及 IATA 本身的重大问题，如选举协会的主席和执行委员会委员、成立有关的委员会和审议本组织的财政问题等。

执行委员会（执委会）是全体会议的代表机构，对外全权代表 IATA。执委会成员必须是正式会员的代表，任期分别为一年、二年和三年。执委会的职责包括管理协会的财产、设置分支机构、制定协会的政策等。执委会的理事长是协会的最高行政和执行官员，在执委会的监督和授权下行使职责并对执委会负责。执委会下设秘书长、专门委员会和内部办事机构，维持协会的日常工作。目前执委会有 30 名成员。

专门委员会是专业智囊组织，分为运输委员会、财务委员会、法律委员会和技术委员会，各委员会由专家、区域代表及其他人员组成并报执委会和全体会议批准。目前运输委员会有 30 名成员，财务委员会有 25 名成员，技术委员会有 30 名成员，法律委员会有 30 名成员。

分支机构是区域性职能组织。IATA 除了总部设在加拿大的蒙特利尔，另外在其他七个地区设有办事处作为其分支机构，它们分别是：北美地区办事处，位于美国首都华盛顿；南美地区办事处，位于智利首都圣地亚哥；欧洲地区办事处，位于比利时首都布鲁塞尔；非洲地区办事处，位于瑞士日内瓦；中东地区办事处，位于约旦首都安曼；亚太地区办事处，位于新加坡；东北亚地区办事处，位于中国首都北京。

（二）IATA 的职能及主要活动

IATA 的职能包括：国际航空运输规则的统一、业务代理、航空公司间的财务结算、技术上的合作、参与机场活动、协调国际航空客货运价、航空法律工作、帮助发展中国家航空公司培训高级专业人员等。

IATA 为实现其职能，主要开展如下三种活动：首先，同协会会员进行会外活动，向具有权威的国际组织和国家政府申述意见，以维护会员的利益；其次，协会监督全球各大分销系统提供商建立经营标准和程序，协调国际航空运价；最后，协会承办出版物、财务金融、市场调研、会议、培训等其他服务项目。协会制定运价的活动也必须在各国政府授权下进行，清算所对全球联运票价的结算是一项有助于世界空运发展的公益事业，因而发挥了通过航空运输企业来协调和沟通政府间政策、解决实际运作困难的重要作用。

IATA 的会员分为正式会员和准会员两类。凡 ICAO 成员国的任一经营定期航班的空运企业，经其政府许可都可成为 IATA 的会员。正式会员向直接从事国际经营的航空公司开放，而准会员身份只向经营国内航班的航空公司开放。

三、国际机场理事会

国际机场理事会（ACI）原名国际机场联合协会，于 1991 年 1 月成立，1993 年 1 月改称国际机场理事会。ACI 是全世界所有机场的行业协会，是一个非营利性组织，其宗旨是加强各成员与全世界民航业各个组织、机构（包括政府部门、航空公司和飞机制造商等）的合作，并通过这种合作促进建立一个安全有效与环境和谐的航空运输体系。

ACI 的发展目标是：保持和发展世界各地民用机场之间的合作，相互帮助；就各成员机场所关心的问题，明确立场、形成惯例，以“机场之声”的名义集中发布和推广这些立场和惯例；制定加强民航业各方面合作的政策和惯例，推动旅游业、货运业乃至各国及世界经济的发展；在信息系统、通信、基础建设、环境、金融、市场、公共关系、经营和维修等领域内交流有关提高机场管理水平的信息；向 ACI 的各地区机构提供援助，协助其实现上述目标。

ACI 总部原设在瑞士日内瓦，后于 2011 年设于加拿大蒙特利尔。ACI 下设六个地区分会，分别是非洲地区分会、亚洲地区分会、欧洲地区分会、拉丁美洲/加勒比海地区分会、北美地区分会和太平洋地区分会，分管各地区相关工作。

四、世界旅行社协会联合会

世界旅行社协会联合会（UFTAA）是最大的非政府间国际旅游组织之一。其前身是 1919 年在巴黎成立的欧洲旅行社和 1964 年在纽约成立的美洲旅行社，UFTAA 于 1966 年 11 月 22 日在意大利罗马正式成立，总部即秘书处设在比利时布鲁塞尔，协会的正式工作语言为英语、西班牙语和法语。

UFTAA 的宗旨是：对国家级的旅游协会及其他旅游局、旅行社联合会或旅游联盟给予职业上的指导和技术上的援助，尽一切努力联合、巩固和发展这些组织，团结和加强各国全国性旅行社协会和组织，协助解决会员在专业问题上可能发生的纠纷；在国际上代表旅行社行业同有关的各种旅游组织和企业（运输业、酒店业和官方机构等）建立联系，进行合作；确保旅行社业务在经济、法律和社会领域里最大限度地得到协调、赢得信誉、受到保护和发展；向会员提供必要的物质上、业务上、技术上的指导和帮助，使其在世界旅游业中占有适当的地位。

五、国际航空电信协会

国际航空电信协会（SITA）是 ICAO 认可的一个非营利性组织，是航空运输业世界领先的电信和信息技术解决方案的集成供应商。1949 年 12 月在比利时布鲁塞尔成立，开始将成员航空公司的通信设备相互连接并共同使用。

SITA 的主要职责是提升全球航空业使用信息技术的能力，并提高全球航空公司的竞争能力，不仅为航空公司提供网络通信服务，还可为其提供共享系统，如机场系统、行李查询系统、货运系统、国际票价系统等。成立以来，随着成员的不断增加和航空运输业务对通信需求的增长，SITA 已经成为一个国际化的航空电信机构，经营着世界上最大的专用电信网络。

六、航空联盟

航空联盟是指各国的航空公司为了资源共享、强化竞争力，在航班、票务、代码共享、转机、飞行常旅客计划、机场贵宾室等方面进行合作，跨国跨地区组建在一起，形成联盟。全球最大的三个航空联盟是星空联盟、天合联盟和寰宇一家。航空联盟完善了全球的航空网络，加强了国际间的联系，并使跨国旅客在转机时更方便。

（一）星空联盟

星空联盟（Star Alliance）是世界上第一家全球性航空公司联盟，由五家航空公司于 1997 年 5 月 14 日共同组建，总部位于德国法兰克福，创始成员为加拿大国际航空公司、德国汉莎航空股份有限公司、北欧航空公司、泰国国际航空大众有限公司、美国联合航空公司。星空联盟标志如图 5-4 所示。

星空联盟的标语为“the way of the Earth connects”，意思是“地球连接的方式”，它的图标是一个由五个三角形图样组合而成的五角星，象征创立联盟的五个初始成员。

星空联盟不仅为旅客带来便捷，还帮助航空公司降低成本并带来巨大的收益。星空联盟主要的合作方式包括：扩大代码共享（Code-Sharing）的规模，分享常旅客计划（Frequent Flyer Program，FFP）的点数，串联航线分布的网络及协调飞行时间表，在各地机场的服务柜台、贵宾室共享与共同执行形象提升活动。通过星空联盟成员的共同协调与安排，给旅客提供更多的班机选择、更理想的接转机时间、更简单化的订票手续及更妥善的地勤服务，符合资格的旅客可享用全球超过千余个机场贵宾室及相互通用的特权和礼遇。

STAR ALLIANCE

图 5-4　星空联盟标志

会员搭乘任一星空联盟成员的航班，皆可将累计里程数转换至任一成员航空公司的里程酬宾计划的账户内，进而成为该计划的尊贵级会员，金钻级会员可享受订位及机场后补机位优先确认权，优先办理机场报到、登机、通关及行李托运等手续。不仅如此，任一星空联盟的乘客只要是持全额、无限制条件的机票，如果在机场临时更改航班，可直接改搭星空联盟其他成员的航班。另外，星空联盟设计了以飞行里程数为计算基础的“星空联盟环球票”，票价经济实惠，星空联盟的航线网密集，使旅客轻松实现环游的旅程。

根据 2021 年统计数据，星空联盟的航空公司成员包括 26 个，主要有中国国际航空股份有限公司、深圳航空有限责任公司、新加坡航空公司、德国汉莎航空股份有限公司、加拿大航空公司、全日空航空公司、美国联合航空公司、葡萄牙航空公司、南非航空公司、瑞士航空公司、北欧航空公司、印度航空公司等。

（二）天合联盟

天合联盟（Sky Team）于 2000 年 6 月 22 日由法国航空公司、达美航空公司、墨西哥国际航空公司和大韩航空公司联合成立，从而宣告了国际航空运输市场新一轮竞争的开始。天合联盟标志如图 5-5 所示。

2004 年 9 月，荷兰皇家航空公司和美国西北航空公司成为天合联盟会员。天合联盟通过联盟内所有航空公司的航班信息、座位信息和价格信息，帮助旅客预订机票和座位，通过联盟航空公司的国内航线把中转旅客送到对方国家的各个城市。

图 5-5　天合联盟标志

天合联盟的发展得益于其给旅客及联盟成员带来的日益明显的利益。天合联盟通过其伙伴关系向旅客提供了更多的实惠，包括各成员间常旅客计划合作，共享机场贵宾室，提供更多的目的点，更便捷的航班安排、联程订座和登记手续，更顺利的中转连接，实现全球旅客服务支援和“无缝隙”服务。天合联盟以低成本扩展航线网络、扩大市场份额、增加客源和收入而为其成员带来了更多的商机，并且可以在法律允许的条件下实行联合销售、联合采购、降低成本，充分利用信息技术协调发展。天合联盟的“环游世界”套票、“畅游欧洲”套票、“畅游美洲”套票、“畅游亚洲”套票等优惠机票可为旅客节省更多购票支出。

根据 2021 年统计数据，天合联盟的成员包括：达美航空公司、墨西哥航空公司、阿根廷航空公司、大韩航空公司、中国东方航空股份有限公司、厦门航空有限公司、越南航空公司、中华航空股份有限公司、印度尼西亚鹰航空公司、中东航空公司、沙特阿拉伯航空公司、法国航空公司、荷兰皇家航空公司、意大利航空公司、捷克航空公司、俄罗斯航空公司、罗马尼亚航空公司、肯尼亚航空公司。

（三）寰宇一家

寰宇一家（One World）为当前世界上最大的航空联盟之一，总部位于加拿大温哥华。寰宇一家成立于 1998 年 9 月 21 日，由英国航空公司、美洲航空公司、加拿大国际航空公司、国泰航空有限公司和澳洲航空公司五大航空公司发起。寰宇一家的标志如图 5-6 所示。

寰宇一家各成员航空公司及其附属航空公司均在航班时间、票务、代码共享（共挂班号、班号共享）、乘客转机、飞行常旅客计划、机场贵宾室及境地支出等多方面进行合作。2005 年 4 月完成电子客票互通安排的程序，也是全球首个在成员航空公司之间实现电子客票互通的航空联盟。

根据 2021 年统计数据，寰宇一家的成员航空公司包括 14 个：美国航空公司、英国航空公司、国泰航空公司、芬兰航空公司、西班牙皇家航空公司、日本航空公司、澳洲航空公司、约旦皇家航空公司、西伯利亚航空公司、卡塔尔航空公司、马来西亚航空公司、斯里兰卡航空公司、摩洛哥皇家航空公司、阿拉斯加航空公司。

图 5-6　寰宇一家标志

第三节　国际航协交通区域划分

根据航空运输发展程度及地区性差异，国际航空运输协会（IATA）将全球分为三个航空区域，称为“国际航协交通会议区”。具体为 IATA 一区（又称 Area1 或 TC1）、IATA 二区（又称 Area2 或 TC2）、IATA 三区（又称 Area3 或 TC3）。

同时根据国际航空运价的计算规则，IATA 又对三个航空区域进行了更详细的次级区域的划分，如表 5-2 所示。

表 5-2　IATA 航空区域划分表

地球区域	航空区域	次级分区
西半球	IATA 一区	北美洲和南美洲及其附近岛屿，包括格陵兰岛、百慕大群岛、西印度群岛、加勒比海各岛屿和夏威夷群岛（包括中途岛和巴尔米拉岛）
东半球	IATA 二区	欧洲、非洲及其附属岛屿，阿森松岛和乌拉尔山以西的欧洲部分，伊朗和中东
	IATA 三区	亚洲及其附属岛屿（除去已包括在 IATA 二区的部分），东印度地区，澳大利亚，新西兰和太平洋岛屿（除去已包括在 IATA 一区的部分）

一、IATA 一区

IATA 一区由南北美洲大陆及其附近岛屿组成，包括格陵兰岛、百慕大群岛、西印度群岛、加勒比海各岛屿及夏威夷群岛（包括中途岛和巴尔米拉岛）。美洲是亚美利加洲的简称。美洲的命名普遍认为是为了纪念意大利的一位名叫亚美利哥·维斯普奇的著名航海家。由于美洲大陆东临大西洋，西濒太平洋，大洋天堑阻隔了美洲和其他大洲之间的陆路交通，只有通过海洋运输和航空运输来实现与其他各洲之间的交通联系。

（一）北美洲地区概况

北美洲位于西半球北部，东临大西洋，西临太平洋，北临北冰洋，南以巴拿马运河为界与南美洲相分，中美洲、加勒比地区传统意义上属于北美洲。面积约 2422.8 万平方千米（包括附近岛屿），约占世界陆地总面积的 16.2%，是世界第三大洲，如图 5-7 所示。通用英语、西班牙语，其次是法语、荷兰语、印第安语等。

北美洲地跨热带、温带、寒带，气候复杂多样，以温带大陆性气候和亚寒带针叶林气候为主。最冷月（1 月），平均气温低于 0℃的地区约占全洲面积的 3/4，整个北极群岛（北美大陆以北、格陵兰岛以西众多岛屿的总称）及格陵兰岛的大部分地区都低于−32℃。夏季全洲普遍增温，最热月（7 月，沿海多为 8 月），格陵兰岛中部平均气温为 0～3℃，成为北半球夏季最凉爽的地区，其余广大地区的平均气温都在 0～32℃之间，其中平均气温 20℃以上的地区约占全洲面积一半以上，平均气温 30℃以上的地区面积较小。

北美洲大部分地区自然资源已经经过勘查，主要矿物是石油、天然气、煤炭、铁矿石、铜矿石、镍矿石、铀矿石、铅矿石、锌矿石等。北美洲的森林面积约占全洲面积的 30%，约占世界森林总面积的 18%。北美洲的代表国家是美国和加拿大，它们是经济发达的国家，工业基础

北美洲地图

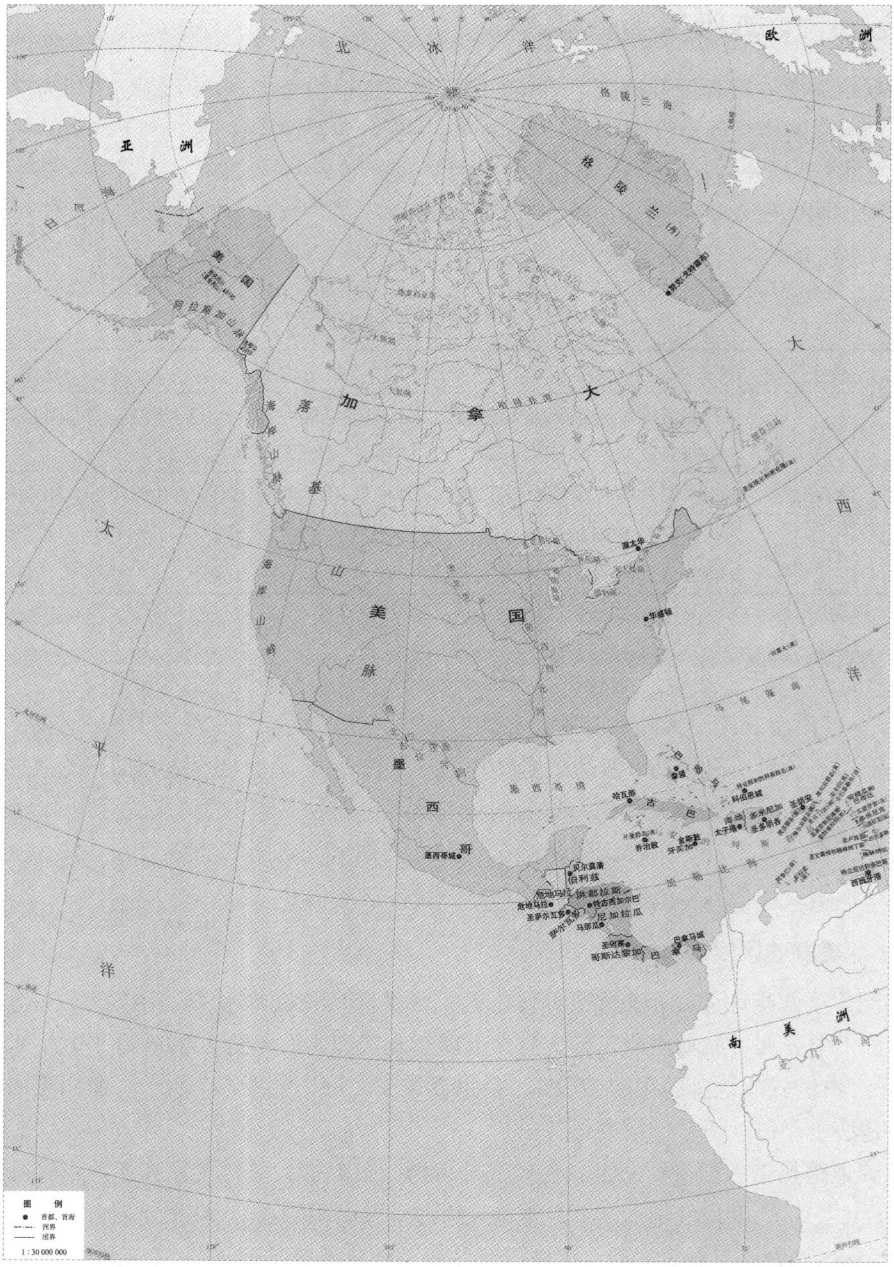

审图号：GS(2016)2942号　　自然资源部 监制

图 5-7　北美洲地图

雄厚、生产能力强大、科学技术先进。农、林、牧、渔业也极为发达。除了美国和加拿大，墨西哥具有一定的工业基础，其他国家多为单一经济国家。北美洲中部平原是世界著名的农业区之一，农作物以玉米、小麦、棉花、大豆、烟草为主。中美洲和加勒比海诸国主要生产甘蔗、香蕉、咖啡、可可等热带农作物。

（二）南美洲地区概况

南美洲位于西半球的南部，东临大西洋，西临太平洋，北临加勒比海，南隔德雷克海峡与南极洲相望。一般以巴拿马运河为界同北美洲相分，包括哥伦比亚、委内瑞拉、圭亚那、苏里南、厄瓜多尔、秘鲁、巴西、玻利维亚、智利、巴拉圭、乌拉圭、阿根廷 12 个国家（地区），如图 5-8 所示。

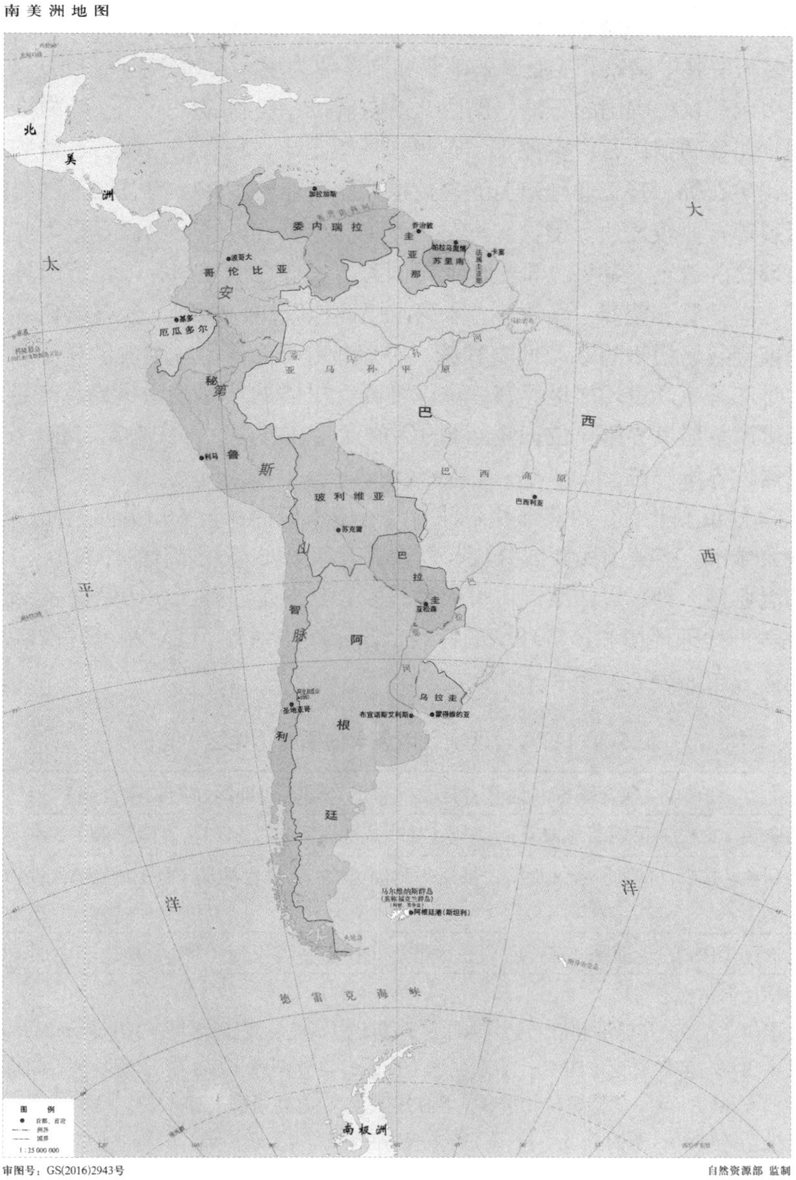

图 5-8　南美洲地图

南美洲面积约为 1797 万平方千米（包括附近岛屿），约占世界陆地总面积的 12%。南美洲大陆地形可分为三个南北向纵列带：西部为狭长的安第斯山脉，东部为波状起伏的高原，中部为广阔平坦的平原低地。南美洲是世界上火山较多、地震频繁且多强烈地震的一个大洲。大部分地区属于热带雨林气候和热带草原气候，气候温暖湿润，以热带为主，大陆性气候不显著。全洲除山地外，冬季最冷月的平均气温均在 0℃以上，占大陆主要部分的热带地区平均气温超过 20℃。大部分地区夏季最热月平均气温在 26.8℃左右，远不及非洲和澳大利亚大陆的热带地区炎热。各地气温的年较差较小，不像亚洲、北美洲那样变化剧烈。南美洲降水充沛，年降水量在 1000 毫米以上的地区约占全洲面积的 70%以上，是沙漠面积较小的大洲。

南美洲拥有多样的环境资源，但是受殖民地式经济与大地主制影响，独立后并未出现经济腾飞的现象，多为发展中国家。工业以采矿业和制造业为主，大部分矿产供出口，如委内瑞拉、阿根廷、厄瓜多尔、秘鲁等国的石油；巴西、委内瑞拉、智利的铁矿石；玻利维亚的锡矿石、锑矿石；智利、秘鲁的铜矿石；圭亚那、苏里南的铝土矿；秘鲁的铅矿石、锌矿石、银矿石；智利的硝石、钼矿石等。轻工业是南美洲多数国家制造业的主体，肉类加工、制糖、饮料、皮革、纺织、服装等行业较发达。钢铁、汽车、化工、橡胶、电器、机械等重工业集中在巴西、阿根廷、委内瑞拉、智利、秘鲁、哥伦比亚等国家。农业在南美洲各国经济中具有重要意义，南美洲是可可、向日葵、菠萝、马铃薯、木薯、巴西橡胶树、烟草、金鸡纳树、玉米、番茄、巴拉圭茶、辣椒等栽培植物的原产地。甘蔗、香蕉、咖啡的产量分别占世界总产量的 20.5%，其中巴西的咖啡和香蕉产量均居世界第一位；可可、柑橘的产量均占世界总产量的 25%左右，其中巴西的可可产量居世界第三位；南美洲的剑麻产量在各个大洲中排第二位，主要产自巴西；巴西木薯产量居世界第一位。

南美洲人口分布不平衡，西北部和东部沿海一带人口稠密，人口分布的另一特点是人口高度集中在少数大城市。南美洲民族成分比较复杂，有印第安人（属于黄种人）、白种人、黑种人及各种不同的混血型人种，以印欧混血型人种最多，其次是白种人、印第安人，黑种人最少。

根据南北美洲地理环境和经济环境的特点，国际航协划分了 IATA 一区次区域的国家（地区）范围，具体分布如表 5-3 所示。

表 5-3　IATA 一区次区域包含的国家（地区）范围

次区域	包含国家（地区）范围（字母为国家或地区航空二字代码）
北美洲	加拿大（CA）；墨西哥（MX）；美国（US）；法属圣皮埃尔和密克隆群岛（PM）
中美洲	伯利兹（BZ）；危地马拉（GT）；哥斯达黎加（CR）；洪都拉斯（HN）；萨尔瓦多（SV）；尼加拉瓜（NI）
加勒比地区	巴哈马（BS）；圭亚那（GY）；百慕大群岛（BM）；苏里南（SR）；法属圭亚那（GF）
	加勒比海群岛： 安圭拉（AI）；安提瓜和巴布达（AG）；阿鲁巴（AW）；巴巴多斯（BB）；英属开曼群岛（KY）；古巴（CU）；多米尼克（DM）；多米尼加（DO）；格林纳达（GD）；瓜德罗普（GP）；海地（HT）；牙买加（JM）；英属蒙特塞拉特群岛（MS）；荷属安地列斯群岛（AN）；马提尼克（MQ）；圣基茨和尼维斯（KN）；圣卢西亚（LC）；圣文森特和格林纳丁斯（VC）；特立尼达和多巴哥（TT）；特克斯和凯科斯群岛（TC）；英属维尔京群岛（VG）
南美洲	阿根廷（AR）；玻利维亚（BO）；巴西（BR）；智利（CL）；哥伦比亚（CO）；厄瓜多尔（EC）；法属圭亚那（GF）；圭亚那（GY）；巴拿马（PA）；秘鲁（PE）；巴拉圭（PY）；苏里南（SR）；乌拉圭（UY）；委内瑞拉（VE）

IATA 一区的北美洲是世界航空运输最发达的地区之一，全美年旅客运输量接近全世界旅客运输量的一半，北美洲许多航空公司在世界航空体系中占有重要的地位。而南美洲的一些国家，虽然经济上不是十分发达，但是由于地理位置特别，航空运输是它们的主要交通工具。以南美洲为例，地处安第斯山脉以东与亚马孙河流域的国家，主要交通运输方式是水路运输与航空运输；还有一些内陆国家，如玻利维亚等国，四面不临海，国际运输陆上交通必须通过智利、巴拉圭或阿根廷等国，非常受限，因此航空运输有着不可替代的作用。

二、IATA 二区

IATA 二区包括欧洲（包括俄罗斯联邦的欧洲部分）和邻近的岛屿、冰岛、亚速尔群岛、非洲及其临近的岛屿、阿留申群岛及亚洲的一部分（伊朗以西）。这里主要介绍欧洲及非洲的简况。

（一）欧洲地区概况

欧洲全称为欧罗巴洲，位于东半球的西北部，北临北冰洋，西临大西洋，南临大西洋的属海地中海和黑海。面积约为 100 万平方千米（包括岛屿），约占世界陆地总面积的 6.8%，仅大于大洋洲，是世界第六大洲，如图 5-9 所示。地理上习惯分为南欧、西欧、中欧、北欧和东欧五个地区。欧洲是世界人口第三的大洲，仅次于亚洲和非洲，99%以上人口属于白种人，是人种比较单一的大洲。欧洲是人类生活水平较高、环境及人类发展指数较高且适宜居住的大洲之一。

图 5-9 欧洲地图

欧洲的大部分地区位于北温带内，没有热带，是世界上有人定居的各洲中距离赤道最远的一个大洲。地形总特点为：以平原为主，冰川地貌分布较广，高山峻岭汇集在南部，海拔 200 米以上的高原、丘陵和山地约占全洲面积的 40%，海拔 200 米以下的平原约占全洲面积的 60%。欧洲大部分地区为温带海洋性气候，也有地中海气候、温带大陆性气候、极地气候和高原山地气候等。其中温带海洋性气候最为典型，绝大部分地区气候具有温和湿润的特征。夏季最高温在地中海区，7 月，雅典的平均气温是 27℃，西班牙格拉纳达为 25℃，意大利都灵为 23.5℃；冬季时，温度由西南向东北逐渐下降，因此葡萄牙里斯本 1 月平均气温为 10.5℃，俄罗斯一些地区同月平均气温却是−14.5℃，大西洋沿岸冬季的平均气温颇高，比如挪威境内的北极圈沿岸冬季并不比纽约市寒冷。

欧洲官方语言有英语、法语、德语、意大利语、西班牙语、葡萄牙语、捷克语、克罗地亚语、希腊语、拉丁语、波兰语、荷兰语、拉脱维亚语、爱沙尼亚语、阿尔巴尼亚语、丹麦语、瑞典语、芬兰语、冰岛语、爱尔兰语、挪威语、保加利亚语、罗马尼亚语、匈牙利语、斯洛文尼亚语、立陶宛语、卢森堡语、马耳他语等数十种语言。欧洲是世界上语言种类最丰富的地区，其中 90%以上的语言是以拉丁字母和西里尔字母为基础构成的。

欧洲是资本主义经济发展最早的大洲，工业生产水平和农业机械化程度均较高，生产总值在世界各洲中居首位。其中工业生产总值占的比重很大，以加工型工业为主，燃料和各类原材料需要大量进口，工业制成品大量输出。欧洲农业为次要生产部门，大多数国家粮食自给不足，主要种植麦类、玉米、马铃薯、蔬菜、瓜果、甜菜、向日葵、亚麻等，园艺业发达，主产葡萄和苹果，畜牧业以饲养猪、牛、绵羊为主。

欧洲各国为了增强其国际竞争力，成立了欧洲联盟，简称欧盟（EU），EU 其实是一个集政治实体和经济实体于一身、在世界上具有重要影响的区域一体化组织。EU 的宗旨是："通过建立无内部边界的空间，加强经济、社会的协调发展和建立最终实行统一货币的经济货币联盟，促进成员国经济和社会的均衡发展。""通过实行共同外交和安全政策，在国际舞台上弘扬联盟的个性。"

（二）非洲地区概况

非洲是阿非利加洲的简称，希腊文"阿非利加"（音译）是阳光灼热的意思。非洲位于东半球的西南部，地跨赤道，西北部的部分地区伸入西半球。东临印度洋，西临大西洋，北隔地中海和直布罗陀海峡与欧洲相望，东北隅以狭长的红海和苏伊士运河与亚洲相分。由于赤道横贯非洲中部，非洲 3/4 的土地受到太阳的垂直照射，年平均气温在 20℃以上的热带占全非洲的 95%，其中有一半以上地区终年炎热，故称为"阿非利加洲"，其气候特点是高温、少雨、干燥，气候带分布呈南北对称状。非洲面积约为 3020 万平方千米（包括附近岛屿），约占世界陆地总面积的 20.2%，仅次于亚洲，为世界第二大洲，如图 5-10 所示。

非洲是目前世界上经济发展水平最低的大洲，大多数国家经济落后。采矿业和轻工业是非洲工业的主要部门。农业在非洲国家国民经济中占有重要的地位，是大多数国家的经济支柱，粮食作物种类繁多，有小麦、水稻、玉米、小米、高粱、马铃薯等，还有特产木薯、大蕉、椰枣、薯芋、食用芭蕉等。畜牧业发展较快，牲畜头数多，但是畜产品商品率低，经营粗放落后。

非洲地图

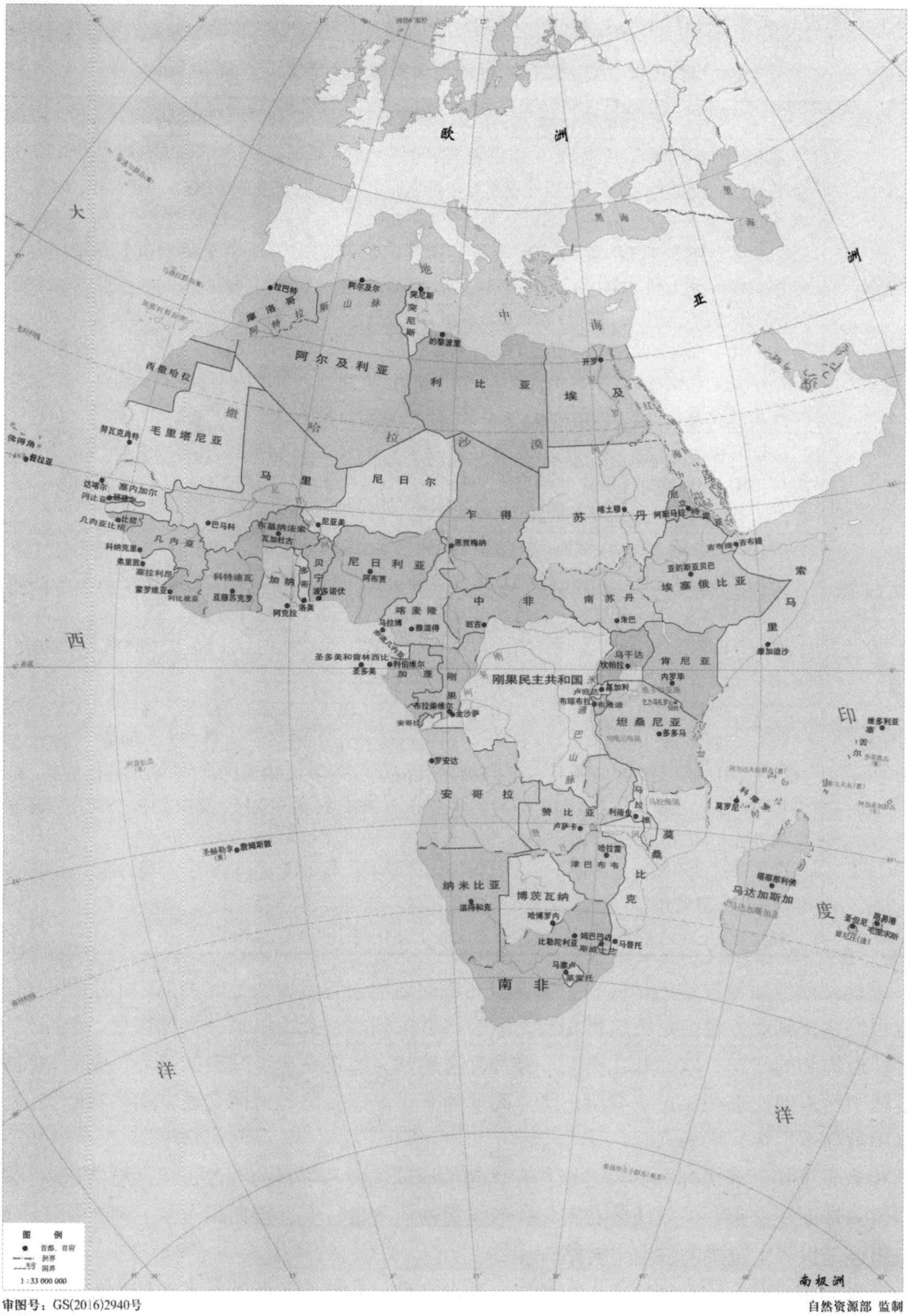

审图号：GS(2016)2940号　　自然资源部 监制

图 5-10　非洲地图

IATA 二区的各区域在政治、经济、种族、发展历史等方面有着较大的差异，在航空运输的发展水平上也很不平衡。IATA 二区次区域包含的国家（地区）范围如表 5-4 所示。

表 5-4　IATA 二区次区域包含的国家（地区）范围

次区域	包含国家（地区）范围（字母为国家或地区航空二字代码）
欧洲	阿尔巴尼亚（AL）；安道尔（AD）；亚美尼亚（AM）；奥地利（AT）；阿塞拜疆（AZ）；白俄罗斯（BY）；比利时（BE）；波斯尼亚和黑塞哥维那（BA）；保加利亚（BG）；塞浦路斯（CY）；捷克（CZ）；德国（DE）；丹麦（DK）；爱沙尼亚（EE）；阿尔及利亚（DZ）；芬兰（FI）；法国（FR）；格鲁吉亚（GE）；直布罗陀（GI）；希腊（GR）；匈牙利（HU）；克罗地亚（HR）；冰岛（IS）；爱尔兰（IE）；意大利（IT）；拉脱维亚（LV）；列支敦士登（LI）；立陶宛（LT）；卢森堡（LU）；马其顿（MK）；马耳他（MT）；摩尔达维亚共和国（MD）；摩纳哥（MC）；摩洛哥（MA）；黑山（ME）；荷兰（NL）；挪威（NO）；波兰（PL）；葡萄牙（PT）；罗马尼亚（RO）；俄罗斯（乌拉尔山以西）（RU）；圣马力诺（SM）；斯洛伐克（SK）；斯洛文尼亚（SI）；西班牙（ES）；瑞典（SE）；瑞士（CH）；土耳其（TR）；突尼斯（TN）；乌克兰（UA）；英国（GB）；塞尔维亚（RS）
中东	阿拉伯联合酋长国（AE）；巴林（BH）；埃及（EG）；伊朗（IR）；伊拉克（IQ）；以色列（IL）；约旦（JO）；科威特（KW）；黎巴嫩（LB）；阿曼（OM）；卡塔尔（QA）；沙特阿拉伯（SA）；苏丹（SD）；叙利亚（SY）；也门共和国（YE）
非洲	中非：马拉维（MW）；赞比亚（ZM）；津巴布韦（ZW） 东非：布隆迪（BI）；吉布提（DJ）；厄立特里亚（ER）；埃塞俄比亚（ET）；肯尼亚（KE）；卢旺达（RW）；索马里（SO）；坦桑尼亚（TZ）；乌干达（UG） 南非：博茨瓦纳（BW）；莱索托（LS）；莫桑比克（MZ）；南非（ZA）；纳米比亚（NA）；斯威士兰（SZ） 西非：安哥拉（AO）；贝宁（BJ）；布吉拉法索（BF）；喀麦隆（CM）；佛得角（CV）；多哥（TG）；乍得（TD）；刚果（布）（CG）；科特迪瓦（CI）；刚果（金）（CD）；加纳（GH）；加蓬（GA）；冈比亚（GM）；赤道几内亚（GQ）；几内亚（GN）；几内亚比绍（GW）；利比里亚（LR）；马里（ML）；毛里塔尼亚（MR）；尼日尔（NE）；尼日利亚（NG）；塞内加尔（SN）；圣多美和普林西比（ST）；塞拉利昂（SL）；中非共和国（CF） 印度洋岛屿：科摩罗（KM）；马达加斯加（MG）；马尔代夫（MV）；马约特岛（YT）；塞舌尔（SC）；留尼汪岛（RE） 利比亚（LY）（属于非洲次区，但不属于上述任何小区）

欧洲是航空运输发达的地区，定期航班完成的运输周转量仅次于北美洲，不定期的航班业务也很发达，其业务量与定期航班相当。但是，考虑到航空资源不足、机场容量、航路使用等已经接近饱和的状态，欧洲和北美洲一样都存在航空运输发展速度减慢的趋势，它们在世界航空运输中所占的比重相比过去有所下降。高速列车、高速公路等地面交通方式将在欧洲的洲内运输中被高度重视。

中东是连接欧亚大陆的必经之地，有优越的地理位置和丰富的石油资源，航空运输比较发达。这一带面积虽小，但航线分布密集，航空运输业务量较大，伊斯坦布尔、阿布扎比、迪拜等城市还是世界上重要的航空中转站。

非洲地域辽阔、物产丰富、人口较多。非洲在殖民时期留下的铁路系统较为发达，但是已经不能适应非洲现有的经济网络，急需投资改造升级。在航空运输方面，非洲仍是全球比较落后的地区之一。

三、IATA 三区

IATA 三区包括伊朗以东的亚洲部分及其邻近的岛屿、东印度群岛、澳大利亚、新西兰及其邻近的岛屿、太平洋岛屿中除去属于 IATA 一区的部分。这里主要介绍亚洲和大洋洲的简况。

（一）亚洲地区概况

亚洲是亚细亚洲的简称，亚细亚的意思是东方日出的地方。亚洲是世界四大文明古国中古中国、古印度、古巴比伦的所在地，对地球文化的发展有着重大的影响。亚洲位于东半球的东北部，东临太平洋，南临印度洋，北临北冰洋，西达大西洋的属海地中海和黑海。亚洲面积约为 4400 万平方千米（包括岛屿），约占世界陆地总面积的 29.4%，是世界上最大的大洲。亚洲大陆与欧洲大陆毗连，形成全球最大的大陆板块——亚欧大陆，如图 5-11 所示。

亚洲地图　ASIA

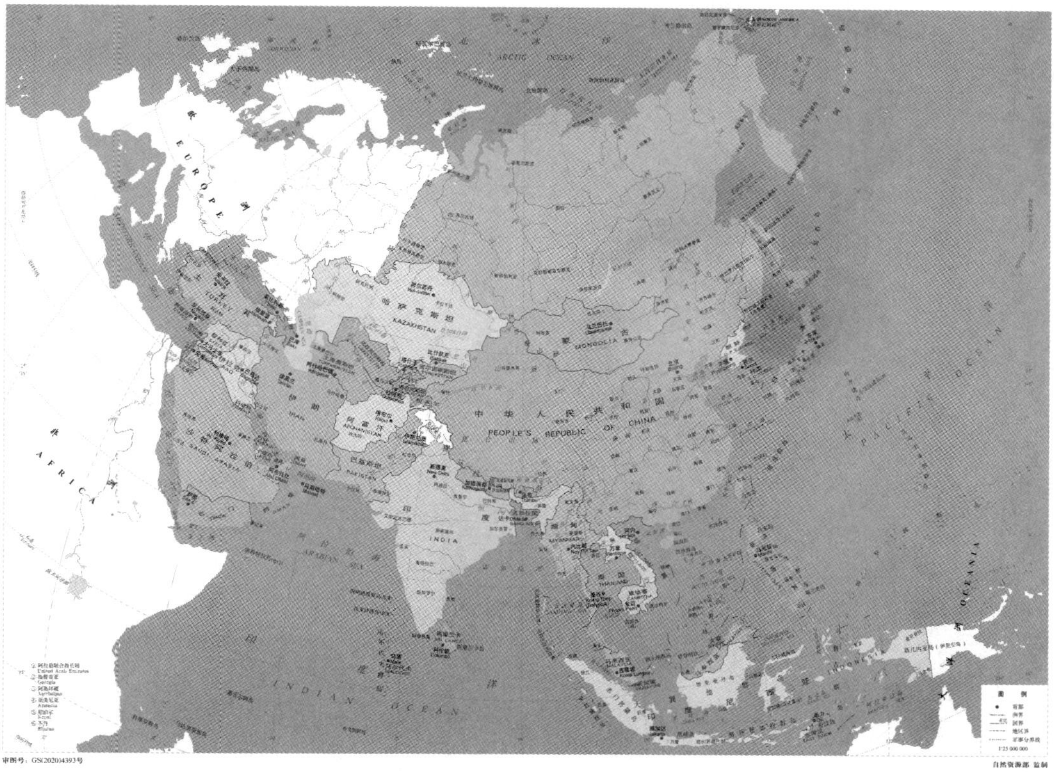

审图号：GS(2020)4393号　　自然资源部 监制

图 5-11　亚洲地图

亚洲地势起伏很大，中部高，四周低，平均海拔约 950 米，是除南极洲外世界上地势最高的大洲。山地、高原和丘陵约占亚洲总面积的 3/4，其中有 1/3 的地区海拔在 1000 米以上。世界上海拔 8000 米以上的高峰全部分布在喀喇昆仑山脉和喜马拉雅山脉地带。平原占亚洲总面积的 1/4，共计 1000 多万平方千米。亚洲大致以帕米尔高原为中心，一系列高大山脉向四周辐射延伸到大陆边缘。主要有天山山脉、昆仑山脉、喜马拉雅山脉、阿尔泰山脉、兴都库什山脉、厄尔布尔士山脉、托罗斯山脉和扎格罗斯山脉等。在以上主干山脉之间有青藏高原、蒙古高原、伊朗高原、安纳托利亚高原、德干高原、阿拉伯高原、中西伯利亚高原和塔里木盆地、准噶尔盆地、柴达木盆地等。

亚洲大陆跨寒带、温带、热带三带。气候类型复杂多样，季风气候和大陆性气候显著。东亚东南部是湿润的温带和亚热带季风区，东南亚和南亚是湿润的热带季风区。中亚、西亚和东亚内陆为干旱地区。湿润季风区与内陆干旱区之间，以及北亚的大部分地区为半湿润半干旱地区。亚洲大部分地区冬季气温很低，最冷月平均气温在 0℃以下的地区约占全亚洲面积的 2/3。夏季普遍增温，20℃以上的地区约占全亚洲面积的 50%。

（二）大洋洲地区概况

大洋洲位于太平洋中部，在亚洲和南极洲之间，西临印度洋，东临太平洋，并与南北美洲遥遥相对，由一块大陆和分散在浩瀚海域中的无数岛屿组成，大洋洲陆地总面积约为 897 万平方千米，约占地球陆地总面积的 6%，是世界上最小的大洲，如图 5-12 所示。

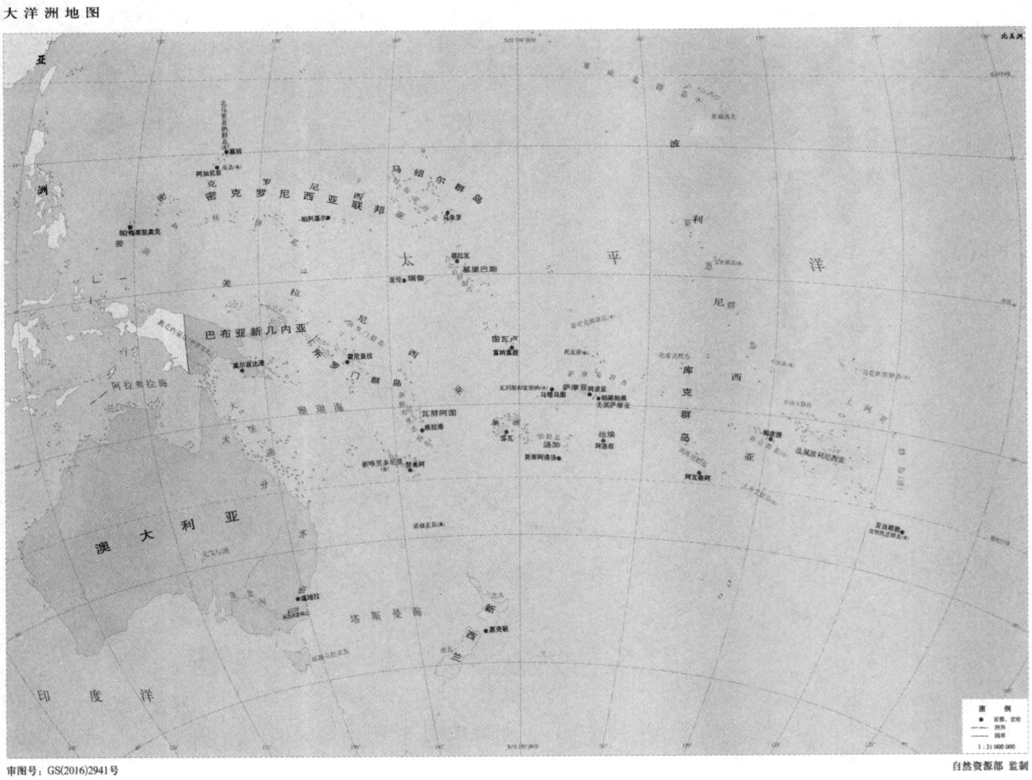

图 5-12　大洋洲地图

大洋洲陆地面积不大，但有众多的岛屿散布在辽阔的太平洋海域上，南北所跨纬度因而较多，大洋洲各地气候差异明显，类型多样。

大洋洲的经济以农业和采矿业为主，盛产供出口的椰子、甘蔗、菠萝、天然橡胶等。主要粮食作物有小麦、薯类、玉米、稻子等，大多数国家和地区的粮食生产不能自给。畜牧业发达，以绵羊为主，绵羊数量占世界绵羊总数的 20%左右，羊毛产量占世界羊毛总产量的 40%左右。工业以采矿、农畜产品加工为主。

大洋洲是世界上除南极洲外人口最少的大洲，其人口约占世界人口的 0.5%。全洲 65%的人口分布在澳大利亚大陆，各岛国人口密度差异显著。绝大部分居民使用英语。

IATA 三区次区域包含的国家（地区）范围如表 5-5 所示。

表 5-5　IATA 三区次区域包含的国家（地区）范围

次区域	包含国家（地区）范围（字母为国家或地区航空二字代码）
东南亚	文莱（BN）；中国（CN）；中国香港（HK）；中国澳门（MO）；中国台湾（TW）；柬埔寨（KH）；关岛（GU）；印度尼西亚（ID）；哈萨克斯坦（KZ）；吉尔吉斯斯坦（KG）；老挝（LA）；缅甸（MM）；土库曼斯坦（TM）；密克罗尼西亚（FM）；乌兹别克斯坦（UZ）；马来西亚（MY）；马绍尔群岛（MH）；蒙古（MN）；北马里亚纳群岛（MP）；帕劳（PW）；菲律宾（PH）；新加坡（SG）；俄罗斯（乌拉尔山以东）（RU）；塔吉克斯坦（TJ）；泰国（TH）；东帝汶（TL）；越南（VN）
日本、韩国、朝鲜	日本（JP）；朝鲜（KP）；韩国（KR）
南亚次大陆	阿富汗（AF）；孟加拉国（BD）；不丹（BT）；印度（IN）；马尔代夫（MV）；巴基斯坦（PK）；尼泊尔（NP）；斯里兰卡（LK）
西南太平洋	美属萨摩亚（AS）；澳大利亚（AU）；库克群岛（CK）；斐济（FJ）；法属波利尼西亚（PF）；基里巴斯（KI）；瑙鲁（NR）；新喀里多尼亚（NC）；新西兰（NZ）；纽埃（NU）；巴布亚新几内亚（PG）；萨摩亚独立国（WS）；所罗门群岛（SB）；汤加（TO）；图瓦卢（TV）；瓦努阿图（VU）；瓦利斯和富图纳群岛（WF）

IATA 三区只有少数国家经济比较发达（如日本、韩国、新加坡、澳大利亚等），绝大多数国家为发展中国家。但是亚太地区是世界未来经济发展的重要地区，尤其是近些年迅速崛起的中国更是带动了整个亚洲的经济发展，未来提升空间很大，在航空运输方面具有很大的发展潜力。

本章小结

本章主要介绍了国际航空运输的地理分布情况，分为世界地理概述、国际航空运输相关组织机构、国际航协交通区域划分三大部分。

首先从世界地理概述开始介绍，使读者初步认识世界地理分布、管理分布，了解人类赖以生存的地球的自然地理、人文地理分布情况等；其次基于世界国家（地区）分布情况，详细地介绍了国际航空运输相关组织机构，包括 IATA、ICAO、ACI、UFTAA、航空联盟等；最后重点介绍了 IATA 根据业务范围划分的三大航空区域范围，以及 IATA 一区、IATA 二区、IATA 三区每个区域的特征、次区域划分及其包含的国家（地区）等。

本章思考题

1. 地球上大洋和大洲的分布情况是怎样的？
2. 世界上三大人种的区别和分布情况是什么？
3. 国际航空运输协会（IATA）的定义和宗旨是什么？
4. 国际民用航空组织（ICAO）的宗旨和目的是什么？
5. 三大航空联盟包括哪些？了解它们的会员并掌握我国所在的各自会员的航空公司。
6. IATA 对世界航空区域进行了怎样的划分？请为每个区域列举几个主要的航空运输国家。
7. 三大航空区域各自的航空运输特点是什么？

第六章 国际航空旅游地理

本章学习目标

- 了解 IATA 一区主要国家概况；
- 了解 IATA 二区主要国家概况；
- 了解 IATA 三区主要国家概况；
- 掌握各航空区域主要国家航空运输概况；
- 掌握三大航空区域主要国家旅游城市概况。

本章按照国际航协业务区域分布范围，分别对三大航空区域主要国家的概况、航空运输概况、主要旅游城市和旅游资源等做详细介绍。

第一节 IATA 一区主要国家概况

IATA 一区是三大航空区域里经济和航空运输最发达的地区，代表国家主要有北美洲的美国、加拿大和南美洲的巴西、阿根廷等。

一、美国

自 1950 年以来，北美洲的定期航班运输周转量一直居世界各大航空区域之首。据 IATA 公布的数据分析，以 2013 年为例，全球定期航班客运量排名前 5 位的航空公司中，美国就占据了 4 家；全球定期航班货运量排名中，美国联邦快递公司、美国联合包裹运送服务公司分别排名第一位和第二位；运营收入排名中，美国航空公司、美国联合航空公司、达美航空公司分别名列第一位、第三位和第四位。美国是世界上航空运输最发达的国家。

（一）国家概况

1. 自然地理

美国是美利坚合众国的简称，是由华盛顿哥伦比亚特区、50 个州和关岛等众多海外领土组成的联邦共和立宪制国家，首都是华盛顿哥伦比亚特区，如图 6-1 所示。其主体部分位于北美洲中部，北与加拿大交界，东临大西洋，西临太平洋，东西海岸相隔约 4500 千米，西北部的阿拉斯加州与美国大陆隔加拿大相望，夏威夷州则位于太平洋中部，距离美国本土约 3200 千米。面积约 937 万平方千米，仅次于俄罗斯、加拿大和中国，排名第四。

美国是一个幅员辽阔的国家，地势东西高、中间低，主要山脉为南北走向，地形复杂，主要有森林、沙漠、山脉、高原和平地。各地气候差异较大，东北部沿海地区属于温带阔叶林气候区，东南部地区属于亚热带森林气候区，中央平原属于大陆性气候区，西部高原属于干燥气候区，太平洋沿岸属于海洋性气候区。

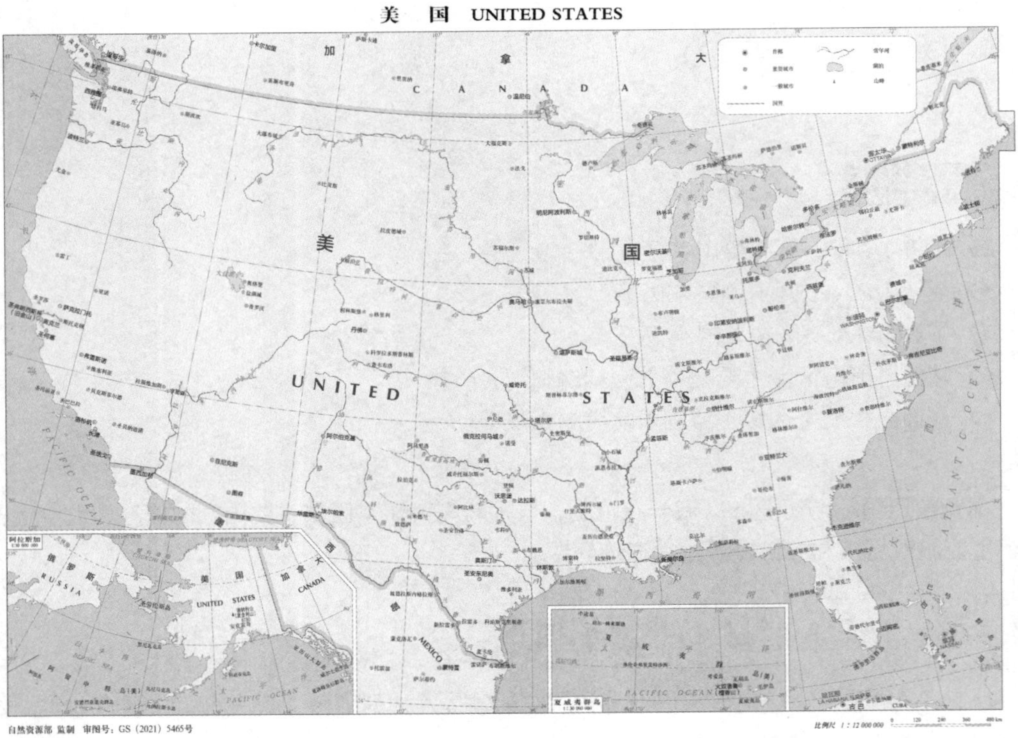

图 6-1 美国地图

2. 文化和习俗

一方面，从某种意义上来讲，美国的文化是欧洲文化的延伸，因为美国人的语言、人口构成、立国精神等都源于欧洲；另一方面，美国文化又与欧洲文化不同，欧洲移民一方面在北美洲大陆上赶走印第安人，一方面又在一片荒芜旷野之地创造了令人赞叹不已的灿烂文明。时至今日，美国文化已经成为世界文化的主流之一，无论是文学、绘画、建筑、雕塑、舞蹈，还是影视、音乐等方面，美国都展现出了其独特的艺术活力。比如各种音乐会、博物馆和歌剧表演，举世闻名的大都会艺术博物馆和大都会歌剧院，各种高水平的篮球赛、棒球赛和橄榄球赛等。

美国人一般性格开朗、举止大方，乐于与人交际，不太拘于礼节。但是美国人忌讳“13”、“3”、“星期五”和“老”等词；忌讳蝙蝠图案，认为蝙蝠是凶神的象征；忌讳询问财产、收入等个人隐私问题；忌讳谈论信仰、党派；忌讳谈论女性婚否、年龄体重等敏感话题。

3．经济环境

美国有高度发达的现代市场经济，2001 年，美国经济在经历长达十年的增长后陷入短暂衰退，之后进入新一轮繁荣期。2007 年，美国次级房贷危机全面爆发；2008 年 9 月，随着雷曼兄弟等多家金融机构接连破产、被兼并或由政府接管，美国次贷危机迅速升级演变成大萧条以来最严重的国际金融危机；2009 年下半年起，美国经济金融形势开始好转；2010 年，美国经济继续复苏；2011 年，美国经济继续保持温和复苏势头，全年经济增长率为 1.8%；2012 年以来，美国经济继续保持温和增长，工业生产、商品零售、居民收入、房地产价格等均有所回升；2013 年，美国国内生产总值达到 16.8 万亿美元；2020 年，美国国内生产总值达到 20.93 万亿美元，居世界首位。

（二）航空运输概况

美国的航空运输总周转量连续多年排名世界首位，是名副其实的航空强国。美国地广人稀，出行除了自驾外就是乘坐飞机。美国的航空公司多达数十家，国内客货运占世界总量的 50%左右。根据国际民航组织的统计，根据 2016 年数据，美国航空运输总周转量达 1757.15 亿吨公里，世界排名第 1 位；定期航班旅客周转量为 15 022.50 亿客公里，世界排名第 1 位；定期航班货邮周转量为 378.90 亿吨公里，世界排名第 1 位。

1．主要航空公司

1）美国航空公司（AA）

美国航空公司作为寰宇一家的创始成员之一，是世界最大的航空公司，简称美航。美航致力于提供卓越的全球飞行体验，公司共飞往 50 多个国家和地区的 260 多个城市。美航的机队由近 900 架飞机组成，每日从芝加哥、达拉斯、沃斯堡、洛杉矶、迈阿密和纽约几大枢纽机场起飞的航班数量超过 3500 个班次。

2）美国联合航空公司（UA）

美国联合航空公司简称美联航，总部位于美国伊利诺伊州芝加哥市郊，主要枢纽机场是芝加哥奥黑尔国际机场。该公司成立于 1926 年，当时的身份是作为波音航空运输公司、太平洋航空运输公司、国家航空运输公司和瓦尼航空公司四家公司的管理公司，主要在美国国内交付邮件。美联航是星空联盟的创始成员之一，在亚太地区、欧洲及拉丁美洲拥有主要的全球航权，航线网络遍布北美洲、欧洲、亚洲、拉丁美洲、中东。

3）美国大陆航空公司（CO）

美国大陆航空公司成立于 1934 年，总部位于美国得克萨斯州休斯敦市，是美国第四大、全球第五大航空公司。受 2008 年金融危机及燃油价格上涨带来的民航业的衰退的影响，美联航亏损严重，美国民航业企图通过合并改善经营状况。2010 年 4 月 16 日，美联航与美国大陆航空公司开启合并谈判，2010 年 5 月 3 日正式宣布美国联合航空公司与美国大陆航空公司合并，将沿用联合航空（United Airlines）的名称。

4）达美航空公司（DL）

达美航空公司成立于 1928 年，是美国第三大航空公司，简称达美航空，总部位于美国佐治亚州亚特兰大。作为天合联盟的创始成员，达美航空拥有近 700 架飞机，全球员工数量超过 75 000 人。达美航空凭借业界领先的全球网络，服务范围覆盖了世界六大洲 64 个国家的 350 多个目的地，每天可为乘客提供 13 000 多次航班，在全球多个机场设有达美航空的航空枢纽。2017 年美国《财富》500 强排行榜发布，达美航空公司排名第 71 位。

2. 主要国际机场

全世界共有 39 500 多个机场，美国有 17 600 多个机场，约占世界机场总量的 45%，其中民用机场 5500 多个。美国很多航空口岸都是一市多场的航空港，下面重点介绍一些运输周转量较大的机场。

1）肯尼迪国际机场（JFK）

纽约是世界上最大的城市之一，肯尼迪国际机场是世界主要航空枢纽之一，是世界著名的民用机场，是全世界最繁忙的机场之一，也是全世界最昂贵的机场之一，同时也是全世界最大的机场之一。

肯尼迪国际机场设有 4 条跑道，9 座客运航站楼，每年进出美国的旅客大约有 15%是从该机场通过的。目前有 13 家美国航空公司和 60 多家国外航空公司在此经营，航线覆盖美国国内 55 座主要城市和全球 80 多个主要城市。

2）芝加哥奥黑尔国际机场（ORD）

芝加哥奥黑尔国际机场位于美国芝加哥，拥有 8 条跑道和 1 个庞大的候机楼，候机楼包括 4 座航厦和 9 个大堂，是全球最繁忙的机场之一。这里每天要起降 2700 余次航班，2018 年完成旅客吞吐量约 8320 万人次。芝加哥奥黑尔国际机场是全美最大的两家航空公司的主要中心机场，是美国联合航空公司的最大基地和中转枢纽，也是美国航空公司的第二大枢纽。

3）洛杉矶国际机场（LAX）

洛杉矶国际机场建于 1948 年，位于美国洛杉矶市西南方向，距离市中心 27 千米，拥有 4 条跑道、1 座主体航站楼，是加利福尼亚州洛杉矶市的主要机场。洛杉矶国际机场不但是加州最繁忙的客运机场，也是美国最繁忙的机场之一。2019 年完成旅客吞吐量约 8806.8 万人次，在美国排名第 2 位。

4）亚特兰大机场（ATL）

亚特兰大机场位于美国佐治亚州亚特兰大市中心南方约 12.5 千米处，共有 7 座航站楼，200 多个登机廊桥，5 条跑道，是全世界旅客转乘量最大、最繁忙的机场。亚特兰大机场是一座 24 小时不间断的机场，旅客可由此机场飞向全世界超过 45 个国家、72 个城市及 240 余个目的地（含美国）。它是达美航空公司的主要基地，而且主要经营到美国其他地区和加拿大的空中交通业务，2018 年完成旅客吞吐量约 11 053.13 万人次。

5）旧金山国际机场（SFO）

旧金山国际机场是坐落在美国加利福尼亚州圣马特奥县的一个民用国际机场，拥有 4 条跑道，位于旧金山市南方大约 21 千米处。旧金山国际机场是旧金山湾区及加利福尼亚州的重要机场，拥有可直飞南北美洲、欧洲、亚洲和大洋洲许多大城市的航班。根据 2012 年的数据，旧金山国际机场是全美国第 7 繁忙的机场，同时是世界第 22 繁忙的机场。

除此之外，美国的波士顿、达拉斯、休斯敦、迈阿密等地也有一些大型机场，如洛根将军国际机场、达拉斯—沃思堡机场、迈阿密国际机场等，这些都是美国重要的航空运输枢纽，对当地航空运输布局起到了非常重要的作用。

二、加拿大

（一）国家概况

1. 自然地理

加拿大位于北美洲北部（除了阿拉斯加半岛和格陵兰岛，整个北美洲北部均属于加拿大领土），东临大西洋，西临太平洋，北临北冰洋，南与美国主体部分交界，西北与美国的阿拉斯加州接壤，东北隔巴芬湾与格陵兰岛相望，地势大体上西高东低。加拿大海岸线曲折，多半岛、岛屿、海湾，海岸线约长 24 万千米，领土面积约为 998 万平方千米，仅次于俄罗斯位居世界第二位，国土大部分位于北极圈之内，人口主要集中在南部五大湖沿岸，首都是渥太华。加拿大境内多枫树，因此枫树是加拿大的国树，每到秋季，满山遍野的枫叶宛如一堆堆燃烧的篝火，因此加拿大有“枫叶之国”的美誉，如图 6-2 所示。加拿大大部分地区的气候属于大陆性温带针叶林气候，东部气温稍低，南部气温适中，西部气候温和湿润，北部为寒带苔原气候，中西部最高气温可达 40℃以上，北部最低气温低至−60℃。

图 6-2　加拿大枫叶秋季美景

2. 文化和习俗

加拿大是典型的移民国家，人口数和民族构成每年都在不断变化，人口主要为英国、法国和其他欧洲国家的后裔，是一个极具欧洲文化的多民族国家，有着各种不同的民族风俗和生活习惯，大多与欧洲及美国相似，呈现多元性。加拿大社会的多元文化环境被加拿大政府和人民引以为豪，它不但是区别于其他移民输入大国的显著标志，而且是吸引移民的主要原因之一。加拿大官方语言为英语和法语，是典型的双语国家。

3．经济环境

加拿大是一个高度发达的资本主义国家，是西方七大工业国之一。制造业、高科技产业、服务业发达，资源工业、初级制造业和农业是国民经济的主要支柱。加拿大对外贸依赖性较高，经济上受美国影响较深。

加拿大农业也很发达，是世界上重要的粮食生产国之一，粮食总产量居世界第 3 位，按人均产量则居第 1 位。加拿大也是世界上重要的钻石生产国之一。加拿大的石油行业一直是经济增长的主要动力，推动本国贸易转亏为盈，并有大量的投资。丰富的自然资源和高度发达的科技使其成为世界上生活水平最高、社会最富裕、经济最发达的国家之一。

（二）航空运输概况

加拿大约有商业飞机 4500 架，经核准的机场共 886 个，主要机场 68 个，包括多伦多、温哥华、卡尔加里和蒙特利尔等地的国际机场。根据 2016 年数据，加拿大航空运输总周转量为 201.21 亿吨公里，世界排名第 12 位；定期航班旅客周转量为 1965.83 亿客公里，世界排名第 6 位；定期航班货邮周转量为 22.46 亿吨公里，世界排名第 15 位。

1．主要航空公司

1）加拿大国际航空公司（AC）

加拿大国际航空公司简称加拿大航空或加航，是加拿大的国家航空公司，也是加拿大规模最大的航空公司，是星空联盟创始成员之一，总部设在加拿大魁北克省蒙特利尔，以多伦多皮尔逊国际机场、蒙特利尔特鲁多国际机场和温哥华国际机场为运输枢纽。加航航空机队规模 170 余架，航线网络遍及欧洲、中东、亚洲、澳大利亚、加勒比地区、北美洲和南美洲的 240 多个目的地，是承运加拿大境内航线、美加越境航线及往返加拿大国际航线最大的航空公司。

2）西捷航空公司（WJ）

西捷航空公司简称西捷航空，是一家总部位于加拿大卡加利市的廉价航空公司，目前西捷航空拥有 7000 多名员工及 12 亿美元市场资本值，是加拿大第二大航空公司。西捷航空的航空机队规模约 118 架，提供客货运输及包机服务，目的地共有 50 多个，主要分布在北美洲及墨西哥。

2．主要国际机场

在加拿大有多个城市具备多机场体系，包括多伦多、蒙特利尔等，运输周转量较大的机场有以下几个。

1）多伦多皮尔森国际机场（YYZ）

多伦多皮尔森国际机场邻接密西沙加市，是加拿大航空快运、加拿大越洋航空、加捷航空、阳翼航空、西捷航空及联邦快递的枢纽机场，是加拿大最繁忙的机场，也是全世界最繁忙的机场之一，同时也是全世界最大的机场之一。2014 年客流量达 3800 多万人次，航班升降量则达 43 万余架次。以总客流量计算，多伦多皮尔森国际机场在世界最繁忙机场中排名第 34 位；以国际航班客流量计算排名第 23 位；以航班升降量计算则排名第 15 位。

2）温哥华国际机场（YVR）

温哥华国际机场是位于加拿大不列颠哥伦比亚省列治文市海岛的一个民用国际机场，距离温哥华市中心约 12 千米，是加拿大面积第二大的国际机场，仅次于多伦多皮尔森国际机场。该机场拥有 6 条跑道（其中 2 条是直升机跑道），因为在全加拿大机场中最接近亚洲，所以成为来往加拿大和亚洲的门户，在航班次数中，穿越太平洋的数目多于往来其他加拿大机场的数目，是加拿大航空及加拿大越洋航空的枢纽机场。

3）蒙特利尔特鲁多国际机场（YUL）

蒙特利尔特鲁多国际机场位于加拿大魁北克省蒙特利尔市以西、多佛尔市境内，作为一所国际机场服务于蒙特利尔与周边地区。它是魁北克省最繁忙的机场，也是按客运量排名加拿大第 3 位的机场，次于多伦多皮尔森国际机场与温哥华国际机场。机场提供直飞非洲、中美洲、南美洲、加勒比地区、欧洲、美国、墨西哥和加拿大其他城市的直飞航班。它是加拿大唯一一座拥有直飞非洲航班的机场，同时也拥有北美最大的免税商店。

三、巴西

（一）国家概况

1. 自然地理

巴西即巴西联邦共和国，首都位于巴西利亚，是南美洲最大的国家，享有“足球王国”的美誉。国土总面积约为 851 万平方千米，约占南美洲总面积的 46%，在世界上仅次于俄罗斯、加拿大、中国和美国，居世界第五位。与乌拉圭、阿根廷、巴拉圭、玻利维亚、秘鲁、哥伦比亚、委内瑞拉、圭亚那、苏里南、法属圭亚那十国接壤。巴西的地形主要分为两大部分，一部分是海拔 500 米以上的巴西高原，分布在巴西的中部和南部，另一部分是海拔 200 米以下的平原，主要分布在北部和西部的亚马孙河流域。位于亚马孙平原上的热带雨林是地球上最大的热带雨林，被称为地球的“绿肺”。巴西大部分地区处于热带，北部为热带雨林气候区，中部为热带草原气候区，南部部分地区为亚热带季风性湿润气候区。亚马孙平原年平均气温 25℃～28℃，南部地区年平均气温 16℃～19℃，宜居度高。

2. 文化和习俗

巴西的文化具有多重民族的特性，作为一个民族大熔炉，巴西有来自欧洲、非洲、亚洲等地区的移民，同时因为葡萄牙统治巴西长达 300 年的时间，欧洲文明深刻地影响了巴西的文化。

巴西饮食深受移民国的影响，融合了各个移民国的饮食习惯，又带有浓厚的巴西风味，巴西美食独一无二，烤肉是巴西的招牌美食。足球是巴西人文化生活的主流运动，巴西是 2014 年世界杯足球赛举办国，巴西国家男子足球队还是世界上唯一一支五次获得世界杯冠军的球队。巴西比较著名的节日为狂欢节，一般在 2 月中下旬举行，历时 3 天，是世界上规模最大的狂欢节。巴西的狂欢节离不开桑巴舞，桑巴舞在 20 世纪 30 年代达到鼎盛时期，是西班牙波利乐舞配上非洲的节奏与韵律的产物。桑巴舞已经成为巴西狂欢节的代名词，巴西人说“没有桑巴舞，就不存在狂欢节”，可见桑巴舞已渗透到巴西人的血液之中。

3. 经济环境

巴西是南美洲面积最大、人口最多、经济实力最强的国家，拥有丰富的自然资源和完整的工业基础，为世界第七大经济体，经济结构接近发达国家水平。

20 世纪 70 年代巴西就已经建成了比较完整的工业体系，主要工业部门有钢铁、汽车、造船、石油、水泥、化工等。巴西农牧业发达，是世界蔗糖、咖啡、柑橘、玉米、鸡肉、牛肉、烟草、大豆的主要生产国。外国在巴西主要投资银行、能源和冶金等领域，主要投资国是美国、卢森堡、荷兰、日本、西班牙、法国、澳大利亚、德国等。

（二）航空运输概况

巴西是第三世界国家中航空业发展水平较高的国家，航空运输在经济发展中占有重要地位。巴西的航空制造业十分发达，巴西航空工业公司是世界第四大民用飞机、第二大支线飞机制造商。巴西航空运输业在拉丁美洲居于首位，根据 2016 年数据，巴西航空运输总周转量为 120.67 亿吨公里，世界排名第 18 位；定期航班旅客周转量为 1771.35 亿客公里，世界排名第 17 位；定期航班货邮周转量为 15.14 亿吨公里，世界排名第 20 位。

1．主要航空公司

1）瓦力格航空公司（RG）

巴西最主要的航空公司就是瓦力格航空公司（RG），该公司成立于 1927 年，曾是巴西第一家和拉丁美洲最大、班次最多的航空公司，简称 VARIG。该公司主要经营国际和绝大部分国内航线，主要枢纽机场分布在圣保罗、里约热内卢和巴西利亚等地。

VARIG 的国际飞行网络连接欧洲、北美洲、亚洲、非洲及整个南美洲。在亚洲，VARIG 经营的直飞日本的航班已有 30 多年的历史，其曾被巴西政府指定为经营巴西到中国航线的唯一航空公司，为中巴两国架起空中桥梁。

但是由于经营不善，加上国际国内社会经济环境等原因，被人昵称为巴西航空的 VARIG 于 2006 年倒闭并被廉价拍卖给破产处理公司，最后由巴西航空交通业的后起之秀——廉价航空公司戈尔航空公司买下。被拍卖后 VARIG 保持原公司标志，保留原有的国际、国内航线和常旅客计划，但是产权和管理权归戈尔航空公司所有。

2）巴西天马航空公司（JJ）

巴西天马航空公司是一家以圣保罗为基地的航空公司，是目前巴西最大的航空公司，主要经营由圣保罗往返巴西各主要城市的国内航线，以及部分南美洲邻国城市的短程国际航线。1997 年之后开始购入新的大型远程客机，并通过与合作伙伴代码共享的方式，开始经营中长程国际航线，逐渐转型为一家国际航空公司。

天马航空曾长期是巴西第二大航空公司，当巴西最大的航空公司 VARIG 重组之后，天马航空才一举跃升为巴西最大的航空公司。截至 2016 年数据，天马航空的飞机数量已经达到 170 余架。

2．主要国际机场

1）圣保罗瓜鲁柳斯国际机场（GRU）

圣保罗瓜鲁柳斯国际机场是巴西最繁忙的国际机场，于 1985 年建成，拥有 2 条跑道和 2 座航站楼，有通往世界各地的航班，也是南美洲的航空枢纽，位于圣保罗市东北方向 25 千米处。

2）圣保罗孔戈尼亚斯国际机场（CGH）

圣保罗孔戈尼亚斯国际机场是巴西和南美洲乘客流量最大的机场，每日平均有 630 架飞机起降，是巴西圣保罗的第二个国际机场，机场距离圣保罗市中心只有 8 千米。

3）巴西利亚国际机场（BSB）

巴西利亚国际机场是位于巴西利亚市的一个军民合用的国际机场，自 1999 年 4 月 22 日起，该机场以巴西第 21 任总统名字命名，拥有 2 条跑道，是巴西最现代化的机场之一。巴西利亚国际机场主要为南美洲的各主要航空公司运营的定期航线服务，该机场在 2012 年年底实现私有化，是巴西所有机场中第一家被私有化的机场。

4）里约热内卢国际机场（GIG）

加利昂—安东尼奥·卡洛斯·若比姆国际机场通常被称为里约热内卢国际机场，位于里约热内卢以北约 20 千米处，机场拥有 2 条跑道，是巴西旧都、第二大城市里约热内卢的主要国际机场，以在该城出生的著名音乐家安东尼奥·卡洛斯·若比姆命名。

四、阿根廷

（一）国家概况

1. 自然地理

阿根廷位于南美洲东南部，是由 23 个省和联邦首都（布宜诺斯艾利斯）组成的总统制联邦共和制国家。1536 年沦为西班牙殖民地，1853 年建立联邦共和国，官方语言是西班牙语，人口数量约 4537.7 万（根据 2020 年统计数据），人口密度较低。

阿根廷东临大西洋，南与南极洲隔海相望，西邻智利，北与玻利维亚、巴拉圭交界，东北与乌拉圭、巴西接壤，面积约 278.04 万平方千米，为南美洲第二大国，仅次于巴西。

阿根廷的地势由西向东逐渐低平，西部是以巍峨壮观的安第斯山脉为主体的山地；东部和中部的潘帕斯草原是著名的农牧区；北部主要是格兰查科平原，多沼泽、森林；南部是巴塔哥尼亚高原。主要山脉有奥霍斯·德萨拉多山和梅西卡纳山，高达 6964 米的阿空加瓜山为南美洲最高峰。阿根廷北部属于热带气候区，中部属于亚热带气候区，南部为温带气候区，年平均气温北部为 24℃，南部为 5.5℃。

2. 文化和习俗

阿根廷是一个生活习俗十分欧洲化的国家。阿根廷饮食掺杂了欧洲大陆西餐的成分，肉食方面以牛、鸡、驴为主，很少吃猪肉，炭烧烤肉、马黛茶是阿根廷的特色饮食，马黛茶甚至被阿根廷誉为“国茶”。文化方面比较著名的是探戈舞，探戈舞起源于阿根廷首都布宜诺斯艾利斯的港口地区，被阿根廷人视为国粹。足球也是阿根廷人热爱的一项体育运动，阿根廷国家男子足球队是世界上最成功的足球队之一，曾 19 次夺取国家队重大赛事的冠军，深受世界球迷喜爱。用四个词解读阿根廷的文化，即马黛茶、探戈、烤肉、足球。

3. 经济环境

阿根廷是世界上综合国力较强的发展中国家之一，依靠丰富的自然资源、高文化修养的公民、对外开放政策和多元工业体系等优势，已经成为拉丁美洲第三大经济体，人均国内生产总值比较接近发达国家水平。

阿根廷早在 20 世纪上半叶已经形成了门类比较齐全的工业体系，制造业是国民经济最大的单一部门，占国内生产总值的 19%。阿根廷全国大部分地区土壤肥沃，气候温和，适于发展农牧业，是世界粮食和肉类的重要生产和出口国，素有“世界粮仓和肉库”之称。阿根廷主要出口产品为油料作物、石油、天然气、汽车、谷物、牛肉、皮革、奶制品、钢铁、渔产品和林产品等，进口核反应堆及机械设备、汽车、电子产品、燃料、有机化学品、塑料及其制成品、钢铁、医药产品等。

（二）航空运输概况

阿根廷交通运输业在拉丁美洲诸国中较为发达，国内运输以陆路运输为主。全国主要民用运输机场有 80 多个。2014 年阿根廷航空运输总周转量为 20.79 亿吨公里，世界排名第 45 位；定期航班旅客周转量为 203.45 亿客公里，世界排名第 41 位；定期航班货邮周转量为 2.03 亿吨公里，世界排名第 48 位。

1．主要航空公司

阿根廷航空公司（AR）是阿根廷最大的航空公司，它占有着阿根廷大约 83%的国内航班及 52%的国际航班。AR 成立于 1950 年，于 1991 年被西班牙一家公司收购，2008 年 7 月，阿根廷政府将其重新国有化。AR 总部设置于阿根廷首都布宜诺斯艾利斯。AR 的主要枢纽机场有赫尔塞·纽贝利机场（负责国内及南美洲航线）及埃塞萨皮斯塔里尼部长国际机场（负责国际线）。2012 年 8 月，阿根廷航空公司正式成为天合联盟成员之一。

2．主要国际机场

1）埃塞萨皮斯塔里尼部长国际机场（EZE）

埃塞萨皮斯塔里尼部长国际机场位于阿根廷首都布宜诺斯艾利斯西南方 22 千米处，1945 年开始建造，1949 年建成，机场占地面积 3475 公顷（约 34.75 平方千米）。该机场是以阿根廷前公共工程部部长、副总统皮斯塔里尼部长的名字命名的，是全国最大的机场，也是阿根廷航空公司的主要运输枢纽。

2）赫尔塞·纽贝利机场（AEP）

赫尔塞·纽贝利机场位于阿根廷首都布宜诺斯艾利斯西北方约 4 千米处，交通较为便利，主要经营国内航线。

第二节 IATA 二区主要国家概况

IATA 二区包括地理上的欧洲、非洲和亚洲的一部分，欧洲次区域的范围与地理上的欧洲范围又不相同，是所有分区里最复杂的一个区。由于篇幅有限，本节选择 IATA 二区里的一些重要国家予以介绍。

一、俄罗斯

（一）国家概况

1．自然地理

俄罗斯是联邦共和立宪制国家，首都是莫斯科。俄罗斯幅员辽阔，跨越东欧和北亚，北临北冰洋，东临太平洋，西接大西洋，西北临波罗的海、芬兰湾，横跨亚欧大陆，国土面积为1707.54万平方千米，是世界面积最大的国家，占世界总面积的13%。俄罗斯是一个由194个民族构成的统一多民族国家，人口总数约14 623万（2021年数据），主体民族为俄罗斯族，约占全国总人口的77.7%，官方语言是俄语。

俄罗斯地形以平原和高原为主，地势南高北低，西低东高。大部分地区处于北温带，气候多样，冬季漫长寒冷，夏季日照时间长，气候温和、湿度适宜，利于针叶林生长。位于俄东北部的奥伊米亚康村是世界上最冷的定居点之一，1月平均温度为-50℃，历史最低值为-71.2℃。

2. 文化和习俗

俄罗斯领土跨越亚洲、欧洲两洲，融合了东西方两种文化。比较有特色的食物是鱼子酱、罗宋汤，以及传统小煎饼，俄罗斯餐桌上常见各种各样的肉类食品，几乎每餐都会有牛肉、羊肉、牛排、香肠等，俄罗斯人经常饮用的饮料有蜂蜜、格瓦斯等。俄罗斯人喜爱喝酒，其中最重要的酒类为伏特加。俄罗斯人还有喝茶的习惯，主要饮用红茶。俄罗斯人特别忌讳“13”这个数字，认为它是凶险和死亡的象征；相反，认为“7”是幸福和成功的象征。俄罗斯重视发展文化事业，出版了大量图书和报刊，建立了许多图书馆、博物馆、文化馆、俱乐部等群众性文化设施，著名的革命历史博物馆有俄罗斯中央革命博物馆、国家历史博物馆、克里姆林宫博物馆、中央海军博物馆等，较大的艺术馆有莫斯科科列季亚克夫国家绘画陈列馆。

3. 经济环境

俄罗斯工业、科技基础雄厚，其前身苏联曾是世界第二经济强国，1978年被日本赶超。苏联解体后俄罗斯经济持续下滑，2000年后俄罗斯经济快速回升，连续8年保持正增长，外贸出口大幅增长，投资环境有所改善，居民收入明显提高。2016年俄罗斯完成国内生产总值12 907.31亿美元，居世界第12位；人均国民生产总值8929美元，居世界第71位。

俄罗斯工业发达，基础雄厚、部门类别全，核工业和航空航天工业占据世界重要地位。农业人口约668.4万人，占总就业人口的9.9%。主要农作物有小麦、大麦、燕麦、玉米、水稻和豆类；经济作物以亚麻、向日葵和甜菜为主；畜牧业主要养牛、养羊、养猪，实现了规范化。在对外贸易方面，俄罗斯的主要出口商品是石油和天然气等矿物产品、金属及其制品、化工产品、机械设备和交通工具、宝石及其制品、木材及纸浆等；主要进口商品是机械设备和交通工具、食品和农业原料产品、化工品及橡胶、金属及其制品、纺织服装类商品等。货币单位是卢布。

（二）航空运输概况

俄罗斯无论是民用航空制造还是军用航空制造，都曾闻名于世。俄罗斯的飞机从设计到技术都自成一系，与空客（法国）、波音（美国）或者ERJ（巴西）系列完全不同。俄罗斯飞行员的技术也是世界一流的，俄罗斯拥有大型公共机场230多个，国际机场70多个，其航空运输在国际上占有重要的位置。根据2016年数据，俄罗斯航空运输总周转量为219.09亿吨公里，世界排名第9位；定期航班旅客周转量为1766.22亿客公里，世界排名第9位；定期航班货邮周转量为58.63亿吨公里，世界排名第10位。

1. 主要航空公司

1）俄罗斯航空公司（SU）

俄罗斯航空公司简称俄航，前身为苏联国家航空，创始于 1923 年，总部位于莫斯科，基地设于莫斯科谢列梅捷沃机场。俄航是俄罗斯的国家航空公司，是俄罗斯最大的航空公司，也是天合联盟的成员之一。

2）西伯利亚航空公司（S7）

西伯利亚航空公司又称 S7 航空，总部及基地设在莫斯科和新西伯利亚。西伯利亚航空公司是现在俄罗斯发展最快的航空公司，成为俄罗斯主要的国内线航空公司。2010 年 11 月 15 日，S7 航空宣布加入寰宇一家，成为该联盟正式成员，也是俄罗斯第 2 家加入全球航空联盟的航空公司，开展运营服务的目的港有 90 余个，遍布 28 个国家，中国是 S7 航空的航线网络中最主要的海外目的地之一。

2. 主要国际机场

1）莫斯科谢列梅捷沃机场（SVO）

莫斯科谢列梅捷沃机场位于莫斯科西北部 28 千米处，于 1959 年 8 月 11 日启用，属于俄罗斯莫斯科的民用机场，是俄罗斯航空的枢纽港，距离莫斯科市中心 35 千米。由于机场有两座相距 10 千米的航站楼，因此也有人把它们视为两个机场：SVO-1 经常被称为谢列梅捷沃一号机场，主要起降国内航班和部分国际航班；SVO-2 也称为谢列梅捷沃国际机场，多数国际航班从这里起降。谢诺梅捷沃机场是目前莫斯科地区运量最大的机场。

2）多莫杰多沃国际机场（DME）

多莫杰多沃国际机场位于莫斯科南部 22 千米处。机场在 1962 年开始运行，在 1992 年获得了国际机场的资格。多莫杰多沃国际机场是目前为止莫斯科最现代化的国际机场，但是其规模相当有限。

3）伊尔库茨克国际机场（IKT）

伊尔库茨克国际机场是东西伯利亚最大的机场，距离伊尔库茨克市中心 8 千米，其最大优势在于距离贝加尔湖仅 60 千米远。2016 年，伊尔库茨克机场开通了到中国鄂尔多斯国际机场的国际航线。

4）圣彼得堡普尔科沃机场（LED）

圣彼得堡普尔科沃机场建成于 1932 年 6 月 24 日，位于圣彼得堡，同境内的 200 多个城市及国外的 17 个国家通航。机场占地面积约 15 平方千米，拥有 2 条跑道，距离市中心约 20 千米。

二、英国

（一）国家概况

1. 自然地理

英国是由大不列颠岛上的英格兰、威尔士和苏格兰、爱尔兰岛东北部的北爱尔兰及一系列附属岛屿共同组成的西欧岛国，全称“大不列颠及北爱尔兰联合王国”，因主体是英格兰故简称英国，首都为伦敦。英国东临北海，与比利时、荷兰、德国、丹麦和挪威等国隔海相望，西邻爱尔兰，西隔大西洋与美国、加拿大遥遥相对，北经大西洋可达冰岛，南穿英吉利海峡行 33 千米即法国，国土面积 24.41 万平方千米（包括内陆水域），如图 6-3 所示。英国西北部多低山高原，东南部为平原，泰晤士河是英国国内最大的河流。英国气候属于温带海洋性气候，全年温和湿润，四季寒暑变化不大，通常最高气温不超过 32℃，最低气温不低于-10℃，植被带主要为温带落叶阔叶林带。

英　国　UNITED KINGDOM

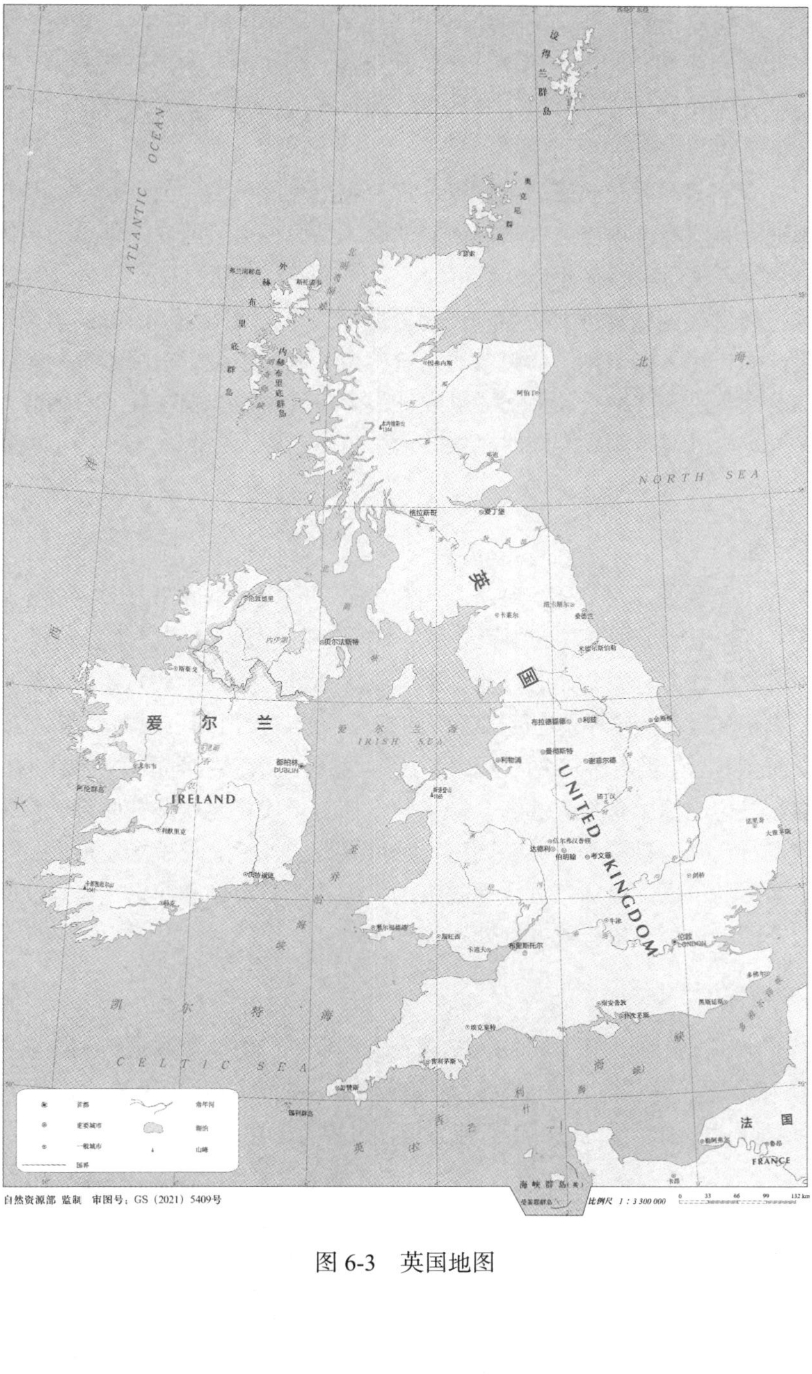

自然资源部 监制　审图号：GS（2021）5409号

图 6-3　英国地图

英国是一个高度发达的资本主义国家，也是欧洲乃至全世界经济实力最强盛的国家之一。英国还是欧洲四大经济体之一，拥有较高的生活水平和良好的社会保障制度。截至2020年，英国总人口为6708.1万人。英国名义上没有官方语言，实际上以英语为主要语言。

2．文化和习俗

英国历史悠久，文化灿烂。16世纪后期，文艺复兴运动在英国空前高涨，英国在诗歌、戏剧、小说等方面成绩斐然，《哈姆雷特》《罗密欧与朱丽叶》《鲁滨孙漂流记》等都是在世界文化史上地位崇高、影响巨大的作品。英国在18世纪60年代至19世纪30年代成为世界上第一个完成第一次工业革命的国家，国力迅速壮大；18世纪至20世纪初，英国成为当时世界上最强大的国家和第一大殖民帝国，号称日不落帝国；现在英国仍是一个在世界范围内有巨大影响力的大国。

英国是世界上高等教育比较发达的国家，拥有世界较好的高等教育水平，是近现代高等教育体制的发源地。英国有世界上最古老的高等学府，一大批著名的高等学府为英国和世界培养出许多杰出科学家、政治家等有社会影响力的人，其中闻名于世的两所大学是牛津大学和剑桥大学。英国人比较喜爱的饮食方式有烩、烧烤、煎和油炸，对肉类、海鲜的烹调均有独到的方式，具有代表性的食物为烤牛排、炸鱼及炸马铃薯条、海绵蛋糕、苦啤酒等。英国人非常注重礼节，上层社会尤其讲究“绅士和淑女”风度，很少在公共场合表露自己的感情，“女士优先”在英国显得尤为突出。与英国人交流时忌谈政治、年龄、职业、收入等，绝不能将皇家的事作为谈资。

3．经济环境

英国作为一个重要的贸易实体、经济强国及金融中心，是世界第五大经济体，也是全球最富裕、经济最发达和生活水平最高的国家之一。英国工业研发的重点是生物制药、航空和国防，这些也是英国最具创新力和竞争力的行业。服务业从20世纪80年代开始蓬勃发展，包括金融保险、零售、旅游和商业服务等，是英国经济的支柱产业，产值约占国内生产总值的四分之三。在对外贸易方面，英国与世界80多个国家和地区有贸易关系，主要贸易对象是欧盟、美国和日本。英国金融业发达，伦敦是世界著名金融中心，拥有现代化金融服务体系，从事跨国银行借贷、国际债券发行、基金投资等业务，同时也是世界最大外汇交易市场、最大黄金现货交易市场、最大衍生品交易市场、全球第三大保险市场、重要船贷市场和非贵重金属交易中心，并拥有数量最多的外国银行分支机构或办事处。

（二）航空运输概况

英国所有的航空公司和大多数机场为私营企业。根据2016年数据，英国航空运输总周转量为343.65亿吨公里，世界排名第4位；定期航班旅客周转量为3079.71亿客公里，世界排名第4位；定期航班货邮周转量为56.04亿吨公里，世界排名第11位。

1．主要航空公司

1）英国航空公司（BA）

英国航空公司又称不列颠航空，简称英航，成立于1924年，总部设在英国伦敦希思罗机场，以伦敦希思罗机场和盖特威克机场作为主要运输枢纽。全球航班网络覆盖130多个国家的200多个目的地，是全球最大的国际航空公司之一，是全球七大货运航空公司之一，也是寰宇一家航空联盟的创始成员之一。英国航空公司自1980年起面向中国提供服务，与北京、上海、成都、香港等城市开通了直飞航班。

2）英国维珍大西洋航空公司（VS）

英国维珍大西洋航空公司简称维珍航空，于1984年成立，提供来往英国的洲际长途航空服务，是维珍集团的附属公司之一，总部设在英国克劳利，枢纽机场主要有伦敦希思罗机场和盖特威克机场。维珍航空已发展成为继英航之后的英国第二大国际航空公司，其航线遍及世界各大主要城市。

2．主要国际机场

1）伦敦希斯罗机场（LHR）

伦敦希斯罗机场是世界著名的民用机场，位于英国英格兰大伦敦希灵登区，距离伦敦市中心24千米，是英国首都伦敦的主要机场、世界主要航空枢纽，是全欧洲最繁忙的机场之一，也是全世界最繁忙的机场之一，同时也是全世界最大的机场之一。机场原本拥有6条跑道，分成3组不同的角度，但是随着航空对于跑道长度的增加的规定，较短的跑道已于2005年降级为滑行道，伦敦希思罗机场目前有2条东西向的平行跑道。根据2019年数据，伦敦希斯罗机场完成旅客吞吐量8088.43万人次，英国排名第1位。

2）盖特威克机场（LGW）

盖特威克机场是英国第二大机场，拥有2条跑道，但平时只使用08R/26L跑道，另一条跑道（08L/26R）只会在紧急或维修时使用，因此该机场实际上是全球最繁忙的单跑道机场。机场以北39千米可达伦敦威斯敏斯特市，以南37千米可达布莱赖-霍夫市，地理位置优势显著。由于伦敦希斯罗机场一般情况下并不准许航空公司经营包机服务，不少提供包机服务的航空公司都因此改为使用盖特威克机场作为基地；伦敦希斯罗机场对跨大西洋航线的限制也使得盖特威克机场拥有不少来往美国的航班。英航及维珍航空都以盖特威克机场为第二航运中心。

3）曼彻斯特机场（MAN）

曼彻斯特机场位于曼彻斯特西南方约17千米处，是除伦敦以外英国最繁忙的国际机场，是英国第三大机场。机场在20世纪30年代就已经投入使用，但直到20世纪80年代才开通国际航班，机场扩建也由此开始。现拥有2条跑道、3个航站楼，提供到达世界200多个目的地的往返航班。2014年，曼彻斯特机场的旅客吞吐量达到2200万人次。从北京、上海、广州、成都出发都有到达曼彻斯特的中转航班。

4）爱丁堡机场（EDI）

爱丁堡机场位于英国著名的文化古城、苏格兰首府爱丁堡市中心以西9千米处，机场共有3条沥青跑道，是苏格兰最繁忙的机场，也是苏格兰主要的国际门户。爱丁堡机场主营国内、地区和国际定期的客货运航线，包括一些季节性的包机航线，为超过40家的航空公司提供服务，通航至全球100多个目的地，年旅客吞吐量在千万人次以上。

三、法国

（一）国家概况

1. 自然地理

法兰西共和国简称法国，是一个本土位于西欧的半总统共和制国家，海外领土包括南美洲和南太平洋的一些地区，首都为巴黎。法国本土面积约为 55.4 万平方千米，包括海外领地的话总面积为 67.3 万平方千米，是欧洲国土面积第三大、西欧面积最大的国家，东与比利时、卢森堡、德国、瑞士、意大利接壤，南与西班牙、安道尔、摩纳哥接壤，三面临水，南临地中海，西临大西洋，西北隔英吉利海峡与英国相望，地中海上的科西嘉岛是法国最大岛屿，如图 6-4 所示。

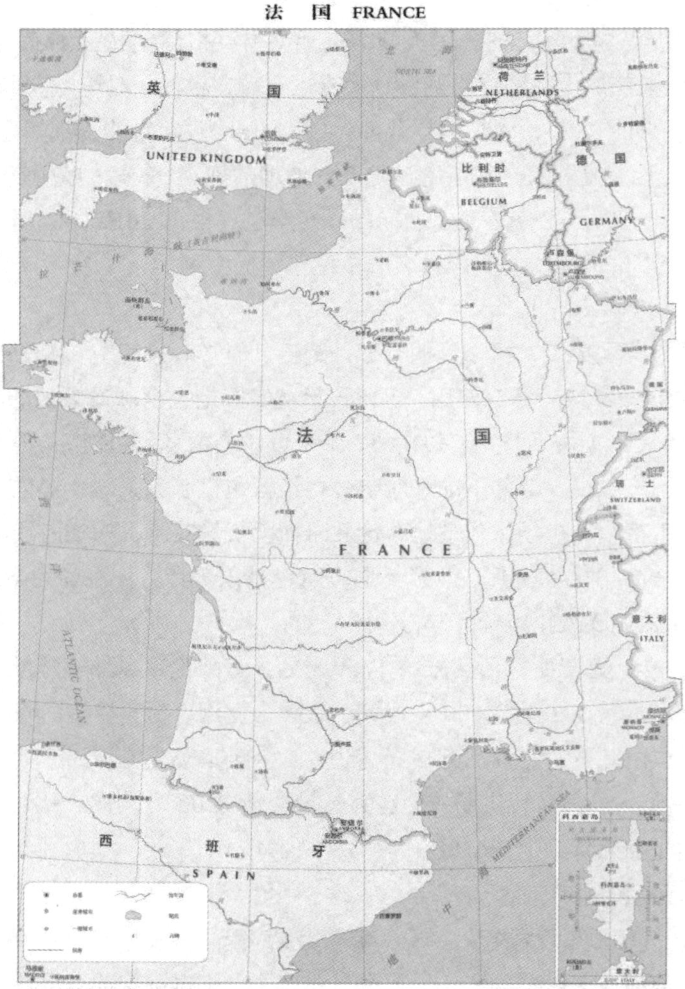

图 6-4 法国地图

法国本土地势东南高西北低，平原占总面积的三分之二。西部属于海洋性温带阔叶林气候区，全年温和多雨，降水分配均匀；南部属于地中海气候区，冬季温暖湿润，夏季炎热干燥，日照长，湿度小；中部和东部属于大陆性气候区，冬季较冷，霜期较长，夏季较热，雨量较多，冬夏季的温差也较大。人口约 6524 万（2021 年数据），通用法语。

2. 文化和习俗

法国拥有悠久的历史和灿烂的文化，是一个多姿多彩、充满着浪漫气息的国家。很多哲学家、作家、历史学家和社会学家等在人类思想史上留下了他们的印迹，卢梭、巴尔扎克、雨果等文学家来自法国。悠久的历史为法国留下了非常多的在全世界都非常有名的文化古迹，比如巴黎圣母院、凯旋门等。

法国是由多个民族构成的，法兰西人约占总人口的 94%。法国饮食源远流长，品种多且颇具特色，其烹调技术在西餐中首屈一指。法国人最爱吃的菜是蜗牛和青蛙腿，最名贵的菜是鹅肝，家常菜是炸牛排加土豆丝。法国人尤其喜饮葡萄酒，还特别爱吃奶酪。法国时装在世界上享有盛誉，其选料优异、设计大胆、制作技术高超、引导世界时装潮流；法国香水及化妆品业举世闻名，与法国时装、法国葡萄酒并列为法国三大精品产业，是法国人的骄傲，知名奢侈品牌有“香奈儿”“迪奥”“兰蔻”等。法国女子在社会生活中的地位较高，同她们握手时，一定要等其先伸手。法国人忌讳“13”和“星期五”，不喜欢黄色的花，不喜欢黄色和墨绿色。

3. 经济环境

法国是世界主要发达国家之一，是欧洲四大经济体之一，拥有较高的生活水平和良好的社会保障制度。法国是最发达的工业国家之一，在核电、航空、航天和铁路方面居世界领先地位。法国是仅次于美国的世界第二大农产品出口国，是欧盟最大的农业生产国，主产小麦、大麦、玉米和水果蔬菜，葡萄酒产量居世界首位。第三产业在法国经济中所占比重逐年上升，服务业从业人员约占总劳动力的 70%。法国是世界著名旅游接待国，旅游业收入占国民生产总值的 7% 左右，首都巴黎、地中海和大西洋沿岸的风景区及阿尔卑斯山区都是举世闻名的旅游胜地，此外还有一些历史名城、卢瓦尔河畔的古堡群、布列塔尼和诺曼底的渔村、科西嘉岛等知名景点。法国商业十分发达，创收最多的是食品销售。巴黎是世界性的消费中心，大量的高档时装、香水、化妆品及波尔多红酒吸引着世界各地的消费者前来消费。

（二）航空运输概况

法国是航空航天工业发达的国家之一，著名的飞机研发、制造公司空中客车总部位于法国的图卢兹。2016 年法国航空运输总周转量为 229.27 亿吨公里，世界排名第 8 位；定期航班旅客周转量为 1835.71 亿客公里，世界排名第 7 位；定期航班货邮周转量为 41.55 亿吨公里，世界排名第 13 位。

1. 主要航空公司

1）法国航空公司（AF）

法国航空公司简称法航，成立于 1933 年，是法国最主要的航空公司，同时也是法国国营航空公司，总部位于巴黎夏尔·戴高乐国际机场，是天合联盟的创始成员之一。2004 年 5 月，法航收购荷兰皇家航空公司，并因此组成了法国航空-荷兰皇家航空集团。法国航空-荷兰皇家航空集团是欧洲最大的航空公司，也是世界上最大的航空公司之一。

2）蓝色海岸航空公司（ZI）

蓝色海岸航空公司又称法国蓝鹰航空公司，成立于 1946 年，主运营基地在巴黎，该公司主要经营国内定期客运服务和国际航运服务。以西欧和北非区域的航线为主，飞往阿尔及利亚、摩洛哥、突尼斯、北非、葡萄牙、意大利和马里，枢纽机场有巴黎奥利机场和巴黎夏尔·戴高乐机场。2012 年，海航集团有限公司收购该公司 48%股权，从而成为该公司第二大股东。

2. 主要国际机场

1）巴黎夏尔·戴高乐机场（CDG）

巴黎夏尔·戴高乐机场简称戴高乐机场，也被称为鲁瓦西机场，位于巴黎东北 25 千米处的鲁瓦西，它是以法国将军、前总统夏尔·戴高乐的名字命名的，是法国主要的国际机场。戴高乐机场是欧洲第二大中转平台，仅次于伦敦希斯罗机场，也是世界重要的机场之一。

2）巴黎奥利机场（ORY）

巴黎奥利机场的规模比戴高乐机场要小一些，位于瓦勒德马恩省奥利市，在巴黎南方，距离巴黎市中心约 14 千米，在戴高乐机场建成前，这座机场是全巴黎最重要的机场。机场拥有 3 条跑道，是法国的第二大机场，主要负责接待国内航班和部分欧洲航班。根据 2015 年数据，该机场完成旅客吞吐量约 2966 万余人次，在欧洲地区排名第 13 位。

四、德国

（一）国家概况

1. 自然地理

德国是德意志联邦共和国的简称，位于欧洲中部，东邻波兰、捷克，南接奥地利和瑞士，西与荷兰、比利时、卢森堡及法国为邻，北与丹麦接壤，并临北海和波罗的海与北欧国家隔海相望，是欧洲邻国最多的国家。德国由 16 个联邦州组成，领土面积约 35.7 万平方千米，首都为柏林。根据 2020 年统计数据，德国人口约为 8312 万人，德国是欧洲人口最稠密的国家，官方语言是德语。

德国地形复杂，有连绵的山峦、起伏的丘陵、纵横的河流、湖泊及辽阔宽广的平原，地势北低南高，最高的山峰是阿尔卑斯山，最长的河流是莱茵河。德国具有典型的内陆型气候，由于处于温带地区，气候全年都比较稳定，很少有大的变化，总体上温暖湿润，一年四季降雨量基本平均。

2. 文化和习俗

德国的主体民族是德意志民族，德国是欧洲传统大国，在漫长的发展历史中孕育了很多世界影响力巨大的人物，比如音乐家巴赫、贝多芬、韦伯、门德尔松、舒曼等，思想家、经济学家马克思，科学家爱因斯坦，哲学家黑格尔、尼采等，德国思想和文化在世界范围内影响巨大。

德国在饮食上口味清淡、讲究营养，面包、香肠、奶酪等是德国人不可缺少的食物，啤酒、葡萄酒是德国家家必备的饮品，如图 6-5 所示。德国人时间观念比较强，无论是在商务上还是在私人交往上，均十分准时。德国人很注重个人隐私，忌谈包括年龄、职业、薪水、信仰等话题。随着社会的发展，一些具有德国特色的节日也是非常热闹和精彩的，比如狂欢节、啤酒节、文化节等，为德国带来了良好的国际声誉。

图 6-5　德国饮食文化中常见的食物

3．经济环境

德国是比较发达的工业国家，是欧洲四大经济体之一，其社会保障制度完善，国民具有很高的生活水平。德国是世界上制造业最强大的国家之一，德国的精密数控机床使人叹为观止，德国的汽车是高品质的代表，世界最具影响力的汽车品牌如奔驰、宝马、奥迪、大众、保时捷都诞生于德国，著名汽车品牌欧宝也诞生于德国。德国是世界贸易大国，同 230 多个国家和地区保持着贸易关系，出口业素以质量高、服务周到、交货准时享誉世界。德国的农业实现了高度机械化，全国土地大部分用于农业，但德国从事农业工作的人口仅占从业人员的 2%至 3%。2019 年德国国民生产总值为 3.33 万亿欧元（1 欧元约合 7.1944 元人民币），居世界第 4 位。

（二）航空运输概况

德国航空运输业非常发达，航空运输能力在世界范围内排名靠前。2016 年德国航空运输总周转量为 328.68 亿吨公里，世界排名第 5 位；定期航班旅客周转量为 2592.07 亿客公里，世界排名第 5 位；定期航班货邮周转量为 69.86 亿吨公里，世界排名第 7 位。

1．主要航空公司

1）德国汉莎航空股份有限公司（LH）

德国汉莎航空股份有限公司是德国的国家航空公司，简称汉莎航空，是星空联盟的创始成员之一，按照载客量和机队规模计算，是欧洲最大的航空公司，是世界上第五大航空公司。汉莎航空在全球拥有海外子公司及附属机构，航线遍及全球六大洲，总部设于北威州科隆市，枢纽机场则为法兰克福机场。

2）柏林航空公司（AB）

柏林航空公司是德国仅次于汉莎航空的第二大航空公司，总部位于柏林，主要经营从德国飞往地中海、加那利群岛和北非等度假区的航线，并提供到欧洲一些主要城市的半廉价航空服务，基地是柏林-泰格尔机场。但是因大股东阿联酋航空公司不再提供资金支持，公司运营难以为继，在 2017 年 8 月 15 日，柏林航空公司申请破产保护。在破产程序期间，柏林航空公司将依靠政府的过渡贷款维持运营，现有航线照常。

2. 主要国际机场

1）法兰克福国际机场（FRA）

法兰克福国际机场位于德国黑森州法兰克福市，是汉莎航空的运输基地，是德国最大的机场、欧洲第三大机场。机场共有 4 条跑道，其中 3 条跑道为东西方向平行排列，还有 1 条跑道为南北方向。2019 年，法兰克福机场完成旅客吞吐量 7056 万人次。

2）慕尼黑国际机场（MUC）

慕尼黑国际机场位于德国第三大城市——东南方巴伐利亚州慕尼黑市，位于市区东北方 29 千米处，是欧洲重要机场之一，是德国第二大机场、欧洲第九大机场。机场有 2 条平行跑道，2 座客运航站楼，每年可接待旅客 5000 万人次。该机场于 1992 年 5 月 17 日投入使用，不仅提供旅客运输，航空货运也占了很大比例，是汉莎航空的二级运输枢纽，同时也是星空联盟、寰宇一家和天合联盟成员公司的一个重要基地。

五、阿联酋

（一）国家概况

1. 自然地理

阿拉伯联合酋长国简称阿联酋，位于阿拉伯半岛东部，北临波斯湾，西北与卡塔尔为邻，西和南与沙特阿拉伯交界，东和东北与阿曼毗连，总面积为 8.36 万平方千米，是由阿布扎比、迪拜、沙迦、哈伊马角、富查伊拉、乌姆盖万和阿治曼 7 个酋长国组成的联邦国家，首都为阿布扎比。

阿联酋境内东北部有少量山地，除此之外绝大部分是海拔 200 米以上的荒漠、洼地和盐滩。受印度洋气候影响，夏季（4 ~ 10 月）酷热潮湿，气温高达 45℃以上（最热的 7 月份可达 50℃），湿度可达 100%，局部沙漠地区有小沙暴。11 月至次年 3 月为冬季，气温不低于 7℃。12 月至次年 2 月为雨季，全年降雨稀少，年均不足 100 毫米。阿联酋是一个盛产石油的西亚沙漠国家，有“沙漠中的花朵”的美称。

2. 文化和习俗

阿联酋是一个典型的阿拉伯国家，阿联酋本地居民为阿拉伯人，一般阿拉伯家庭是席地用餐，并用右手抓食。当地每年一次斋月，长达一个月，斋月期间在日出后和日落前，不允许在公共场所和大街上喝水、吸烟、吃东西，当地绝大多数的餐馆和饮品店在这个时期关门歇业。虽然斋月期间仍旧工作，但是办事效率比平常低。阿联酋人喜爱棕色、深蓝色，禁忌粉红色、黄色、紫色，阿联酋股市大屏上涨股用绿色表示，跌股用红色表示。

3．经济环境

阿联酋以石油生产和石油化工工业为主，自从 1966 年在阿联酋发现石油以来，原来的荒芜沙漠变成了富庶的油田，使这个国家在经济上发生了巨大的变化。政府在发展石化工业的同时，注重发展经济多样化。20 世纪 70 年代开挖运河、80 年代发展贸易、90 年代推广观光旅游，到 21 世纪，阿联酋发展了民航产业，并发展成为以阿布扎比、迪拜为核心的全球航空转运网络。目前迪拜已经成了观光旅游购物城、科技网络城，旅游经济已经成为迪拜的主要经济收入来源之一，很多豪华酒店成为当地的标志性建筑，如图 6-6 所示。阿联酋农业不发达，农业、畜牧业和林业的产值仅占国内生产总值的 3%。阿联酋银行业很发达，现有本国银行和外国银行数百家，外汇不受限制，货币自由入出境，汇率稳定。阿联酋的对外外贸在经济中占有重要位置，主要出口石油、天然气、石油化工产品、铝锭和少量土特产品；主要进口粮食、机械和消费品。

图 6-6　迪拜标志性建筑棕榈岛酒店

（二）航空运输概况

阿联酋民航运输业在世界上占有重要的地位，阿联酋是世界最重要的航空运输枢纽之一。2016 年阿联酋航空运输总周转量为 551.57 亿吨公里，世界排名第 3 位；定期航班旅客周转量为 3857.4 亿客公里，世界排名第 3 位；定期航班货邮周转量为 167.50 亿吨公里，世界排名第 3 位。

1．主要航空公司

1）阿联酋航空公司（EK）

阿联酋航空公司是阿拉伯联合酋长国航空公司的通称，成立于 1985 年 10 月 25 日，总部设于迪拜，以迪拜国际机场为基地。阿联酋航空公司由迪拜酋长国政府所有，是全球发展最快的航空公司之一，是世界为数不多的清一色大型飞机的航空公司，其订购的空客 A380 飞机总数达到 140 架，截至 2017 年 1 月，已接收 93 架 A380。阿联酋航空公司航线网络覆盖全球六大洲，年轻的机队由超过 200 架先进客机组成，主要机型是空客 A380 飞机及波音 B777 超长距离飞机。

2）阿联酋联合航空公司（EY）

阿联酋联合航空公司又称阿提哈德航空公司，为阿联酋阿布扎比酋长国政府全资所有，是阿联酋第二大航空公司，总部设在阿布扎比，主要基地是阿布扎比国际机场。该公司于 2003 年 11 月 13 日开始商业运营，定期航班飞往中东、欧洲、亚洲、大洋洲和北美洲等地区，也是一家历史较短、机队年轻、成长迅速的航空公司。

3）迪拜航空公司（FZ）

迪拜航空公司是阿联酋的一家廉价航空公司，总部设在迪拜国际机场。该航空公司成立于 2008 年 3 月 19 日，由阿联酋航空公司出资组建而成，航班主要服务阿联酋国内。截至 2017 年 1 月，在役客机共 58 架，均为波音 B737-800 飞机。

2. 主要国际机场

1）迪拜国际机场（DXB）

迪拜国际机场建于 1959 年，是迪拜的主要机场，是阿联酋航空公司和迪拜航空公司的枢纽港，也是中东的重要枢纽机场，许多来往于亚洲、欧洲及非洲间的飞机中停于此。因为机场内拥有众多的商店，因此它成了阿联酋购物免税商品的主要场所。2019 年完成旅客吞吐量约 8639.68 万人次，阿联酋国内排名第 1 位。

2）迪拜世界中心国际机场（DWC）

迪拜世界中心国际机场即阿勒马克图姆国际机场，机场位于阿联酋杰贝阿里，是迪拜世界中心的一部分，于 2010 年 6 月 27 日开通运营，距离迪拜 37 千米，距离迪拜国际机场 40 千米。机场规划建设 5 条跑道，设计标准是能够满足 4 条跑道同时完成巨型飞机（如空客 A380）Ⅲ类盲降标准的起降动作，并能满足 24 小时运营需要。目前其后期工程仍在进行中，按照计划其规模将超越迪拜国际机场。

3）阿布扎比国际机场（AUH）

阿布扎比国际机场位于阿联酋首都阿布扎比，距离市区约 30.6 千米，有 2 条并行跑道，是阿联酋第二大机场，也是全球客流量、新航班增开数量和基础设施投资发展最快的机场之一。

六、南非

（一）国家概况

1. 自然地理

南非共和国简称南非，地处南半球，位于非洲大陆最南端，陆地面积约 121.9 万平方千米，其东、南、西三面被印度洋和大西洋环抱，陆地上与纳米比亚、博茨瓦纳、莱索托、津巴布韦、莫桑比克及斯威士兰接壤，如图 6-7 所示。东面隔印度洋和澳大利亚相望，西面隔大西洋和巴西、阿根廷相望，其西南端的好望角航线历来是世界上最繁忙的海上通道之一，有“西方海上生命线”之称。南非拥有三个首都：行政首都（中央政府所在地）为茨瓦内，立法首都（议会所在地）为开普敦，司法首都（最高法院所在地）为布隆方丹。2020 年统计人口数量为 5962 万。

南　非　SOUTH AFRICA

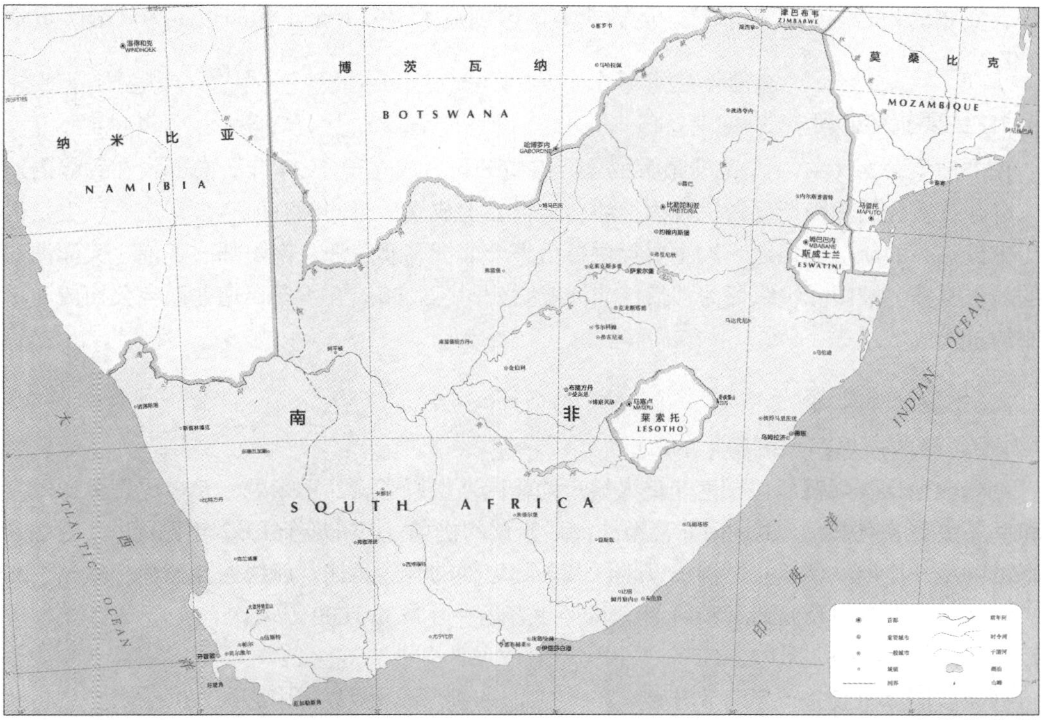

自然资源部 监制　审图号：GS（2021）5461号

比例尺 1：5 390 000

图 6-7　南非地图

南非地处非洲高原的最南端，南、东、西三面的边缘地区为沿海低地，北面则重山环抱。南非大部分区域属于热带草原气候，10 月至次年 2 月是夏季，6 月至 8 月为冬季，全年高温。夏季是湿季，冬季是干季；西南部（典型城市开普敦）属于地中海气候，夏季炎热干燥，冬季温和多雨。

2. 文化和习俗

南非有黑人、有色人、白人和亚裔四大族群，主体是黑人，约占全国总人口的 80%，官方语言有 11 种，包括英语。南非在历史上曾为英国殖民地，白人的社交礼仪特别是英国式社交礼仪广泛流行于南非社会。在饮食方面，鸵鸟肉排是其特色美食，另外还有草原特色菜品和玉米食品，沿海城市的海鲜也比较丰盛。

3. 经济环境

南非是非洲主要经济体之一，人均生活水平在非洲名列前茅。南非工业体系是非洲最完善的，深井采矿技术位居世界前列。矿产是南非经济主要来源，南非是世界上重要的黄金、铂族金属和铬金属生产国和出口国，钻石产量约占世界的9%，是世界上最大的黄金生产国和出口国，经济与其他非洲国家相比相对稳定。

（二）航空运输概况

南非航空运输业的最大客源为非洲，其次是欧洲和亚非地区。2017 年 6 月，国际航空运输协会发布的报告显示，南非航空运输业为该国创造了 49 万个工作岗位，为 GDP 贡献了 120 亿美元。

1. 主要航空公司

南非航空公司（SA）是南非最大的国际航空公司，成立于 1934 年，总部设在约翰内斯堡市，以开普敦和约翰内斯堡的机场为枢纽，是世界上成立最早的国有航空公司之一，也是世界上历史最悠久的航空公司之一。主要提供覆盖整个非洲、北美洲、南美洲、亚洲、大洋洲和欧洲的航班服务，被国际组织评为“最佳非洲航空公司”。2006 年 4 月，南非航空公司成为星空联盟的正式成员。

2. 主要国际机场

1）约翰内斯堡国际机场（JNB）

约翰内斯堡国际机场位于南非最大城市约翰内斯堡以东 22 千米处，是世界著名的民用机场和世界主要航空枢纽，也是南非甚至非洲最繁忙的机场。该机场于 1952 年启用，共有 2 条沥青跑道以及 6 座航站楼，主营国内、地区和国际定期的客货运输，航线遍及非洲、欧洲、北美洲、南美洲、大洋洲和亚洲。2014 年，机场年客运吞吐量为 1800 万人次。

2）开普敦国际机场（CPT）

开普敦国际机场是位于南非开普敦市的一个民用机场，距离市中心约 20 千米。它是南非第二大机场，同时也是非洲第三繁忙的机场，是非洲的主要门户机场。该机场是开普敦大都市区唯一提供定期客运航空服务的机场，也是南非航空公司的一个枢纽基地。

第三节　IATA 三区主要国家概况

IATA 三区北起北冰洋，南至南极洲，覆盖亚洲（中东部分国家除外）、大洋洲及太平洋岛屿等广大地区。我国位于 IATA 三区的东南亚次分区，东南亚次分区是世界上陆地面积最大、人口数量最多的次分区，近年来经济发展活跃，世界上的很多高收益航线大多是与东南亚次分区连接的航线。本节主要介绍中国以外的一些航空运输业比较发达的国家概况，有关我国的相关情况将在后续章节中详细介绍。

一、日本

（一）国家概况

1. 自然地理

日本位于亚欧大陆东部、太平洋西北部，由北海道、本州、四国、九州四个大岛及 7200 多个小岛组成，有“千岛之国”之称，总面积约 37.8 万平方千米，首都为东京。日本东部和南部为太平洋，西临日本海、东海，北接鄂霍次克海，隔海和朝鲜、韩国、中国、俄罗斯、菲律宾等国相望。根据 2021 年统计数据，日本总人口约为 12 562 万人。

日本是一个多山的岛国，山地成脊状分布于日本的中央，山地和丘陵占总面积的 71%，富士山是全国最高峰，海拔 3776 米，如图 6-8 所示。由于日本位于亚欧板块和太平洋板块的交界地带，火山、地震活动频繁。日本以温带和亚热带季风气候为主，与亚洲大陆同纬度地区相比，冬季较为温暖，夏季较为凉爽，降水比较丰富。

图 6-8　世界上最大的活火山之一——日本富士山

2．文化和习俗

日本的主体民族为大和民族，通用语言为日语。日本是个具有独特文化传统的国家，但是有许多文化和习俗受中国影响较大，表现出典型的东方民族特色。日本人打招呼的方式主要是鞠躬，该习俗主要源于中国唐朝。在日本有著名的“三道”，即日本民间的茶道、花道、书道：茶道是一种独特的饮茶仪式和社会礼仪，最早是由中国唐朝贞观年间传到日本的；花道是指在茶室内再现野外盛开的鲜花，类似于中国的插花；书道即书法，是人们修身养性的方式之一。在体育运动方面，日本的相扑运动、空手道、剑道很受欢迎，尤其是相扑运动已经成为日本文化的一种代表，相扑职业在社会上很受尊敬。日本的传统民族服饰是和服，这种衣服是基于中国隋唐服式和吴服改制的。在饮食方面，比较受欢迎的是生鱼片、寿司、牛肉等，日本人认为生食是非常健康的食用方式，与烹煮方式相比更能减少鱼肉中营养物质的流失。

3．经济环境

日本是经济高度发达的资本主义国家，也是世界第三大经济体。其资源匮乏并极端依赖进口，发达的制造业因此成为国民经济的支柱。日本的科研、航天、制造业、教育水平均居世界前列，工业用机器人产量占世界一半以上，日本的汽车凭借较高的性价比、高效的节油性能、优秀的做工在全球赢得了较大市场。此外，以动漫、游戏产业为首的文化产业和发达的旅游业也成为日本经济的重要象征。日本在环境保护、资源利用等许多方面十分先进，其国民普遍拥有良好的教育、较高的生活水平和国民素质。

(二)航空运输概况

日本环海岛国的地理位置决定了它的航空运输具有重要地位，尤其是在太平洋航线上发挥着重要作用。2016 年日本航空运输总周转量为 247.18 亿吨公里，世界排名第 6 位；定期航班旅客周转量为 1799.32 亿客公里，世界排名第 8 位；定期航班货邮周转量为 9361 百万吨公里，世界排名第 5 位。

1. 主要航空公司

1）日本航空公司（JL）

日本航空公司简称日航，是日本的国家航空公司，同时也是寰宇一家成员，总部设在东京，以东京成田国际机场（国际线）及东京羽田国际机场（国内线）为基地。该公司原为日本规模最大的航空公司，在 2010 年 1 月申请破产保护后被全日空超越，但仍拥有日本较多的国际线航点及搭乘人次。申请破产保护后，日本政府持有的企业向日航注资，保持日航业务正常运营，并进行了大规模的重组。

2）全日本空输株式会社（NH）

全日本空输株式会社又称全日空航空公司，简称全日空，总部设在东京，枢纽机场主要是东京成田国际机场、东京羽田国际机场。全日空是亚洲最大的航空公司之一，是星空联盟成员。全日空有很广泛的国内线网络，几乎覆盖整个日本，北至北海道，南至冲绳；国际线网络则覆盖中国、韩国、东南亚、美国及西欧。自 2010 年起，全日空正式取代日航成为日本最大及载客量最多的航空公司。

2. 主要国际机场

1）东京羽田国际机场（HND）

东京羽田国际机场即东京羽田航空港，简称羽田机场，位于日本东京都大田区东南端，是日本最大的机场。东京羽田国际机场建于 1931 年 8 月，是首都东京航空运输的出入门户，2018 年完成旅客吞吐量 8489.37 万人次，日本排名第 1 位。机场有 4 条跑道，均设有 ILS。1978 年新东京国际航空港（东京成田国际机场）建成后，羽田机场改为日本国内的航空运输中心，同时兼营少量国际航班业务。

2）东京成田国际机场（NRT）

东京成田国际机场简称成田机场，旧称新东京国际航空港。1978 年建立，位于日本关东地区，距离东京市区 68 千米，是日本最大的国际航空港。成田机场共有 2 条跑道，主要运作国际航线，2019 年的旅客吞吐量为 4434.47 万人次，年旅客吞吐量居日本第 2 位；货邮吞吐量为 203.99 万吨，日本排名第 1 位。

二、韩国

(一)国家概况

1. 自然地理

大韩民国简称韩国，位于亚洲大陆东北的朝鲜半岛南半部，总面积约 10 万平方千米，首都为首尔。韩国三面环海，西临黄海，东南是朝鲜海峡，东临东海，北面隔着三八线非军事区与朝鲜相邻。根据 2021 年统计数据，韩国总人口约为 5200 万人。

韩国是个多山的国家，国土面积的三分之二为山地，地势北高南低，东高西低。韩国气候属于大陆性季风气候，四季分明。冬季受西伯利亚高压气团影响寒冷干燥，夏季受东南季风影响温暖湿润，春秋两季较短。

2. 文化和习俗

韩国的主体民族为朝鲜族，通用语言为韩语。韩国素有“礼仪之国”的称号，十分重视礼仪道德的培养，尊敬长辈是韩国人恪守的传统礼仪。韩国的文学艺术很多源于中国文化，比如一些节日习俗、中医术、汉字等。饮食方面韩国人几乎每顿饭都要吃大米，并且以泡菜文化为特色，一日三餐都离不开泡菜，韩国传统名菜如烤肉、泡菜、冷面等已经成了世界名菜。韩国人的生活离不开地板，有着“坐式”的生活习惯，这与中国古代人席地而坐类似，喜欢脱鞋然后在地上活动，甚至有时候睡觉都是在地板上进行的。

3. 经济环境

第二次世界大战后，韩国经济十分落后，如今，根据 2020 年数据，韩国的 GDP 总量为 1.63 万亿美元，同比持平。韩国在朝鲜战争后短短几十年时间里实现了经济的腾飞。

韩国是世界造船大国，曾经很长一段时间内也是世界第一大造船国，比较著名的企业有现代重工、三星重工、大宇造船海洋株式会社等。韩国是世界电子产品的佼佼者，其内存、液晶显示器及等离子显示屏等平面显示装置和移动电话在世界市场中有较高地位，世界知名的韩国电子产品制造商有三星、LG、SK 等。韩国是汽车制造大国，也是汽车出口大国，知名的汽车品牌有现代、起亚、大宇、双龙等。韩国除了拥有在造船、电子和汽车产业比较知名且对韩国经济贡献较大的企业，还拥有一些大型财团，如大型物流企业韩进集团（大韩航空公司隶属于该集团）和经营零售、食品、石化、旅游及地产开发、金融等事业的乐天集团等。

（二）航空运输概况

2016 年韩国航空运输总周转量为 236.11 亿吨公里，世界排名第 7 位；定期航班旅客周转量为 1318.90 亿客公里，世界排名第 15 位；定期航班货邮周转量为 114.85 亿吨公里，世界排名第 4 位。

1. 主要航空公司

1）大韩航空公司（KE）

大韩航空公司简称大韩航空，成立于 1969 年，是韩国最大的航空公司，同时也是亚洲最具规模的航空公司之一，为天合联盟成员，隶属于韩国物流企业韩进集团。大韩航空的国际枢纽港是仁川国际机场，经营欧洲、非洲、亚洲、大洋洲、北美洲及南美洲航线；国内枢纽港是金浦国际机场。大韩航空于 1994 年进入中国市场，是在中国开设航线最多的国际航空公司之一。

2）韩亚航空株式会社（OZ）

韩亚航空株式会社简称韩亚航空，成立于 1988 年 2 月，机队拥有 83 架飞机（数据截至

2017 年)，是星空联盟成员。韩亚航空以首尔为运输基地，是韩国第二大航空公司，目前与 30 多个国家共 80 多个城市通航，国际枢纽港为仁川国际机场，国内枢纽港则为金浦国际机场。

2. 主要国际机场

1)仁川国际机场(ICN)

仁川国际机场是海上机场，位于首尔市中心西侧 52 千米处的海滨度假城市仁川广域市西部的永宗岛上，2001 年 3 月启用，拥有 3 条跑道，是大韩航空及韩亚航空的主要枢纽，是韩国最大的民用机场，也是亚洲航空网的中心。2019 年机场完成旅客吞吐量约 7116.97 万人次，国际货邮吞吐量为 376.56 万吨，均创历史新高，在全球范围内名列前茅。

2)金浦国际机场(GMP)

金浦国际机场位于首都首尔，距离市中心约 17 千米，是目前韩国第二大机场。仁川国际机场建成以前，金浦国际机场一直是韩国最大的国际机场，在仁川国际机场投入使用后，金浦国际机场就停止了国际航线业务，只运行国内航班，金浦国际机场是韩国国内航线最多的机场。

三、新加坡

(一)国家概况

1. 自然地理

新加坡共和国简称新加坡，位于东南亚马来半岛最南端，由新加坡岛和 60 多个小岛组成，其中新加坡主岛占全国面积的 91.6%,新加坡市就是它的首都。新加坡面积只有 719.1 平方千米，根据 2019 年统计数据，新加坡人口数量约 570 万。新加坡北隔柔佛海峡与马来西亚相望，南隔新加坡海峡与印度尼西亚相望，地处太平洋与印度洋航运要道——马六甲海峡的出入口，如图 4-8 所示。

新加坡地势起伏和缓，其西部和中部地区主要为丘陵，大多被植被覆盖，东部及沿海地带都是平原。新加坡属于热带海洋性气候，气温变化不大，降雨量充足，空气湿度高，气候温暖而潮湿，年平均温度在 24℃ ~ 34℃之间，适合旅游。

2. 文化和习俗

新加坡人主要由一百多年来从亚欧地区迁移而来的移民及其后裔组成，主要是华人、马来人和印度人。新加坡是一个多语言国家，拥有 4 种官方语言，即英语、马来语、华语和泰米尔语。移民社会的特性、殖民统治的历史和优越的地理位置，使得新加坡呈现出多元文化的社会特色。由于华人较多，中华文化也深刻影响着新加坡的生活形态，如汉语方言、华人习俗、传统节日等。同时受西方文化的影响，新加坡华人在思想观念、文化礼仪、语言等方面同来自大中华地区的华人稍有不同。

3. 经济环境

新加坡是亚洲的发达国家，曾是“亚洲四小龙”之一。新加坡港地理位置优越，气候和水文条件十分理想，港口货物年吞吐量、国际航空客运周转量居世界前列，是亚洲重要的服务和航运中心之一。新加坡以此为基础，从邻国大量进口各类初级产品，汇总、分级、包装后再行出口，形成了以转口贸易和航运业为主体的独特经济类型。新加坡四面环海，以炼油和造船为核心的工业部门具有世界知名度，是世界三大炼油中心之一，也是世界上海洋石油钻井平台的主要生产基地之一。根据 2017 年的全球金融中心指数（GFCI）排名报告，新加坡是第四大国际金融中心，各国银行云集新加坡，总数仅次于纽约、伦敦、香港。新加坡的旅游业占 GDP 的比重超过 3%，是新加坡外汇收入的主要来源之一。总之，新加坡利用本国特殊的地理条件，扬长避短，引进和运用外国资金、技术和管理经验，使生产力水平得到了迅速提高，走出了一条独特的成功的经济发展道路。由于新加坡在许多方面对外国依赖程度较高，容易受到外部因素的影响，经济发展存在着一定的脆弱性和不稳定性。

（二）航空运输概况

2016 年新加坡航空运输总周转量为 192.18 亿吨公里，世界排名第 13 位；定期航班旅客周转量为 1266.18 亿客公里，世界排名第 16 位；定期航班货邮周转量为 6423 百万吨公里，世界排名第 9 位。

1．主要航空公司

新加坡航空公司（SQ）是新加坡的国家航空公司，1947 年成立，以新加坡樟宜机场为基地，主要经营国际航线，在东南亚、东亚和南亚拥有强大的航线网络，并占据“袋鼠航线”（来往欧洲及澳大利亚之间、经停东半球的客运航线）的一部分市场。除此之外，新加坡航空公司的业务还包括跨太平洋航线，包括两条全球最长的直航航班新加坡—纽约和新加坡—洛杉矶航班。2017 年，在全球最佳航空公司的评选中新加坡航空公司排名第 2 位。

2．主要国际机场

新加坡樟宜机场（SIN）于 1981 年启用，距离新加坡市区约 17 千米，目前有两条平行跑道在运行，是新加坡主要的民用机场，是东南亚重要交通枢纽，也是亚洲重要的航空枢纽。目前每周有超过 7000 个航班飞往全球 380 多个城市。2019 年机场完成旅客吞吐量 6830 万人次，全球排名第 16 位，国际旅客吞吐量全球排名第 6 位。据统计数据，2017 年该机场的旅客吞吐量为 6220 万人次，增长率达 6%；航空货运量首次突破 200 万吨，达到 213 万吨。

四、泰国

（一）国家概况

1．自然地理

泰国是位于东南亚的君主立宪制国家，首都为曼谷，人口数量约 6900 万（2021 年数据），国土总面积约 51.3 万平方千米，国语是泰语。泰国位于中南半岛中部，其西部和缅甸接壤，西南与大西洋相邻，东北与老挝接壤，东南与柬埔寨接壤，南边狭长的半岛与马来西亚相连，如图 6-9 所示。

泰　国　THAILAND

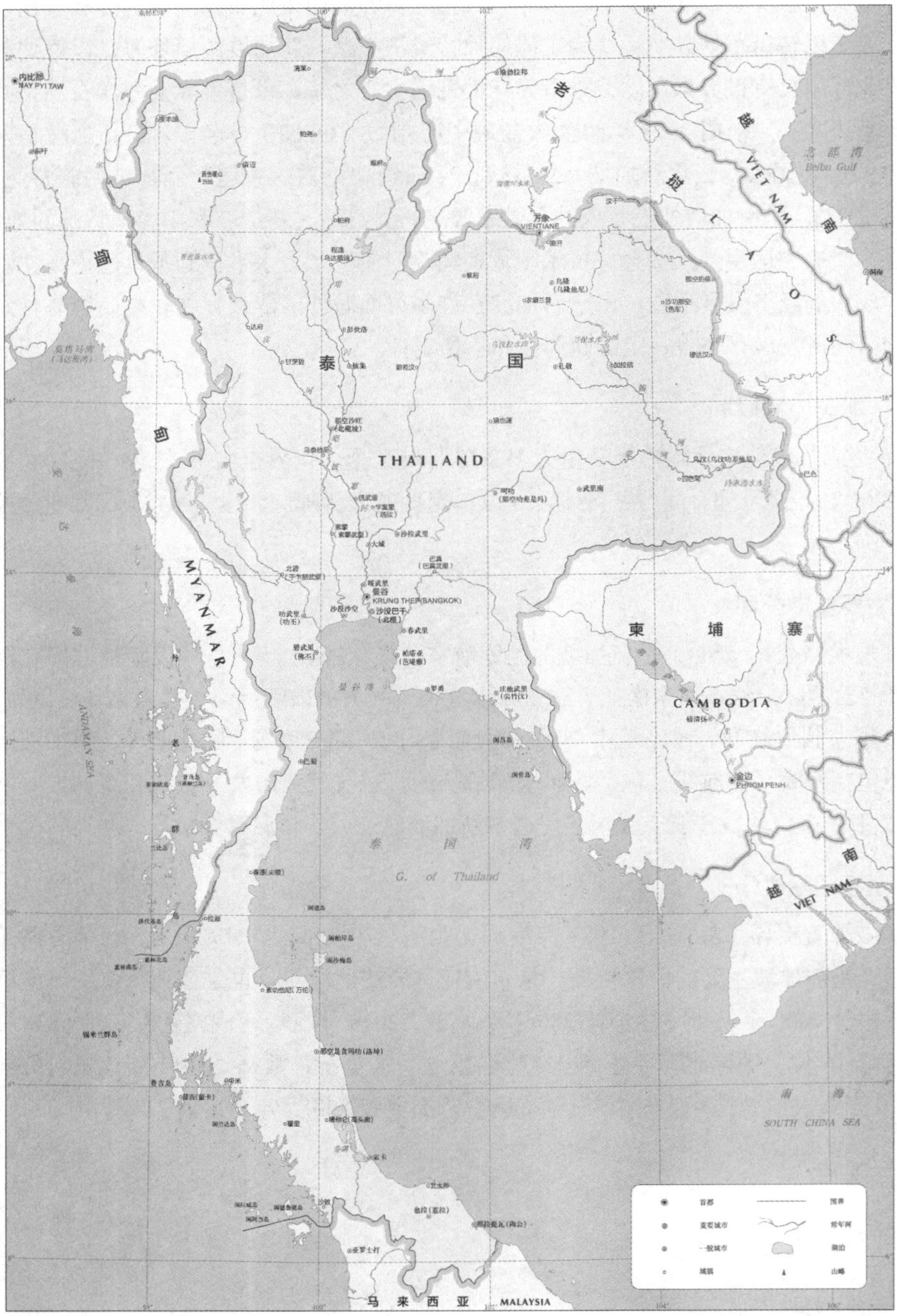

自然资源部 监制　审图号：GS（2021）5410号

比例尺 1 : 4 300 000

图 6-9　泰国地图

泰国从地形上划分为四个自然区域：北部山区的丛林区、中部平原的广阔稻田区、东北部高原的半干旱农田区、南部半岛的热带岛屿和较长的海岸线。泰国地处热带，绝大部分地区属于热带季风气候区，终年炎热，全年温差不大，可谓“四季如夏”。除了个别山地，各地气温均较高，年平均气温为27℃左右。

2．文化和习俗

泰国的主体民族是泰族，占总人口40%以上。泰国主食是大米，人们喜欢吃酸辣食物，且调味料花样繁多，如辣椒、咖喱、雨露、虾酱、椰奶等。由于常年炎热，泰国人习惯饮用冰茶。泰国人习惯“合十礼”（即合掌躬首互向对方致礼），合十时常互致问候“沙瓦迪卡”（即泰语“您好”的意思）。大象是泰国文化的核心元素，它们是力量和优雅的象征，是泰国的国宝，是泰国人的守护神，因此泰国又有“万象之国”的美称。泰国是世界闻名的旅游胜地之一，充满神话色彩的古老寺院、金碧辉煌的宫殿、丰富多彩的民间艺术、美丽的自然风光等，吸引着世界各地的游客。

3．经济环境

泰国1961年开始实行自由经济政策，20世纪90年代经济发展较快，是一个新兴经济体，被认为是一个新兴工业化国家。制造业、农业和旅游业是泰国的主要经济部门。制造业的支柱产业是汽车制造业，泰国是东南亚汽车制造中心和东盟最大的汽车市场，主要授权商来自日本和韩国。农业是泰国传统经济产业，全国可耕地面积约占国土面积的41%，是亚洲唯一的粮食净出口国，是世界上稻谷和天然橡胶的最大出口国，农产品是泰国外汇收入的主要来源之一。旅游业保持稳定发展势头，也是泰国外汇收入的主要来源之一，主要旅游点有曼谷、普吉、清迈、帕塔亚、清莱、芭提雅、苏梅岛等。

（二）航空运输概况

2016年泰国航空运输总周转量为119.31亿吨公里，世界排名第19位；定期航班旅客周转量为962.41亿客公里，世界排名第22位；定期航班货邮周转量为2160百万吨公里，世界排名第16位。

1．主要航空公司

泰国国际航空公司（TG）简称泰航，是泰国的国家航空公司，总部位于曼谷，枢纽机场是曼谷国际机场。泰国国际航空公司是星空联盟的创始成员之一。航线网络以曼谷为中心，包含泰国国内航线、地区区域航线及洲际航线，通达全世界五大洲30余个国家。

2．主要国际机场

1）素万那普机场（BKK）

素万那普机场又称新曼谷国际机场，于2006年投入使用，位于曼谷以东约25千米处，是泰国国际航空的枢纽机场。目前该机场是曼谷主要的民用机场，也是东南亚地区乃至亚洲重要的航空枢纽。

2）廊曼国际机场（DMK）

廊曼国际机场又称旧曼谷国际机场，位于泰国曼谷，1914年3月启用，是东南亚的主要国际机场之一。在新曼谷国际机场于2006年投入使用之前，廊曼国际机场是泰国交通量最大的国际机场，目前是泰国的第二大机场。

五、印度

（一）国家概况

1. 自然地理

印度共和国简称印度，位于南亚，是南亚次大陆最大的国家，首都为新德里。国土总面积约 298 万平方千米（不含中印边境印占区和克什米尔印度实际控制区等），东临孟加拉湾，西临阿拉伯海，东北部同孟加拉国、尼泊尔、不丹和中国接壤，东部与缅甸为邻，东南部与斯里兰卡隔海相望，西北部与巴基斯坦交界。印度是世界第二人口大国，据 2021 年统计数据，其人口数量为 13.24 亿，仅次于中国。官方语言是印地语。

地形上，印度南部是德干高原，恒河沿岸则是起伏的平原，西部是沙漠，北部是喜马拉雅山脉。印度大部分地区属于热带季风性气候，主要特点是全年高温，年平均气温在 22℃以上，冬半年最冷月平均气温一般在 16℃以上，旱季后期最高气温常高达 40℃以上；降水明显分旱、雨两季，雨季雨水旺盛，常造成洪灾；季风显著，盛行热带气旋。

2. 文化和习俗

印度是一个由 100 多个民族构成的统一多民族国家，主体民族为印度斯坦族，约占全国总人口的 46%。在印度，牛（主要指瘤牛）是神圣不可侵犯的，每年僧侣要举行一个节日，称“波高”节，以表示对牛的崇拜，这种仪式不允许妇女参加。在印度有些地方可见牛随意漫游街头，与行人、车辆等共享道路的景象。印度人做菜喜欢使用调料，如咖喱、辣椒、黑胡椒、豆蔻、丁香、生姜、大蒜、茴香、肉桂等，其中用得最普遍、最多的是咖喱粉，如图 6-10 所示。多数传统印度人进食时不使用刀叉或勺子，而是用右手把菜卷在饼内，或用手把米饭和菜混在一起，抓起来吃。

图 6-10　印度咖喱饭

3. 经济环境

印度是世界上发展最快的国家之一，经济增长速度引人瞩目。2016 年印度经济首次超过英国，按国内生产总值（GDP）衡量已经成为世界第六大经济体。但是由于印度人口众多，人均国民生产总值很低。印度经济以耕种、现代农业、手工业、现代工业及其支撑产业为主，三分之二人口直接或间接依靠农业维生。印度近年来服务业增长迅速，已成为全球软件、金融等服务业最重要的出口国。印度是社会财富分配极度不平衡的发展中国家，种姓制度问题较为尖锐，全国仍有约四分之一人口处于贫困状态。

（二）航空运输概况

2016 年印度航空运输总周转量为 164.63 亿吨公里，世界排名第 14 位；定期航班旅客周转量为 1639.67 亿客公里，世界排名第 11 位；定期航班货邮周转量为 1894 百万吨公里，世界排名第 18 位。

1. 主要航空公司

印度航空公司（AI）是印度的国家航空公司，是印度规模最大的航空公司，总部位于孟买。印度航空公司成立于 1932 年，初成立时的名称是塔塔航空公司。1953 年，政府决定介入并使运输业国有化，当时政府收购了 8 家独立私营公司的资产和航线，组建了印度国际航空公司和印度人航空公司，印度国际航空公司获授权主要经营国际航线，印度人航空公司主要负责国内航线和邻近亚洲国家的国际航线。2007 年，经印度政府同意，印度人航空公司合并为印度航空公司的子公司。2009 年 3 月印度航空公司成为星空联盟成员。

2. 主要国际机场

1）英迪拉・甘地国际机场（DEL）

英迪拉・甘地国际机场又称新德里国际机场，位于印度德里，但主要服务首都新德里，位于新德里西南 16 千米处，以印度前总理英迪拉・甘地的名字命名，是该国主要的航空港，也是南亚第二繁忙的航空港。机场主营国内、地区和国际定期的客货运输业务，为近 50 家国内外航空公司提供服务，每年可接待旅客 4000 多万人次。

2）孟买机场（BOM）

孟买机场原名萨哈尔国际机场，是位于印度孟买大都会区的一个主要的国际机场。主要运营国内、地区和国际的客货运定期航线，它是印度航空的枢纽基地之一。在客运量方面，该机场是印度第二繁忙的机场，仅次于新德里国际机场；但是在货运量上，该机场一直是印度最繁忙的机场。

六、澳大利亚

（一）国家概况

1. 自然地理

澳大利亚联邦简称澳大利亚，其国土面积为 769.2 万平方千米，位于南半球、东半球，介于南太平洋和印度洋之间，由澳大利亚大陆和塔斯马尼亚岛等岛屿组成，是世界上唯一国土覆盖整个大陆的国家，如图 6-11 所示。2020 年总人口为 2569 万人，首都为堪培拉，官方语言是英语。澳大利亚四面环海，地势低平，东部隔塔斯曼海与新西兰相望，东北部隔珊瑚海与巴布亚新几内亚和所罗门群岛相望，北部隔阿拉弗拉海和帝汶海与印度尼西亚和东帝汶相望。

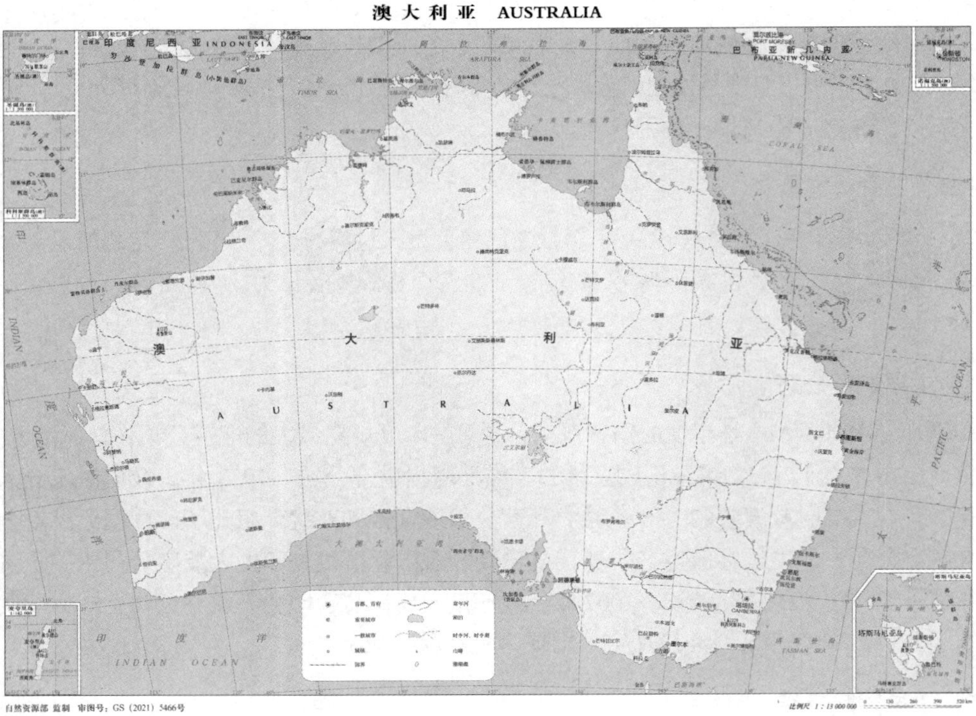

图 6-11　澳大利亚地图

澳大利亚的地形很有特色。东部山地，中部平原，西部高原。中部平原的大部分地区（约 70%）属于干旱或半干旱地带，不适合人类居住。澳大利亚跨两个气候带，北部属于热带，南部属于温带。中西部是荒无人烟的沙漠，干旱少雨，气温高，温差大。在沿海地带，雨量充沛，气候湿润。

2. 文化和习俗

澳大利亚是典型的移民国家，被社会学家喻为“民族的拼盘”。自英国移民踏上这片美丽的土地之日起，已先后有来自世界 120 多个国家和地区、140 多个民族的移民到澳大利亚谋生和发展，比如欧洲的德国、希腊、意大利和亚洲的日本、中国和越南等，多民族形成的多元文化是澳大利亚社会的一个显著特征。澳大利亚人的饮食习惯、口味和英国人差不多，菜清淡、不喜辣，当地的名菜是野牛排。啤酒是最受澳大利亚人欢迎的饮料。受地理位置等因素的影响，澳大利亚的冬夏正好与位于北半球的我国颠倒，因此澳大利亚房屋等建筑物的朝向也和我国相反，房屋朝北建设。

3. 经济环境

澳大利亚是一个高度发达的资本主义国家，自 20 世纪 80 年代以来，澳大利亚经济保持持续增长，是世界上经济增长强劲的国家之一。2017 年澳大利亚 GDP 排名世界第 13 位，但是澳大利亚人口稀少，人均 GDP 却高于 GDP 排名世界第 1 位的美国。

澳大利亚农牧业发达，自然资源丰富，有“骑在羊背上的国家”、“坐在矿车上的国家”和“手持麦穗的国家”之称，长期依靠出口农产品和矿产资源赚取大量外汇，盛产羊、牛、小麦和蔗糖，同时也是世界重要的矿产资源生产国和出口国。澳大利亚国民经济的支柱产业是服务业，自 20 世纪 70 年代以来，澳大利亚经济经历了重大结构性调整，服务业迅速发展，占国内生产总值的比重逐渐增加，当前已达到 80%左右，产值最高的行业是房地产、商务服务业及金融保险业。

（二）航空运输概况

2016 年澳大利亚航空运输总周转量为 162.87 亿吨公里，世界排名第 15 位；定期航班旅客周转量为 1494.10 亿客公里，世界排名第 13 位；定期航班货邮周转量为 1902 百万吨公里，世界排名第 17 位。

1．主要航空公司

澳洲航空公司（QF）于 1920 年在澳大利亚昆士兰州创立，是澳大利亚第一大航空公司，是澳大利亚的国家航空公司，也是全球历史最悠久的航空公司之一，是寰宇一家的创始成员之一。澳洲航空公司总部位于新南威尔士州悉尼市，枢纽是悉尼国际机场和墨尔本机场，航线网络覆盖大洋洲，延伸至东南亚、东亚及印度、英国、德国、美国、加拿大、南非等地。

2．主要国际机场

1）悉尼国际机场（SYD）

悉尼国际机场位于新南威尔士州悉尼市区南方，距离悉尼市区约 10 千米。悉尼国际机场于 1920 年启用，是全球持续运营时间最长的机场之一，是澳大利亚最繁忙的机场，也是南太平洋地区最大、最繁忙的机场。2016 年，悉尼国际机场完成旅客吞吐量约 4187 万人次，排名世界第 41 位。

2）墨尔本机场（MEL）

墨尔本机场又名图拉马林机场，位于维多利亚州墨尔本市，距离墨尔本商业中心区 23 千米。墨尔本机场有 2 条跑道，航线到达澳大利亚各处，还有众多航线可达大洋洲其他地区、亚洲、非洲、欧洲和北美洲。该机场于 1970 年启用，是澳大利亚第二繁忙的机场。

本章小结

本章围绕国际航空运输概况，根据 IATA 的分区情况展开，介绍了 IATA 三大分区中的重要国家。每一个国家都从两个方面来进行阐述：国家概况、航空运输概况。其中国家概况包括自然地理、文化和习俗、经济环境三个方面；航空运输概况包括主要航空公司和主要国际机场，了解国际上主要航空公司的代码和基本运作情况，掌握主要国际机场的位置、代码和机场规模等基本情况。

本章重点介绍了重要航空运输国家的情况，读者在了解这些国家的航空运输概况的同时，更应该了解其丰富的旅游资源，了解其文化和习俗，以便在服务中自觉应用。

本章思考题

1．加拿大的国家概况和航空运输概况是什么？

2．美国的航空运输业非常发达，在全世界航空运输中起到重要的作用，请分析原因。

3．某旅客乘飞机旅游欧洲，请你为他简单介绍欧洲的主要国家。

4．旅客选择出行目的地时会考虑哪些因素？

5．阿联酋是一个非常有特色的国家，请你介绍该国家的航空运输和旅游概况。

6．综合亚洲航空发展情况分析我国在亚洲民航业中的作用。

7．澳大利亚是世界上最小的大洲——大洋洲的主要国家，请分析该国航空运输布局与旅游资源分布之间的关系。

8．通过其他方式收集若干个世界主要机场的近期数据，分析这些机场的地理位置、机场容量与所在城市相联系的一般规律。

第七章

中国航空运输地理

本章学习目标

- 了解中国民航运输业发展的历史；
- 掌握中国民航运输业发展的现状；
- 了解中国自然地理环境及中国人文地理环境情况；
- 掌握中国国际和国内航线的分布特征；
- 掌握中国三大门户复合枢纽机场的基本情况；
- 了解中国主要航空公司的基本情况；
- 掌握中国主要航空公司和枢纽机场的代码。

第一节 中国民航运输业发展历史及现状

一、中国民航运输业发展历史

自 1903 年莱特兄弟发明了世界上第一架飞机后，人类的交通方式、生产和生活方式都发生了革命性的改变，飞机开始被广泛应用在军事方面。第一次世界大战期间，飞机技术迅速发展，战争结束后，大批飞机被投入到民用航空运输领域。这个时期的中国正处于北洋军阀统治时期，出于政治和军事的需要，1919 年，成立了“筹办航空事宜处”，这是中国最早的民航管理机构。1920 年 5 月，京沪线“北京—天津”段首航，这是我国第一条民用航线，1921 年京粤线首航。之后一直到中华人民共和国成立前，中国民航运输业发展十分缓慢。

中华人民共和国成立后，中国民航运输业经历了从无到有、从弱到强艰难发展的过程。改革开放后，中国民航运输业发展加速，取得了令人瞩目的成绩，并发展为国民经济的重要产业部门，其发展大致经历了四个时期。

（一）初创时期（1949－1957年）

1949年中华人民共和国成立后，民用航空迎来了一个崭新的时代。1949年11月2日，中国民用航空局成立，受空军司令部领导，这时中国民航物质基础薄弱。1949年11月9日，中国航空股份有限公司（中航）总经理刘敬宜、中央航空运输有限公司（央航）总经理陈卓林和香港员工宣布起义，脱离国民党的统治，12架飞机飞抵北京和天津，这就是历史上著名的“两航起义”，为中国民航运输业的建设提供了技术条件和物质基础。在此基础上，1950年3月，中国与苏联开展航空合作，成立了中国第一个合资公司——中苏民用航空股份公司，并开辟了北京至赤塔、伊尔库茨克、阿拉木图国际航线，这是中国第一批国际航线。当时的中国仅有30多架小型飞机，年旅客运输量仅1万人，运输总周转量仅157万吨公里。

（二）调整时期（1958－1965年）

1958—1960年我国开展了“大跃进”运动，这场运动造成国民经济比例严重失调，使刚刚起步的中国民航运输业遭受严重的挫折。1960年，中央提出了恢复与发展国民经济的“调整、巩固、充实、提高”的八字方针，纠正了大跃进时期的问题。中国民航系统认真贯彻执行八字方针，不久民航业重新走上了正常发展的轨道。1962年4月，中国民用航空局更名为中国民用航空总局，但是其业务工作、党政工作、干部人事工作等均直接归属空军负责管理。至1965年，中国民航拥有355架飞机，完成西亚、非洲试航及领导人专机任务，开辟了多条通往西亚、东南亚的国际航线，新建和改建南宁、昆明、贵阳等机场。

（三）曲折前进时期（1966－1976年）

1968年至1974年连续7年，中国民航运输业遭受重创，生产力下降，企业亏损。在1971年中国重返联合国后，中国民航运输业才真正走上发展之路，之后中国积极开拓国内国际航线，努力发展民航运输生产，到1975年实现年度利润1374万元，扭转了连续7年的全行业亏损状况。

（四）快速发展时期（1977－至今）

1978年中国实行改革开放，国家的工作重心转移到经济建设上来。在改革的大好形势下，中国民航运输业也加快了改革的步伐。1980年，为了适应改革开放的需要，中国民航开启了第一轮改革，中国民航实行企业化管理，中国民用航空总局不再由空军代管，下设北京、上海、广州、成都、兰州（后迁至西安）、沈阳六个地区管理局。

但是当时民航的改革并不到位。直到1987年，为了打破中国民用航空总局在民航运输业中的垄断地位，中国民航开启了第二轮改革，实行政企分开的行政管理体制，组建了六个国家骨干航空公司，它们分别是原中国国际航空公司、原中国东方航空公司、原中国南方航空公司、原中国西南航空公司、原中国西北航空公司、原中国北方航空公司，同时组建了六大机场，以及华北、华东、中南、西南、西北和东北六大地区管理局。然而这次改革也未使航空企业成为真正独立的经济体，于是2002年3月，中国民航迎来了第三轮改革。为了提高航空公司的竞争力，这轮改革对原有的航空公司进行了重组，组建了三个航空运输集团和三个服务保障集团，它们分别是中国航空集团有限公司、中国东方航空集团公司、中国南方航空集团有限公司、原中国民航信息集团公司、原中国航空油料集团公司、原中国航空器材进出口集团公司，并组建了 26 个省级安全监督管理办公室，以及七个地区管理局。另外，机场实行属地管理，即机场所有权转交地方政府。2008 年中国民航迎来第四轮机构改革，重新组建交通运输部，将原民航总局的职能整合到新机构，中国民用航空总局更名为中国民用航空局。

纵观改革开放 40 余年，中国经济创造了令世人瞩目的中国奇迹，在经济高速增长的大背景下，中国民用航空实现了全面快速发展。

二、中国民航运输业发展现状

党的十八大以来，我国航空网络加快完善，航空枢纽不断增加，大踏步迈向世界航空运输强国。截至 2020 年年底，我国已与 128 个国家和地区签署了双边航空运输协定，其中“一带一路”国家 100 个，与 64 个国家保持定期客货运通航，多项民航运行指标进入世界前列。

（一）大容量、高效率、广布局的航空网络加快铺展

近年来，我国民航基础设施大幅扩容。“十三五”时期，境内民航颁证机场增至 241 个，比 2012 年新增 58 个，形成京津冀、长三角、粤港澳、成渝四大世界级机场群，建成北京、上海、广州、西安等十大国际航空枢纽，旅客吞吐量千万级机场达 39 个，三千万级机场已有 11 个，现代化国家综合机场体系基本建立。

机场更多，航线更密。截至 2020 年，全国航线达到 5581 条，比 2012 年增加 3124 条，增幅达 127%。目前，我国民航运输总周转量、旅客周转量、货邮周转量均已位居世界第二，航空服务覆盖全国 92%的地级行政区、88%的人口和 93%的经济总量。

（二）民航运输更安全、更绿色、更便民

由大而强，中国民航发展质量迈上新台阶。看安全，2020 年，我国运输航空每百万飞行小时重大事故率 5 年滚动值为 0，处于世界前列；看绿色，2019 年，我国运输航空每吨公里碳排放 0.898 千克，较基线下降 16.2%，全球领先；看服务，2020 年，233 个机场和主要航空公司基本实现无纸化出行，航班正常率连续两年超过 80%。

机场餐饮基本实现“同城同质同价”，退改签阶梯费率标准出台，大力实施适老化改造，智慧机场“一脸通行”……更加美好的出行体验加速到来。

（三）补短板、促发展、惠民生效益持续释放

2020 年 12 月 26 日，位于新疆和田地区的于田万方机场正式通航。于田县这个刚脱贫摘帽的原国家级贫困县步入了交通发展快车道。

为边远地区修通一座机场，能够极大提升当地交通水平。2012 年以来，我国新增机场近一半建在脱贫地区。目前，我国航空服务已覆盖 82.6%的脱贫地区人口，脱贫地区机场每天至少有一个航班联通所在省会的区域枢纽机场，最多中转一次就能到达国际枢纽机场。“十三五”时期，脱贫地区机场旅客吞吐量从 2012 年的 2800 万人次增至 2019 年的 7800 万人次。

第二节　中国地理环境概况

一、中国自然地理环境概况

（一）地理位置与疆域

中国位于亚洲东部、太平洋西岸，位于东半球，北半球。陆地面积约 960 万平方千米，在世界各国中仅次于俄罗斯、加拿大，居世界第 3 位，内海和边海的水域面积约 470 多万平方千米。中国幅员辽阔，北端在黑龙江省漠河以北的黑龙江主航道中心线上，南端在南海南沙群岛中的曾母暗沙，东端在黑龙江与乌苏里江的主航道汇合处，西端在帕米尔高原之上。领土东西南北跨度大，南北跨纬度约 49°，南北两端最大距离约 5500 千米（3°86′N ~ 53°33′N）；东西跨经度约 61°，东西两端最大距离约 5200 千米（73°66′E ~ 135°05′E）。

中国陆地边界总长 22 800 千米，与朝鲜、蒙古国、俄罗斯、哈萨克斯坦、吉尔吉斯斯坦、塔吉克斯坦、阿富汗、巴基斯坦、印度、尼泊尔、不丹、缅甸、老挝、越南 14 国接壤，隔海与韩国、日本、菲律宾、文莱、马来西亚、印度尼西亚相望。中国大陆海岸线长达 18 000 多千米，自北向南的近海有渤海、黄海、东海和南海。海域分布有 7600 多个大大小小的岛屿，大部分分布在东海和南海，其中最大的岛屿是台湾岛，其次是海南岛，第三是崇明岛。

（二）地形与地势

中国疆域辽阔，地形多种多样。山地、丘陵、高原、平原、盆地五种基本地形在中国均广泛分布，其中主要以山地和高原为主，各类型地形占全国陆地面积的比重分别为：山地约占 33%，平原约占 26%，盆地约占 19%，丘陵约占 10%，高原约占 12%。

中国的山脉构成了地形的天然骨架，从走向上看，大体分为五种，即东西走向、南北走向、东北—西南走向、西北—东南走向、弧形走向，详见表 7-1。

表 7-1　我国山脉不同走向的具体划分

山脉走向	具体山脉名称
东西走向	天山山脉—阴山山脉、昆仑山脉—秦岭山脉、南岭山脉
南北走向	贺兰山脉、六盘山脉、横断山脉（自北向南）
东北—西南走向	大兴安岭山脉—太行山脉—巫山山脉—雪峰山脉，长白山脉—山东丘陵—武夷山脉，台湾山脉（自西向东）
西北—东南走向	阿尔泰山脉、祁连山脉、喀喇昆仑山脉、小兴安岭山脉（自北向南）
弧形山脉	喜马拉雅山脉、唐古拉山脉

其中喜马拉雅山脉的主峰是珠穆朗玛峰，海拔 8844.43 米，位于中国和尼泊尔边境东段。

中国的地势西高东低，呈三级阶梯状分布。西部以山地、高原和盆地为主，东部以平原和丘陵为主。三级阶梯有两条明显的分界线，第一级、第二级阶梯的分界线是昆仑山脉—祁连山脉—横断山脉，第二级、第三级阶梯的分界线是大兴安岭山脉—太行山脉—巫山山脉—雪峰山脉。第一级阶梯海拔 4000 米以上，以高原、盆地为主，主要分布青藏高原和柴达木盆地，其中青藏高原号称世界屋脊。第二级阶梯海拔 1000 ~ 2000 米，以高原、盆地为主，主要分布着内蒙古高原、黄土高原、云贵高原，以及准噶尔盆地、四川盆地、塔里木盆地。第三级阶梯海拔 500 米以下，以平原、丘陵为主，主要分布着东北平原、华北平原、长江中下游平原 ，以及辽东丘陵、山东丘陵、东南丘陵，自然向海延伸的部分形成近海的大陆架。

（三）气候与降水

受纬度位置、海陆位置和地形的影响，中国的大陆性季风气候显著。冬季受冬季风的控制，气候寒冷干燥，夏季受夏季风的控制，气候炎热多雨。

中国由于面积广大，地形复杂多样，气候类型也多种多样。中国南北热量差异大，自北向南依次分布寒温带、中温带、暖温带、亚热带、热带五个温度带，此外，还分布着一个青藏高原区，气候带几乎跨越了整个北半球。中国大部分地区位于北温带，气候温和，四季分明。根据干湿状况，自东南到西北，中国大体上分为湿润地区、半湿润地区、半干旱地区、干旱地区。山地气候具有明显的垂直地带性，常见“一山有四季，十里不同天”的情况。

受季风的影响，中国的降水空间分布不均，大体上由东南向西北递减。降水季节时间分配不均，主要集中在 4 ~ 10 月的夏秋季。南北差异显著，北方降水少、雨季短，南方降水多、雨季长。

（四）河流与湖泊

我国是世界上河流与湖泊众多的国家之一，河流与湖泊大部分分布在东部和南部，主要的河流有黑龙江、海河、黄河、长江、淮河、珠江和雅鲁藏布江等，由于我国地势西高东低，主要河流多发源于青藏高原。流域面积 50 平方千米以上的河流共有 45 203 条，总长度为 150.85 万千米；流域面积 100 平方千米及以上的河流共有 22 909 条，总长度为 111.46 万千米；流域面积 1000 平方千米及以上的河流共有 2221 条，总长度为 38.65 万千米；流域面积 10 000 平方千米及以上的河流共有 228 条，总长度为 13.25 万千米。

中国的河流流域分为外流流域和内流流域。内外流域界线由大兴安岭山脉西麓向南，经内蒙古高原南缘、阴山山脉、贺兰山脉、祁连山脉、日月山脉、积石山脉、巴颜喀拉山脉、念青唐古拉山脉和冈底斯山脉，直抵中国西部边界。这条线以西除了新疆额尔齐斯河流域为外流流域，其余均为内流流域，这条线以东除了鄂尔多斯高原和松嫩平原局部地区，其余均为外流流域。

外流流域是由注入海洋的河流形成的流域，面积约占全国陆地总面积的 64%。太平洋流域面积最大，流域内的河流最多，这一流域主要的河流包括黑龙江、海河、黄河、淮河、长江、珠江；印度洋流域面积次之，流域内的河流较少，主要的河流有怒江、雅鲁藏布江、狮泉河、象泉河等；北冰洋流域位于中国西北部，面积最小，流域内的河流最少，有唯一流入北冰洋的河流——额尔齐斯河，它发源于阿尔泰山脉西南坡并向北流入哈萨克斯坦斋桑湖，向北汇入俄罗斯鄂毕河，最后注入北冰洋。内流流域又称内陆流域、内流区域，指不直接汇入海洋的内流河的流域，流域面积约占全国陆地总面积的 36%，一般分布在远离海洋或四周山脉环绕的内陆地区。我国内陆河主要有塔里木河、黑河、伊犁河，其中塔里木河是世界最长的内陆河，中国第二大内陆河是黑河。

我国湖泊常年水面面积 1 平方千米及以上的湖泊共有 2865 个，水面总面积 7.80 万平方千米（不含跨国界湖泊境外面积）。其中，淡水湖 1594 个，咸水湖 945 个，盐湖 166 个，其他 160 个。

湖泊按成因分为构造湖、火山口湖、冰川湖、堰塞湖、喀斯特湖、河迹湖、风成湖、海迹湖和人工湖（水库）等；按流域特点分为外流湖和内陆湖；按湖水矿化度分为淡水湖（小于1g/L）、咸水湖［（1～35）g/L］和盐湖（大于35g/L）。中国的湖泊分布广泛，主要分布在长江中下游平原、青藏高原、内蒙古高原和云贵高原。淡水湖，如鄱阳湖、洞庭湖、太湖、洪泽湖、巢湖等，分布在长江中下游平原；咸水湖，如青海湖、色林错、纳木错等，主要分布在西部地区，其数量远多于该地区的淡水湖，其中最大、最著名的咸水湖是青海湖。中国是世界上盐湖最多的国家之一，盐湖的分布从东北的吉林省向西延伸，经内蒙古、宁夏、甘肃、新疆、青海至西藏均有分布。中国最大的盐湖是察尔汗盐湖，位于青海省格尔木市，面积为5800平方千米，湖中储藏的500亿吨以上的氯化钠可供60亿人口食用1000年。新疆的艾丁湖位于海平面以下154米，是中国海拔最低的盐湖。

二、中国人文地理环境概况

（一）人口与民族

中国是人口众多的国家，根据第七次人口普查、2021年公布的数据显示，全国总人口为14.1亿人（港澳台数据暂缺），是世界上人口最多的国家。

中国有56个民族，是一个统一的多民族国家。56个民族大家庭中，汉族人数最多，约占全国人口总数的91.51%，遍布在全国各地，主要集中在东部和中部。其他民族的人数因为偏少，统称为少数民族，其人口总数约占全国人口总数的8.49%。人口数在500万以上的少数民族有壮族、回族、满族、维吾尔族、苗族、彝族、土家族、藏族、蒙古族，其中人口最多的少数民族是壮族，总人口数为1692万，主要分布在广西、云南、广东、贵州、湖南。

我国少数民族分布的主要特点如下：一是大杂居、小聚居，少数民族人口主要聚居在西南、西北及东北各省和自治区，并有较高比例的汉族聚居，同样地，在汉族聚居地区也有少数民族聚居；二是人口少、分布广，各省、自治区和直辖市都有少数民族居住，主要分布在西南、西北和东北的边疆地区，如内蒙古、新疆、宁夏、广西、西藏、云南、贵州、青海、四川、甘肃、黑龙江、辽宁、吉林、湖南、湖北、海南、台湾、重庆等省、自治区、直辖市。

（二）中国的历史文化

中国是人类重要的发祥地之一。经过漫长的古人类进化，出现了巫山人、元谋人、蓝田人、北京人、山顶洞人及半坡人等。

古代中国是四大文明古国之一，中国有着上下五千年的悠久历史，文化源远流长。长江和黄河是中华文明的重要发源地，古老的文明创造了灿烂辉煌的中华文化。长江流域代表性的文化有大屈家岭文化、良渚文化、河姆渡文化等。黄河流域代表性的文化有仰韶文化、大汶口文化、龙山文化、马家窑文化等。中华文化经过世代相传，保留了许多珍贵的历史遗址和遗迹，它们成为吸引游客的重要人文旅游资源。

中国又是一个有着辉煌历史的国家，有据可考的历史先后经历了夏朝、商朝、周朝、春秋战国时期、秦朝、西汉、东汉、三国时期、西晋、东晋十六国、南北朝、隋朝、唐朝、五代十国、宋辽夏金、元朝、明朝和清朝等阶段。在灿烂的历史长河中，我国古代伟大的劳动人民栽培水稻、养蚕缫丝、茶和大豆，它们被称为农业“四大发明”。丝绸通过海上和陆上的丝绸之路远销中亚和欧洲，促进了我国和其他国家之间的经济和文化交往。中国是茶的故乡，种茶、喝茶的历史悠久。我国的茶叶向外经陆上和海上两条线路，远播中亚、西亚、阿拉伯和欧洲。劳动人民创造了许多伟大的发明和宏伟的工程，造纸术、印刷术、指南针、火药等四大发明对世界产生了重大影响，人工建造的长城、秦始皇兵马俑、京杭大运河、都江堰等工程更是闻名世界。

第三节　中国主要机场及航线

机场有时又被称为航空港，与机场不同的是航空港是指那些可以经营客货运输的机场。旅行时，旅客搭乘飞机所使用的机场就是航空港。其中，北京、上海、广州为中国三大门户复合枢纽机场所在地，重庆、成都、武汉、郑州、沈阳、西安、昆明、乌鲁木齐为中国八大区域枢纽机场所在地，深圳、南京、杭州、青岛、大连、长沙、厦门、哈尔滨、南昌、南宁、兰州、呼和浩特为中国十二干线机场所在地。

一、中国主要航空港

（一）北京首都国际机场（PEK）

北京首都国际机场位于北京顺义区，距离天安门广场 25.35 千米。它建成于 1958 年，是中华人民共和国成立后第一批投入使用的民用机场之一。北京首都国际机场是 4F 级民用机场，机场有两座塔台，T1、T2 和 T3 共 3 座航站楼。T1 航站楼为福州航空、大新华航空、首都航空、海南航空（国内航班）、天津航空、春秋航空、云南祥鹏航空运营航班。T2 航站楼为首都航空（国际航班）、河北航空、中国南方航空、重庆航空、海南航空（国际航班）、中国东方航空、厦门航空，以及天合联盟和非联盟的国外航空公司运营航班。T3 航站楼为东海航空、昆明航空、浙江长龙航空、青岛航空、西藏航空、中国国际航空、大连航空、四川航空、深圳航空、上海吉祥航空，以及星空联盟、寰宇一家和非联盟的国外航空公司运营航班。截至 2017 年 7 月，北京首都国际机场面积共计 141 万平方米；拥有 2 条 4F 级跑道、1 条 4E 级跑道，长宽分别为 3800 米×60 米、3200 米×50 米、3800 米×60 米；机位共 314 个；共开通国内外航线 252 条。T3 航站楼如图 7-1 所示。

图 7-1　北京首都国际机场 T3 航站楼

从1978年至2018年，北京首都国际机场年旅客吞吐量由103万人次增长到1亿100万人次，位居亚洲第1位、全球第2位，多年来一直在全国航空港中排名第一。北京首都国际机场目前是中国最繁忙的大型国际航空港，在2015年全球最繁忙机场排名中位居第二。国内有97家航空公司入驻北京首都国际机场，其中中国国际航空、中国东方航空、中国南方航空、海南航空、首都航空等均在此设立运营基地。多年来，北京首都国际机场多次获得有关奖项，2014年、2015年、2016年北京首都国际机场三次获得亚洲最佳国际远程航线开拓机场奖。

（二）上海虹桥国际机场和上海浦东国际机场

1. 上海虹桥国际机场（SHA）

上海虹桥国际机场简称虹桥机场，位于上海市长宁区，距离市中心13千米，是4E级民用国际机场，如图7-2所示。机场始建于1921年，中华人民共和国成立后仅作为军用机场使用，1963年扩建为军民合用的机场，1971年由军民合用改为民航专用。机场有2座航站楼，1号航站楼面积为13.18万平方米，2号航站楼面积为36.26万平方米。1号航站楼为上海航空、春秋航空、中国东方航空、中国国际航空，以及寰宇一家、天合联盟和星空联盟的国外航空公司运营航班，2号航站楼为中国联合航空、吉祥航空、河北航空、山东航空、上海航空、深圳航空、四川航空、天津航空、西藏航空、厦门航空、中国东方航空、中国国际航空、中国南方航空等国内航空公司运营航班。机场拥有2条跑道，分别长3400米、3300米；停机坪约为48.6万平方米，共有89个机位。

2017年，上海虹桥国际机场旅客吞吐量为4188.41万人次，同比增长3.5%；货邮吞吐量为40.75万吨，同比下降5%；起降架次为26.36万架次，同比增长0.6%；分别位居中国第7位、第9位、第10位。

图7-2 上海虹桥国际机场

2. 上海浦东国际机场（PVG）

上海浦东国际机场简称浦东机场，位于上海浦东新区长江入海口南岸的滨海地带，占地

40 多平方千米，距离上海市中心约 30 千米，距离上海虹桥国际机场约 40 千米，如图 7-3 所示。2016 年上海浦东国际机场首次跻身全球十大客运机场行列，排名第 9 位。目前上海浦东国际机场共有 2 座航站楼，T1 航站楼面积为 34.6 万平方米，T2 航站楼面积为 48.6 万平方米，T1 航站楼为上海航空、东方航空，以及低成本航空公司、寰宇一家、天合联盟的国外航空公司运营航班；T2 航站楼为成都航空、海南航空、河北航空、吉祥航空、昆明航空、深圳航空、四川航空、山东航空、天津航空、西部航空、厦门航空、云南祥鹏航空、中国国际航空、中国南方航空等国内航空公司，以及国内外廉价航空公司、寰宇一家、星空联盟的国外航空公司运营航班。机场跑道共 4 条，其中第一条跑道为 4000 米×60 米，第二条跑道为 3800 米×60 米，第三条跑道为 3400 米×60 米，第四条跑道为 3800 米×60 米。另有第五条跑道正在建设中。

2019 年，上海浦东国际机场年旅客吞吐量为 7615.34 万人次，年货邮吞吐量为 363.56 万吨，年起降航班为 51.18 万架次。截至 2017 年年底，已有 110 家航空公司开通了飞往上海两大机场的定期航班，上海浦东国际机场联通全球 47 个国家和地区的 297 个通航点。

图 7-3　上海浦东国际机场

（三）广州白云国际机场（CAN）

广州白云国际机场是中国三大门户复合枢纽机场之一，位于广东省广州市白云区，距离广州市中心海珠广场的直线距离约 28 千米，机场等级为 4F 级，如图 7-4 所示。

它的前身是旧广州白云机场，中华人民共和国成立后不久，白云机场被作为军用机场，1959 年改为军民合用机场，1963 年改为民用机场。与旧广州白云机场相对，广州白云国际机场为新广州白云机场，于 2000 年开工建设，2004 年 8 月 5 日正式启用。目前广州白云国际机场有 2 座航站楼在运行，跑道共计 3 条，其中东跑道为 3600 米×60 米，西跑道为 3600 米×45 米，

第三条跑道为 3800 米×60 米，2015 年 2 月投入使用。“十三五”期间，该机场启动了三期扩建项目，建设第四、第五跑道及 T3 航站楼。

2020 年，受全球新型冠状病毒肺炎疫情影响，广州白云国际机场旅客吞吐量为 4376.04 万人次，同比下降 40.4%；货邮吞吐量为 175.92 万吨，同比下降 8.4%；起降航班为 37.34 万架次，同比下降 24.0%，分别位居中国第 1 位、第 2 位、第 1 位。2020 年的旅客吞吐量在全世界机场中排名第 1 位。

图 7-4　广州白云国际机场

二、中国主要航线

截至 2019 年年底，我国共有定期航班航线 5521 条，国内航线 4568 条，其中港澳台航线 111 条，国际航线 953 条。按重复距离计算的航线里程为 1362.96 万千米，按不重复距离计算的航线里程为 948.22 万千米。我国航空公司国际定期航班通航 65 个国家的 167 个城市，内地航空公司定期航班从 30 个内地城市通航香港，从 19 个内地城市通航澳门，大陆航空公司从 49 个大陆城市通航台湾省。

（一）中国主要国内航线

1．国内航线分布特征

第一，分布较为集中，以哈尔滨—北京—西安—成都—昆明为界线，这条线以东的区域是航线密集区，尤其是经济发达的北京、上海、广州的三角地带的航线最密集。从整体上看，国内航线主要分布在沿海开放城市、中西部的二线城市及旅游城市，航线密度由东向西逐渐减小。

第二，以城市对式航线为主，以大、中城市为辐射中心向外辐射，构成交错的航空网络。

第三，航线多呈南北向分布，在此基础上，部分航线从沿海向内陆延伸，呈东西向分布。

2．主要国内航线

1）以北京为中心的辐射航线

主要直飞航线：PEK—CAN、PEK—SHA、PEK—PVG、PEK—SHE、PEK—NKG、PEK—CTU、PEK—KMG、PEK—XMN、PEK—HGH、PEK—SZX、PEK—KWL、PEK—HRB、

PEK—DLC、PEK—CGQ、PEK—HET、PEK—HFE、PEK—URC、PEK—CKG、PEK—HAK、PEK—TSN、PEK—HKG

2）以上海为中心的辐射航线

主要直飞航线：SHA/PVG—PEK、SHA/PVG—CAN、SHA/PVG—CTU、SHA/PVG—KWL、SHA/PVG—HGH、SHA/PVG—NKG、SHA/PVG—SHE、SHA/PVG—DLC、SHA/PVG—CGQ、SHA/PVG—HRB、SHA/PVG—WUH、SHA/PVG—FOC、SHA/PVG—XMN、SHA/PVG—CKG、SHA/PVG—KMG、SHA/PVG—URC、SHA/PVG—HAK、SHA/PVG—SZX、SHA/PVG—LXA、SHA/PVG—HKG

3）以广州为中心的辐射航线

主要直飞航线：CAN—PEK、CAN—SHA、CAN—PVG、CAN—CTU、CAN—KWL、CAN—HGH、CAN—KMG、CAN—KHN、CAN—NKG、CAN—NNG、CAN—WNZ、CAN—SHE、CAN—DLC、CAN—CGQ、CAN—WUH、CAN—XMN、CAN—SWA、CAN—HAK、CAN—CKG、CAN—URC

（二）中国主要国际航线

1. 国际航线分布特征

第一，我国国际航线主要以北京、上海、广州等航空港城市为主，以大连、青岛、厦门、深圳等沿海城市和成都、西安、沈阳等旅游城市为辅，向东西方国家辐射。

第二，我国国际航线主要呈东西向，主要连接中东、欧洲、日韩、北美等国家，航线集中分布在中日、中韩、中国—东盟、中美、中欧。

第三，在亚太地区航空运输中，我国国际航线主要连接东南亚、南亚、澳大利亚等国家和地区。

2. 主要国际航线

我国的国际航线主要由东线、西线、南线构成。东线主要包括中日航线、中韩航线、中美航线；西线主要包括中欧航线、中东航线；南线主要包括中国到东南亚和大洋洲的中近程航线。

改革开放后，中国居民的生活水平日益提高，收入和休闲时间增加，出游的意愿也越来越强烈，在巨大的市场需求推动下，中国东线、西线、南线航线数量不断增加，中国赴日韩、欧美等国家和地区的游客已经成为民航客运的主体力量。

第四节 中国主要航空公司

一、中国国际航空股份有限公司（CA）

中国国际航空股份有限公司简称国航，是中国三大国有控股航空企业之一，主运营基地是北京首都国际机场和成都双流国际机场。它的前身中国国际航空公司，成立于 1988 年 7 月 1 日。根据国务院批准通过的《民航体制改革方案》，2002 年 10 月 28 日，中国国际航空公司联合中国航空总公司和中国西南航空公司，成立了中国航空集团公司，并以联合三方的航空运输资源为基础，组建了新的中国国际航空公司。国航航徽如图 7-5 所示。

2004年9月30日，经国务院国有资产监督管理委员会批准，作为中国航空集团公司控股的航空运输主业公司，中国国际航空股份有限公司在北京正式成立，继续保留原中国国际航空公司的名称，并使用原中国国际航空公司的标志。2007年12月，中国国际航空股份有限公司正式加入星空联盟。国航是中国唯一指定载有国旗的民用航空公司。

图 7-5　国航航徽

国航总部设在北京，主要经营的业务是定期、不定期航空客货运输，目前拥有国航湖北、国航重庆、国航内蒙古、国航浙江、国航贵州、国航温州、国航上海、国航西藏、国航西南等分公司。国航控股子公司有国货航、深圳航空、澳门航空、北京航空、大连航空、内蒙古航空、AMECO、中航财务等。此外，国航参股国泰航空、山东航空。

截至2017年6月，国航共有飞机628架，平均机龄6.53年（不含湿租飞机）。国航运营的客运航线条数达到408条（其中国内航线287条，国际航线106条，地区航线15条），通航国家（地区）39个，通航城市184个（其中国内115个，国际66个，地区3个）。借助星空联盟，国航航线网络已覆盖191个国家（地区），与1307个目的地对接。2016年8月，中国国际航空股份有限公司在“2016中国企业500强”中排名第128位。

二、中国东方航空股份有限公司（MU）

中国东方航空股份有限公司简称东方航空、东航，总部位于中国上海，是中国三大国有控股航空企业之一。它的前身是1988年6月25日成立的中国东方航空公司，1994年12月31日东方航空集团公司成立，集团公司设立中国东方航空股份有限公司。2002年10月11日，新的中国东方航空集团公司成立，它以原东方航空集团公司为主体，兼并中国西北航空公司，联合中国云南航空公司重组而成。东航航徽如图7-6所示。

东方航空主要业务范围为国际、国内和地区航空客、货、邮、行李运输及延伸服务，目前有东航山东、东航河北、东航北京、东航安徽、东航江西、东航山西等15个分公司。全资公司有上海航空、中联航、东航技术、上海飞培、上航国旅、东航海外、东航电商，控股公司有东航云南、东航江苏、东航武汉等。

图 7-6　东航航徽

截至2017年6月，东方航空共运营593架飞机（其中客机583架，托管公务机10架），平均机龄5.53年（不含托管公务机）。2017年上半年共引进飞机23架，退出12架。2018年11月30日，东航最新引进的首架空客A350-900宽体客机从法国图卢兹飞抵上海虹桥国际机场。东航机队规模由此踏上了700架的新台阶，其中空客飞机达365架，空客飞机拥有量位居全球第二位、亚洲第一位。国内航线通航中国全部省会城市，国际航线依托天合联盟合用平台，构建起覆盖 177 个国家（地区）的 1074 个目的地的航线网络，通航主要知名城市及旅游目的地。2016 年 8 月，中国东方航空集团有限公司在“2016 中国企业 500 强”中排名第 155 位。

三、中国南方航空集团有限公司（CZ）

中国南方航空集团有限公司简称中国南方航空、南方航空、南航，总部设在广州，它的前身是成立于 1991 年 2 月 1 日的中国南方航空公司。1993 年 1 月，以中国南方航空公司为核心企业正式组建中国南方航空集团。2000 年 7 月，10 家航空公司被整合成中国三大航空集团，即国航、东航、南航。2002 年 10 月 11 日，以南方航空（集团）公司为主体，联合中国北方航空公司和中国新疆航空公司正式成立新的中国南方航空集团公司。2007 年 11 月 15 日，南航加入天合联盟，正式成为联盟成员。南航航徽如图 7-7 所示。

图 7-7　南航航徽

中国南方航空集团有限公司是中国运输飞机最多、航线网络最发达、年客运量最大的航空公司。截至 2021 年 1 月，南航机队总规模已有 800 余架。

南航的主运营基地是广州白云国际机场和北京首都国际机场。2016 年南航客运量为 1.146 亿人次，同比增长 4.75%，居亚洲第一位、世界第三位；累计完成货运量 151.15 万吨，同比增长 5.44%。2016 年 8 月，南航在“2016 中国企业 500 强”中排名第 127 位。2019 年 9 月 1 日，“2019 中国服务业企业 500 强”榜单在济南发布，南航排名第 55 位。

本章小结

本章主要介绍了以下内容：中国民航运输业发展历史及现状；中国地理环境概况，包括中国自然地理环境概况和中国人文地理环境概况；中国主要机场及航线，包括中国主要航空港和中国主要航线；中国主要航空公司等。通过学习本章，读者能够对中国民航的概况有基本的认知和了解。

本章思考题

一、判断题

1．国内航线以大、中城市为辐射中心向外辐射。(　　)

2．2002 年 3 月，中国民航组建两个航空运输集团和三个服务保障集团。(　　)

3．北京、上海、广州为中国三大门户复合枢纽机场所在地。(　　)

二、选择题

1．(　　) 年 3 月，中国民航对原有的航空公司进行重组，组建了三个航空运输集团和三个服务保障集团。

A．2001　　B．2002　　C．2003　　D．2004

2．中国最大、最著名的咸水湖是 (　　)

A．察尔汗湖　　B．洞庭湖　　C．鄱阳湖　　D．青海湖

3．多年来，在全国机场排名中位居第一位的机场是 (　　)

A．北京首都国际机场　　B．上海浦东国际机场

C．上海虹桥国际机场　　D．广州白云国际机场

三、简答题

1．简述中国民航运输业发展的历史及现状。

2．简述中国自然地理环境概况。

3．简述中国三大航空门户复合枢纽机场的概况。

4．中国有哪几家规模较大的航空公司？

第八章

中国航空旅游地理

本章学习目标

- 了解各航空区的区域概况；
- 了解主要空港城市的基本情况；
- 掌握主要空港城市中代表性的旅游景点。

中国幅员辽阔、地域宽广，为航空运输的发展提供了极大的空间。为了更好地利用宝贵的国家资源、规范航空器的飞行行为、更高效地使用飞行空域，中国航空管理部门根据自然环境、经济发展、人文环境等多方面因素，将全国划分为七个航空运输区域，分别是东北区、华北区、华东区、中南区、西南区、西北区和新疆区。本章主要对各个航空运输区域的基本情况、空港城市和旅游资源进行介绍。

第一节　东北区

一、区域概况

东北区包括黑龙江、辽宁、吉林，位于中国东北部，其北部及东部与俄罗斯接壤，东南部与朝鲜相邻。总面积 79 万平方千米，气候类型主要中温带、寒温带季风气候。东北区地形地貌以山地和平原为主，大兴安岭、小兴安岭与长白山构成马蹄形环绕着东北大平原的西、北和东部。东北大平原由北向南包括三江平原、松嫩平原、辽河平原。平原地区土壤肥沃，人口密集，经济发达。东北广大的山区孕育了大面积的原始森林，是我国森林分布最广的地区。莽莽林海，辽阔的草原为野生动物提供了良好的生存环境，东北地区的动物种类繁多，分布着东北虎、丹顶鹤等珍稀动物。

东北区是中国纬度最高的地区，冬季气候寒冷，冰雪资源丰富，适合开展滑冰、滑雪运动。东北区位于亚欧大陆东部边缘强烈地质活动带上，历史上火山活动频繁发生，目前保留有众多火山活动遗迹，如火山口湖、堰塞湖、熔岩台地、火山锥等，拥有丰富的地质地貌旅游资源。

东北区人类活动历史悠久，早在公元前 4000 年，肃慎人创造了新开流文化。公元前 37 年，高句丽人建立高句丽国。唐朝后期，居于辽水以西的契丹族统治了这片地区。明朝后期，努尔哈赤统一女真族各部，建立后金政权，并将都城迁到沈阳。皇太极登基后改国号为清，建立清朝。东北区是清朝的发祥地，保留了清朝前期的宫殿、陵寝等，它们是本区重要的人文旅游资源。

东北区共有 24 个运输机场，主要运输机场包括沈阳桃仙国际机场、大连周水子国际机场、哈尔滨太平国际机场、长春龙嘉国际机场，如表 8-1 所示。其中沈阳桃仙国际机场是中国东北地区重要的航空运输枢纽及全国八大区域航空枢纽机场之一。

表 8-1 东北区主要运输机场

所属省份	运输机场	所属省份	运输机场
辽宁	大连周水子国际机场	黑龙江	齐齐哈尔三家子机场
辽宁	沈阳桃仙国际机场	黑龙江	伊春林都机场
辽宁	朝阳机场	黑龙江	大庆萨尔图机场
辽宁	丹东浪头机场	黑龙江	漠河古莲机场
辽宁	锦州湾机场	黑龙江	黑河瑷珲机场
辽宁	鞍山腾鳌机场	黑龙江	加格达奇机场
辽宁	长海大长山岛机场	黑龙江	抚远东极机场
辽宁	营口兰旗机场	吉林	长春龙嘉国际机场
黑龙江	哈尔滨太平国际机场	吉林	白山长白山机场
黑龙江	鸡西兴凯湖机场	吉林	通化三源浦机场
黑龙江	佳木斯东郊机场	吉林	白城长安机场
黑龙江	牡丹江海浪机场	吉林	延吉朝阳川机场

二、主要空港城市

（一）沈阳

沈阳位于辽宁省中部、东北区南部，是辽宁省省会，原名“盛京”“奉天”，周围与抚顺、本溪、辽阳、鞍山、锦州、黑山、阜新、内蒙古自治区、铁岭相邻。沈阳历史悠久，是家喻户晓的历史文化名城。这里曾经是清朝初期的统治中心，努尔哈赤和皇太极在此建造都城，顺治迁都后，沈阳成为陪都。地形以平原为主，地势由东向西南倾斜，法库县庙台山海拔为 447.2 米，是沈阳海拔最高点；海拔最低点位于辽中地区的于家房镇，海拔为 5.3 米，沈阳市内贯穿一条母亲河——浑河。沈阳总面积为 1.286 万平方千米，根据 2020 年统计数据，常住人口为 907.01 万人。

沈阳的气候类型属于温带半湿润大陆性季风气候，冬冷夏暖，春秋多风，降水集中，四季分明。沈阳春季多风，夏季多雨，降水多集中在 7、8 月，秋季凉爽，冬季寒冷漫长。

沈阳是中华人民共和国成立后的老工业基地之一，工业门类数量多，种类齐全，为中华人民共和国的建设做出了巨大的贡献。沈阳交通便利，拥有东北最大的民用航空港——沈阳桃仙国际机场。

（二）长春

长春位于吉林省中部偏西，是吉林省省会，与吉林省的松原、四平、吉林三市相邻。长春总面积为 2.47 万平方千米，2020 年常住人口为 906.69 万人。长春地势平坦，气候类型属于温带季风气候，四季分明，春季干燥多风，夏季湿热多雨，秋季天高气爽，冬季寒冷漫长，年平均降水量为 522 ~ 615 毫米，降水主要集中在夏季。

长春是中国汽车工业和电影的摇篮，在这里诞生了第一汽车制造厂和中国第一个电影制片厂，书写了中华人民共和国成立后汽车工业和电影业的新篇章。长春拥有长春龙嘉国际机场，其飞行区等级是 4E 级，是中国东北地区四大国际机场之一。长春是东北亚重要的航空枢纽门户。

（三）哈尔滨

哈尔滨位于黑龙江省南部，松花江畔，是黑龙江省省会。哈尔滨总面积为 5.31 万平方千米，2020 年常住人口为 1000.9 万人。在中国所有的省会城市中，哈尔滨的纬度最高，气温最低。哈尔滨的气候类型属于中温带大陆性季风气候，冬季漫长而寒冷，夏季短暂而凉爽。年平均降水量为 569.1 毫米，降水主要集中在 6 ~ 9 月。

哈尔滨拥有哈尔滨太平国际机场，它的前身是哈尔滨阎家岗机场，是中国东北地区最大的航空港之一，其飞行区等级是 4E 级。

（四）大连

大连是东北的门户，位于辽东半岛南端，西濒渤海，东临黄海，与山东半岛隔海相望。大连环境优美，气候适宜，冬无严寒，夏无酷暑，被誉为“浪漫之都”“北方明珠”，并于 2017 年入选“2017 世界特色魅力城市 200 强”，是新一线城市，也是中国东北地区重要的旅游城市。大连总面积为 1.26 万平方千米，2020 年统计全市人口为 745.08 万人。大连的气候类型属于具有海洋性特点的暖温带大陆性季风气候，年平均气温为 10.5℃，年平均降水量为 550 ~ 950 毫米，降水主要集中在夏季。

大连周水子国际机场位于大连市甘井子区，为 4E 级民用运输机场，是中国东北地区四大机场之一、辽宁省南北两翼的重要空港之一，为国家一级民用国际机场、国内主要干线机场和国际定期航班机场。

三、主要旅游景点

（一）沈阳故宫

沈阳故宫又称后金故宫、盛京故宫，是清朝入关前建造和使用的宫殿，是中国目前保存比较完整的两大木构造宫殿建筑群之一，仅次于北京故宫。它始建于 1625 年，建成于 1636 年，占地面积 6 万多平方米，现存古建筑 114 座、500 多间。顺治登基后迁都北京，盛京从此成了陪都，地位仅次于北京，之后清朝皇帝曾多次东巡祭拜，如康熙、乾隆、嘉庆、道光等曾先后十次东巡祭拜祖先。

沈阳故宫根据建造的时期及建筑布局，分为三个部分：一是东路，是努尔哈赤时期营建的，主要建筑有大政殿和十王亭，十王亭呈外八字排开，具有满族特色，如图 8-1 所示；二是中路，是皇太极时期建造的，主要建筑位于中轴线上，依次排列崇政殿、凤凰楼和台上五宫；三是西路，是乾隆东巡祭祖时增建的，始建于乾隆四十六年（1781 年），主要建筑为扮戏房、戏台、嘉荫堂、宫门、文溯阁、仰熙斋、碑亭和九间殿等。1961 年沈阳故宫被列入国家第一批全国重点文物保护单位名单，2004 年 7 月 1 日，在第 28 届世界遗产委员大会上，沈阳故宫作为明清皇宫文化遗产扩展项目被载入《世界文化遗产名录》。

图 8-1　沈阳故宫东路建筑

沈阳故宫在面积上相较北京故宫逊色，但是其满蒙特色令沈阳故宫独树一帜。沈阳故宫殿低宫高，十王亭、口袋房、万字炕等都承载了浓郁的满族文化特色，飞龙阁、翔凤阁和銮驾库等定期的清朝历史文化展览，使游客更深入地了解满族文化和清朝入关前的历史。作为“一朝发祥地，两代帝王都”及沈阳标志性景点，沈阳故宫是海内外游客来沈阳必游的景点之一。

（二）张氏帅府

张氏帅府位于辽宁省沈阳市沈河区，沈阳故宫正南方，是原中华民国时期张作霖及其长子张学良主政东北时的官邸和私宅，又名“大帅府”。它始建于“民国”三年（1914 年），总占地面积为 3.6 万平方米，总建筑面积为 2.76 万平方米。2002 年更名为张氏帅府博物馆暨辽宁近现代史博物馆，由东院、中院、西院及院外建筑四个部分组成，各部分的建筑风格迥异，主要建筑有大青楼、小青楼、西院红楼群、边业银行，以及院外的赵四小姐楼。其中大青楼是张氏帅府的标志性建筑，张作霖和张学良父子主政东北时在此办公。作为当时东北的政治中心，张氏帅府曾经历了两次直奉大战、东北易帜、杨常事件、“九一八”事变等重大历史事件。张氏帅府目前是沈阳市爱国主义教育基地及著名的旅游景点，是游客来沈阳必游的景点之一，如图 8-2 所示。

（三）福陵和昭陵

在清朝的 12 座皇陵中，关外有四座，被称为“关外四陵”，其中沈阳有两座，即福陵和昭陵。作为清朝祖陵，这两座陵寝在清朝时均有重兵把守，并且每年举行大大小小的祭祀活动，清朝的皇帝如康熙、乾隆、嘉庆、道光等先后十次东巡盛京谒拜祖陵。

图 8-2 张氏帅府博物馆

1. 福陵

福陵因位于沈阳城的东南，俗称“清东陵”“清福陵”，是清太祖努尔哈赤及孝慈高皇后叶赫那拉氏的陵寝，与昭陵、永陵称为“盛京三陵”。福陵始建于后金天聪三年（1629 年），顺治八年（1651 年）建成，历经崇德、顺治、康熙、雍正、乾隆五朝大规模的改建和扩建。其布局严谨，规模宏大，总面积约 19.48 万平方米，如图 8-3 所示。

图 8-3 福陵

福陵背倚天柱山，前临浑河，地理环境优越。整个陵寝依山而建，主要建筑建在了山上，连接山上与山下的部分是著名的一百单八磴。其布局大体分为三个部分，分别为大红门外区、神道区、方城和宝城。清东陵保护区占地面积为 54 万平方米，现存古建筑 32 座（组）。2004 年 7 月 1 日，清东陵被列入《世界文化遗产名录》。

2. 昭陵

昭陵是清太宗皇太极及孝端文皇后博尔济吉特氏的陵寝，因位于沈阳城北，俗称“清北陵”“清昭陵”。它始建于崇德八年（1643 年），顺治八年（1651 年）基本完成，清军入关后，历经顺治、康熙、雍正、乾隆多朝数次大规模的改扩建最终完成，占地面积为 16 万平方米，是清初“盛京三陵”中保存最完整的一座。昭陵建筑按照“中轴线”及“前朝后寝”等陵寝规制布局，主要建筑位于中轴线，其他附属建筑分布在它的两侧，如图 8-4 所示。

图 8-4　昭陵

昭陵的布局大体分为三个部分。第一部分从下马碑至正红门，分布着下马碑、石狮、华表等石刻，以及石牌楼；第二部分从正红门至方城，分布着 6 对石像生、神功圣德碑；第三部分是陵寝的主体部分，包括方城、月牙城、宝城。1982 年，清昭陵被列入第二批全国重点文物保护单位名单。2004 年 7 月 1 日，清昭陵被载入《世界文化遗产名录》。

（四）大连星海广场

大连星海广场总占地面积为 176 万平方米，是世界最大的城市公用广场。1997 年 6 月 30 日建成，广场中心是红色大理石，外围装饰着黄色大五角星。四周有会展中心、百年城雕、书形广场，书形广场的尽头是一望无垠的大海，面向海洋，令人心旷神怡，如图 8-5 所示。

图 8-5　大连星海广场

（五）金石滩旅游度假区

金石滩旅游度假区位于大连市金普新区，距离大连市区约 50 千米，全区陆地面积为 62 平方千米，海域面积为 58 平方千米，是国家 5A 级旅游景区。

主要景点有金石世界名人蜡像馆、金石缘公园、万福鼎公园、中华武馆、发现王国主题公园、模特影视艺术中心、金石狩猎俱乐场等，如图 8-6 所示。

图 8-6　金石滩旅游度假区

（六）伪满皇宫博物院

伪满皇宫博物院位于长春市宽城区，其前身是原中华民国时期管理吉林、黑龙江两省盐务的吉黑榷运局官署。日本侵略者策划成立伪满洲国，伪国都新京市所在地即现在的长春市，溥仪出任伪满洲国执政，之后在此称帝，在这里建造宫殿。宫殿占地面积为 13.7 万平方米，分为内廷和外廷两个部分，内廷主要有缉熙楼、东御花园、西御花园、同德殿、书画楼等，是溥仪及其眷属的生活区；外廷主要有勤民楼、怀远楼、嘉乐殿、宫内府等，是溥仪的政务活动区，如图 8-7 所示。

图 8-7　伪满皇宫博物院

（七）净月潭国家森林公园

净月潭国家森林公园位于吉林省长春市东南部，包括伪满洲国傀儡皇帝宫殿、伪国务院及其下属“八大部”等历史建筑，以及山清水秀的净月潭，面积为151平方千米。1988年8月1日，净月潭国家森林公园被国务院批准为国家重点风景名胜区，如图8-8所示。

图8-8 净月潭国家森林公园

（八）太阳岛景区

太阳岛景区位于哈尔滨市松北区，松花江北岸，总面积约88平方千米。2007年被评为国家5A级旅游景区。岛上有太阳石广场、栖凤台、水阁云天、听雨廊、太阳瀑、松鼠岛、鹿苑、冰雪艺术馆、花卉园等。每年一次的哈尔滨太阳岛国际雪雕艺术博览会在这里举办，如图8-9所示。

图8-9 冬季的太阳岛景区

（九）哈尔滨中央欧陆风情旅游区（中央大街）

哈尔滨中央大街始建于1900年，最开始被称为“中国大街”，是当时市区最早形成的街道之一，全长1450米，宽21.34米。中央大街显著的特点是分布着丰富的历史建筑和方石。中央大街两侧的建筑具有浓郁的异国风情，汇集了文艺复兴、巴洛克、折中主义、拜占庭、新艺术运动等多种艺术风格的建筑 71 栋（其中包括欧式建筑 25 栋，重点保护建筑 13 栋），包括万国储蓄会、哈尔滨一等邮局、马迭尔宾馆、松浦洋行、协和银行、万国洋行等。整条大街脚下的砖石与众不同，是 1924 年使用花岗岩方石铺就而成的，有近 100 年的历史。中央大街的尽头是防洪纪念塔和松花江堤。1997 年步行街改造，中央大街成为全国第一条商业步行街，是 4A 级旅游景区，如图 8-10 所示。

图 8-10　哈尔滨中央大街

（十）长白山天池

长白山天池位于吉林省东南部，中国和朝鲜的交界处，是两国的界湖。长白山是一座休眠火山，自 16 世纪以来先后喷发三次，火山喷发后，在火山口处常年积水形成了火山口湖，即长白山天池。长白山天池的形状呈椭圆形，是中国最高的火山口湖，湖面海拔 2189 米。长白山天池的四周环绕着 16 座海拔 2500 米以上的姿态各异、雄伟陡峭的山峰，其中 7 座归属朝鲜，9 座归属中国。16 座挺拔的山峰中的最高峰将军峰位于朝鲜，海拔 2750 米，其次为白云峰，位于中国，海拔 2691 米。长白山天池在群山的怀抱中仅在北侧从一小缺口处流出，流入乘槎河。在河床的陡坎处河水突然一跃而下，形成了 68 米高的长白瀑布，如图 8-11 所示。长白瀑布分成两股飞奔而下，似一条白玉带，垂于崖壁，它声如雷鸣，如万马奔腾，水雾腾空而起，坠入深潭后水流顺山势而下，流入二道白河，这里是松花江的南源。长白山天池可以从北坡、西坡、南坡三个角度欣赏，其中北坡是长白山天池最经典的路线，登临白云峰极目远眺，长白山天池如一块美玉，镶嵌在群山之中。

（十一）五大连池风景区

五大连池风景区位于黑龙江省黑河市五大连池市，由于火山喷发形成了独特的风景区，这里被誉为“火山博物馆”。在历史上，这里经历了数次火山喷发，距今最近的喷发发生在 1719～1720 年，形成了老黑山和火烧山。火山喷发后，熔岩阻塞白河河道，形成了五个串珠状的堰塞湖，五大连池因而得名。五大连池是世界三大冷泉之一，有天然冷矿泉 100 多处，水温一般为

2℃～5℃。五大连池又被称为打开的火山教科书，在这里可以欣赏到各种类型的熔岩地貌，如火山锥、熔岩台地、熔岩隧道、熔岩堰塞湖等，如图 8-12 所示。

图 8-11　长白瀑布

图 8-12　五大连池风景区

第二节　华北区

一、区域概况

华北区包括北京、天津、山西、内蒙古、河北，与东北区、中南区、西北区相邻，总面积 156.4 万平方千米。地形地貌以平原和高原为主，北京、天津、河北位于华北平原北部，依山背海，平原辽阔；山西、内蒙古以高原为主。气候类型属于温带、暖温带大陆性季风气候。

华北区是我国机场数量较多、运输量较大的区域，共有 35 个运输机场，其中北京首都国际机场是中国最大的门户复合枢纽机场，多年来一直稳居全国机场运输量排名第一位。除了北京首都国际机场，华北区主要运输机场还包括天津滨海国际机场、太原武宿国际机场、呼和浩特白塔国际机场、鄂尔多斯伊金霍洛国际机场，华北区主要运输机场详见表 8-2。

表 8-2　华北区主要运输机场

所属省份	运输机场	所属省份	运输机场
北京	北京首都国际机场	内蒙古	包头二里半机场
北京	北京南苑机场	内蒙古	呼伦贝尔海拉尔机场
天津	天津滨海国际机场	内蒙古	赤峰玉龙机场
河北	石家庄正定国际机场	内蒙古	鄂尔多斯伊金霍洛国际机场
河北	秦皇岛北戴河国际机场	内蒙古	二连浩特赛乌素机场
河北	唐山三女河机场	内蒙古	阿尔山伊尔施机场
河北	邯郸机场	内蒙古	乌海机场
河北	张家口宁远机场	内蒙古	锡林浩特机场
河北	承德普宁机场	内蒙古	巴彦淖尔天吉泰机场
山西	太原武宿国际机场	内蒙古	满洲里西郊机场
山西	运城张孝机场	内蒙古	阿拉善左旗巴彦浩特机场
山西	长治王村机场	内蒙古	阿拉善右旗巴丹吉林机场
山西	吕梁大武机场	内蒙古	额济纳旗桃来机场
山西	大同云冈机场	内蒙古	乌兰浩特义勒利特机场
山西	忻州五台山机场	内蒙古	扎兰屯成吉思汗机场
山西	临汾乔李机场	内蒙古	乌兰察布集宁机场
内蒙古	呼和浩特白塔国际机场	内蒙古	霍林河机场
内蒙古	通辽机场		

二、主要空港城市

（一）北京

北京是中国的直辖市，位于华北平原北端，背靠燕山，与河北省和天津市相邻，总面积为 1.64 万平方千米，是全国的政治、经济、文化中心，如图 8-13 所示。北京地形以山地为主，北部、东北和西部群山环绕，地势由西北向东南缓缓倾斜，因而河流多呈西北—东南流向，主要河流为永定河、潮白河、拒马河等。北京的气候类型属于北温带半湿润大陆性季风气候，夏季高温多雨，冬季寒冷干燥，春秋两季短促。降水季节分配不均，主要集中在夏季。2020 年北京常住人口为 2189.31 万人。

北京是中国著名的古都和历史文化名城，金、元、明、清先后在此建立都城，有 800 多年的建都史；北京保留着金碧辉煌的宫殿建筑、规模宏大的园林建筑，以及气势磅礴的万里长城等，它们成就了北京丰富的人文旅游资源优势，对游客具有独特的吸引力。北京于 2017 年入选“2017 世界特色魅力城市 200 强”。

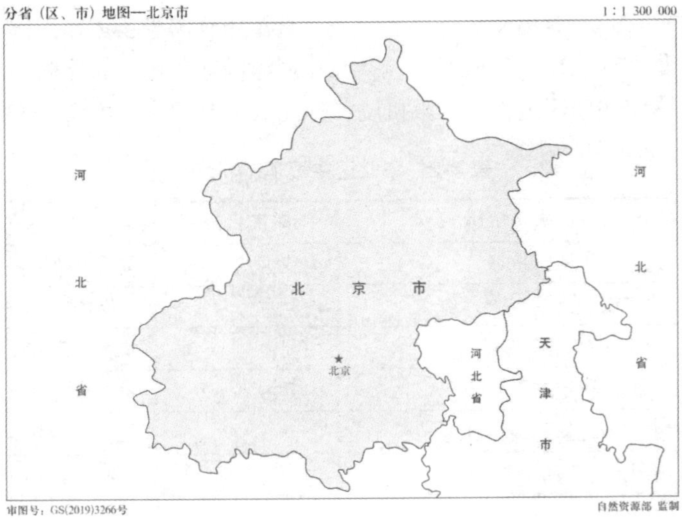

图 8-13　北京市地图

（二）天津

天津市是中国四大直辖市之一，简称“津”，别称“津沽”“津门”，总面积 1.1966 万平方千米，位于华北平原东北部，东临渤海，与辽东半岛和山东半岛隔海相望。四周与河北省、北京市相邻，如图 8-14 所示。

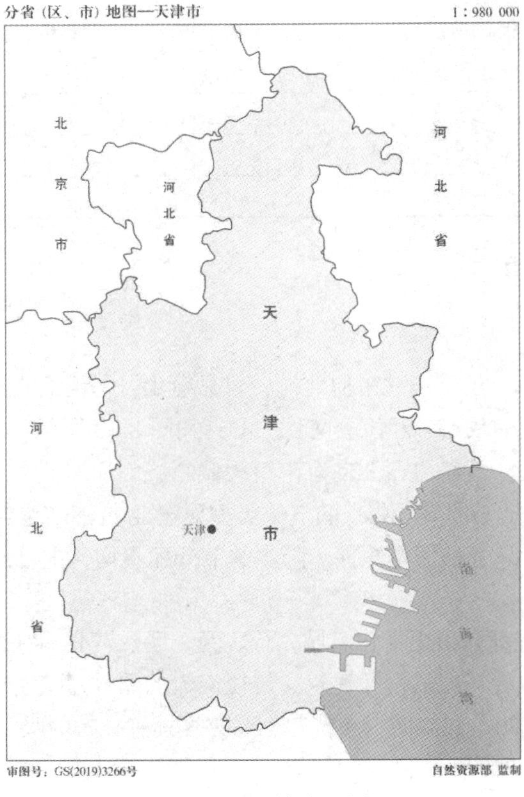

图 8-14　天津市地图

天津地名取自明朝天子渡河之地，天子指的是明朝永乐帝朱棣，当年朱棣发动了“靖难之役”，率领军队从这里渡过大运河，夺取了皇位。明朝永乐二年（1404 年）朱棣以“天子渡河之地”赐名天津，并设卫所，天津卫由此得名。天津以平原为主，地势北高南低，南运河、子牙河、大清河、永定河、北运河五大河在天津交汇，经海河干流东流入渤海。天津历史上是京杭大运河的一段，是漕运北上到达北京的必经之路，区位条件好，不仅紧临首都北京，而且是北方重要的沿海港口城市。

天津的气候类型属于北温带半干旱半湿润季风气候，四季分明。冬季寒冷干燥，夏季高温高湿，春季干旱多风，秋季秋高气爽。降水主要集中在夏秋季，占全年降水量的 85%。据 2020 年年底统计，天津常住人口为 1386.6 万人。

三、主要旅游景点

（一）北京故宫

北京故宫又名紫禁城，是明清两朝的皇宫，如图 8-15 所示。明朝永乐帝朱棣发动“靖难之役”后，下诏将都城从南京迁至北京，并于永乐四年（1406 年）开始营建宫殿，永乐十八年（1420 年）建成。北京故宫占地面积 72 万平方米，南北长 961 米，东西宽 753 米，四周有高耸的红墙，墙外环绕一条护城河，俗称筒子河。北京故宫的布局基本遵循了《周礼・考工记》中的前朝后寝、左祖右社的礼制，布局及建筑体现了皇权的至高无上和森严的等级制度。北京城有一条重要的中轴线，北京故宫的主要建筑均分布在这条线上，从午门向北，依次为太和殿、中和殿、保和殿、乾清宫、交泰殿、坤宁宫。以乾清门为界线，故宫大体分为前朝和后寝两个部分。前朝以太和殿、中和殿、保和殿为中心，是皇帝举行重大活动的场所；后寝以乾清宫、交泰殿、坤宁宫为中心，是皇帝日常处理政务和帝后休息、娱乐的场所。

图 8-15 北京故宫

北京故宫历经了明清 24 位皇帝，其中明朝 14 位，清朝 10 位。1911 年，辛亥革命推翻了中国最后的封建王朝——清朝，1924 年清废帝爱新觉罗・溥仪退出紫禁城。1925 年，北京故宫博物院成立。这座金碧辉煌、气宇轩昂的宫殿建筑历经了 500 多年历史沧桑变化，于 1961 年被列入第一批全国重点文物保护单位名单。1987 年 12 月，在世界遗产委员会第 11 届会议上，北京故宫入选《世界遗产名录》，成为中国首批世界文化遗产。2007 年 5 月 22 日，北京故宫被原国家旅游局确定为第一批国家 5A 级旅游景区。

（二）颐和园

颐和园位于北京市西北郊，始建于清乾隆十五年（1750 年），当时被称为清漪园。1860 年，清漪园被英法联军抢掠并烧毁，后来清政府挪用海军军费等款项重建，1888 年改名为颐和园，意为“颐养天年”。1900 年，八国联军入侵并再次严重破坏了这座美丽的园林。

颐和园由昆明湖和万寿山组成，总面积 290 公顷（约 2.9 平方千米），水面面积约占 3/4，如图 8-16 所示。依据汉代营建皇家园林的模式，这里建造了“一池三山”。“一池三山”原指太液池、蓬莱、方丈、瀛洲，与它们相对应，颐和园的昆明湖对应太液池，藻鉴堂对应蓬莱，凤凰墩对应瀛洲，治镜阁对应方丈。根据皇家园林建园的用途和特点，颐和园分为四部分：政治活动区、帝后生活区、风景游览区、祝寿庆典区。颐和园是世界上造景丰富、建筑集中、保存最完整的皇家园林，在 1998 年被联合国教科文组织世界遗产委员会列入《世界遗产名录》。

图 8-16　颐和园

（三）天坛

天坛位于北京市东城区，是规模最大的皇家祭坛，始建于明成祖永乐十八年（1420 年），为明清两朝皇帝祭祀的地方，总面积为 273 公顷（约 2.73 平方千米）。主要建筑有祈年殿、圜丘坛、皇穹宇等，圜丘坛是明清皇帝举行祭天大典的场所，皇穹宇是用来存放祭祀神牌的地方，祈年殿是明清皇帝祈谷的地方，与宫殿建筑常用黄色琉璃瓦不同的是，这里的琉璃瓦的颜色是蓝色的，象征天。

1961 年，国务院公布天坛为全国重点文物保护单位。1998 年，天坛被联合国教科文组织确认为世界文化遗产。2007 年 5 月 8 日，经原国家旅游局批准，天坛公园正式成为国家 5A 级旅游景区，天坛如图 8-17 所示。

图 8-17　天坛

（四）圆明园遗址公园

圆明园位于北京西北郊，与颐和园相邻。它始建于清康熙四十六年（1707 年），最初是康熙赐给皇四子胤禛（雍正）的园林，后经雍正、乾隆、嘉庆、道光改扩建，占地面积扩至 350 公顷（约 3.5 平方千米）。圆明园是除紫禁城外的另一个统治中心，这里有精美的建筑、价值连城的宝藏，被誉为“万园之园”。圆明园本园内有仿建的西湖十景；在其中的欧式园林建筑里，大水法是最壮观的喷泉，也是圆明园的标志性景点；海晏堂前排成八字形的十二生肖兽首，巧妙地融合了东西方文化，在相应的时辰喷水报时，被称为“水力钟”，如图 8-18 所示。1860 年英法联军侵华，抢掠并烧毁了这座曾经辉煌一时的园林，当时仍残留了一些建筑。1900 年八国联军侵华时，圆明园再次遭到严重的破坏，最后变成了一片废墟。圆明园被洗劫和焚毁后，西洋楼处仅剩下残垣断壁。圆明园遗址公园被评为爱国主义教育基地，供后人铭记。截至 2020 年 12 月，牛首、猴首、虎首、猪首、鼠首、兔首、马首在内的七尊圆明园流失兽首铜像通过不同的方式回归祖国，剩余五尊仍下落不明。

图 8-18　圆明园十二生肖“水力钟”复原图

（五）长城

长城是中国古代的军事防御工程，是一道高大、坚固而连绵不断的长垣，用以限隔敌骑的行动，它像一条巨龙蜿蜒于崇山峻岭之中。在古代它是具有防御与进攻功能的军事工程，具有重要的军事价值，现在它已成为久负盛名的旅游胜地。八达岭长城是万里长城的代表之作，如图 8-19 所示。

图 8-19　八达岭长城

（六）五台山

五台山位于山西省五台县东北部，为北岳恒山山脉的一部分，是国家重点风景名胜区、国家地质公园、中国自然与文化双重遗产、中华十大名山之一。它由东西南北中五座挺拔秀丽的山峰环绕而成，因峰顶平坦如台，因而得名。五座山峰高耸入云，海拔超过 3000 米，其中北台的峰顶海拔 3058 米，是华北地区最高的山峰。2009 年，五台山作为文化景观被列入《世界遗产名录》，如图 8-20 所示。

图 8-20　五台山风景区

（七）平遥古城

平遥古城位于山西省中部的平遥县，始建于西周宣王时期，被称为中国“保存最为完好的四大古城”之一，也是中国仅有的以整座古城申报世界文化遗产且获得成功的两座古城市之一。1997 年 12 月 3 日，联合国教科文组织决定将平遥古城整体列入《世界遗产名录》。它是研究中国政治、经济、文化、艺术等的实物标本。现存的平遥古城略呈方形，周长 6000 多米，如今古城保留着明清时期 500 多年县城的基本风貌。平遥古城是中国明清时期城市的杰出范例。在中国历史的发展中，平遥古城为人们展示了一幅非同寻常的文化、社会、经济发展的完整画卷，如图 8-21 所示。

图 8-21　平遥古城

第三节　华东区

一、区域概况

华东区包括上海、浙江、山东、江苏、江西、福建、安徽，其中上海、浙江、江苏、江西、安徽四省一市位于长江中下游平原，水资源丰富。主要河流有长江、黄河、钱塘江、淮河，还有我国五大淡水湖中的鄱阳湖、太湖、巢湖、洪泽湖。山东位于黄河下游，西部与内陆连接，东、南、北部临海，海滨资源丰富。福建依山傍海，以山地、丘陵为主。华东区自然条件优越、土壤肥沃、河网密布、湖泊众多，气候类型包括亚热带湿润性季风气候、暖温带半湿润季风气候及亚热带海洋性季风气候，华东区是我国重要的产粮区。

华东区是我国机场数量较多、航空运输量较大的地区，共有 44 个运输机场，如表 8-3 所示。主要运输机场有上海浦东国际机场、上海虹桥国际机场、杭州萧山国际机场、宁波栎社国际机场、厦门高崎国际机场，其中上海浦东国际机场是中国三大门户复合枢纽机场之一。

表 8-3 华东区主要运输机场

所属省份	运输机场	所属省份	运输机场
上海	上海浦东国际机场	江苏	淮安涟水国际机场
上海	上海虹桥国际机场	江苏	扬州泰州国际机场
浙江	杭州萧山国际机场	山东	烟台蓬莱国际机场
浙江	宁波栎社国际机场	山东	威海大水泊国际机场
浙江	温州龙湾国际机场	山东	潍坊南苑机场
浙江	台州路桥机场	山东	青岛流亭国际机场
浙江	舟山普陀山机场	山东	济南遥墙国际机场
浙江	义乌机场	山东	临沂沭埠岭机场
浙江	衢州机场	山东	东营胜利机场
福建	厦门高崎国际机场	山东	济宁曲阜机场
福建	福州长乐国际机场	山东	日照山字河国际机场
福建	武夷山机场	安徽	合肥新桥国际机场
福建	泉州晋江国际机场	安徽	黄山屯溪国际机场
福建	连城冠豸山机场	安徽	安庆天柱山机场
福建	三明沙县机场	安徽	阜阳西关机场
江苏	南京禄口国际机场	安徽	池州九华山机场
江苏	常州奔牛国际机场	江西	南昌昌北国际机场
江苏	南通兴东国际机场	江西	赣州黄金机场
江苏	连云港白塔埠机场	江西	景德镇罗家机场
江苏	徐州观音国际机场	江西	吉安井冈山机场
江苏	盐城南洋国际机场	江西	宜春明月山机场
江苏	苏南硕放国际机场	江西	上饶三清山机场

二、主要空港城市

（一）上海

上海简称沪，上海市是直辖市、国家中心城市、超大城市、沪杭甬大湾区核心城市，也是国际经济、金融、贸易、航运、科技创新中心，是我国首批沿海开放城市。上海位于我国东部海岸，西北方向与江苏、浙江两省接壤，东临东海，南临杭州湾，地理位置优越，如图 8-22 所示。历史上上海以港兴商、以商兴市，改革开放后，上海经济快速崛起，拥有优良的海港——上海港，成为世界著名的港口城市和国际性大都市，是全球著名的金融中心，也是全球人口规模和面积最大的都市区之一。根据 2019 年数据，上海总面积为 6340.5 平方千米。

上海的气候类型属于亚热带湿润性季风气候，四季分明、日照充分、雨量充沛。截至 2020 年年底，上海常住人口为 2487.09 万人。2017 年，上海入选“2017 世界特色魅力城市 200 强”。

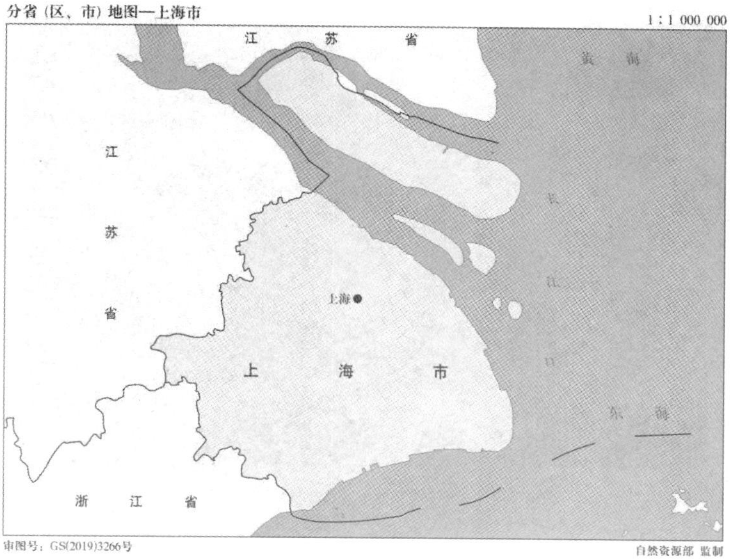

图 8-22　上海市地图

（二）杭州

杭州简称杭，位于浙江省北部钱塘江下游和京杭大运河南端，是浙江省省会，是浙江省的政治、经济、文化、教育、交通和金融中心，是长江三角洲城市群中心城市之一、环杭州湾大湾区核心城市、长三角宁杭生态经济带节点城市、中国重要的电子商务中心之一。

杭州东临杭州湾，与绍兴、衢州、湖州、嘉兴、黄山、宣城相邻，总面积约 1.69 万平方千米，截至 2020 年年底，杭州常住人口为 1193.60 万人。杭州的气候类型属于亚热带季风性湿润气候，四季分明、温暖湿润。杭州人文古迹众多，西湖及其周边有大量的自然及人文景观，其中具有代表性的有西湖文化、良渚文化、丝绸文化、茶文化，以及流传下来的许多故事与传说。杭州于 2017 年入选“2017 世界特色魅力城市 200 强”。

（三）厦门

厦门简称鹭，是福建省副省级城市、经济特区，我国东南沿海重要的中心城市、港口及风景旅游城市。厦门位于福建省东南端，西邻漳州，北邻南安和晋江，东南与大小金门岛和大担岛隔海相望，通行闽南方言，是闽南地区的主要城市，总面积为 1700.61 平方千米。厦门的气候类型属于亚热带海洋性季风气候，温和多雨，年平均气温为 21℃左右，冬无严寒、夏无酷暑。2020 年全市常住人口为 516.40 万人。厦门于 2017 年入选“2017 世界特色魅力城市 200 强”。

三、主要旅游景点

（一）豫园

豫园位于上海市老城厢的东北角，与城隍庙相邻，是著名的江南古典园林，如图 8-23 所示。豫园始建于明嘉靖三十八年（1559 年），是一座私人园林，经过二十余年的苦心经营最终完工，规模宏伟、清幽秀丽。“豫”有“平安”“安泰”之意，取名“豫园”，寓意“豫悦老亲”。豫园在 1961 年开始对公众开放，1982 年被国务院列为全国重点文物保护单位。

图 8-23　豫园

（二）黄山

黄山位于安徽省黄山市，是世界文化与自然双重遗产、世界地质公园、国家 5A 级旅游景区、国家级风景名胜区、全国文明风景旅游区示范点、中华十大名山之一。黄山原名黟山，传说黄帝曾在这里采药炼丹、得道成仙，故改名黄山。黄山代表景观有“四绝三瀑”，“四绝”是奇松、怪石、云海、温泉，“三瀑”是人字瀑、百丈泉、九龙瀑。黄山是典型的花岗岩地貌，花岗岩地貌主峰突出、雄伟险峻，岩体垂直节理发育充分，易形成象形石峰，因而黄山多怪石，如梦笔生花、松鼠跳天都、仙人指路等。黄山无山不石、无石不松、无松不奇，黄山松破石而出，生命力极其顽强，山上古松形态多姿，树龄多逾百年，最著名的古松是位于海拔 1600 多米的玉屏楼的迎客松，树龄达到 1000 年，树高近 10 米，如图 8-24 所示。黄山景色秀丽，有着“五岳归来不看山，黄山归来不看岳”的美誉，是安徽旅游的标志，也是中国十大风景名胜中唯一的山岳风光。

图 8-24　黄山迎客松

（三）武夷山

武夷山位于福建省北部，福建省与江西省的交界处，2006 年被原国家旅游局批准为第一批 5A 级旅游景区，如图 8-25 所示。2017 年 7 月 9 日，武夷山成功列入世界文化与自然双重遗产。

图 8-25　武夷山风光

“武夷”山是典型的丹霞地貌，是主要由红色砂砾岩组成的低山丘陵。有“三三”“六六”之胜，“三三”是指碧水九曲溪，“六六”是指形态各异的三十六峰。九曲溪发源于武夷山脉主峰——黄岗山，全长 9.5 千米，一曲至九曲曲转幽长，山环水绕，沿途三十六峰、九十九岩林立，有大王峰、玉女峰、天游峰、晒布岩、三仰峰、双乳峰、上下水龟、象鼻岩等。乘竹筏由九曲到一曲顺流而下，两岸奇峰林立，千姿百态，令人心旷神怡。武夷山文化遗存丰富，有“架壑船棺”、“虹桥板”、武夷精舍和汉城遗址。

（四）曲阜

曲阜古为鲁国国都，也是孔子故里，地处山东省西南部，北距省会济南 135 千米。曲阜历史上人才辈出，被称为“圣人之乡”。1994 年 12 月，山东曲阜孔庙、孔府、孔林被联合国教科文组织列入《世界遗产名录》。孔庙始建于公元前 478 年，此后经历代帝王不断扩建，建筑雄伟宏大，气宇轩昂，其规模形制与帝王的宫殿建筑大体相当；孔府又称为“衍圣公府”，是孔子的后人们居住的地方，孔府东邻孔庙，规模宏大，仅次于明清皇宫；孔林位于曲阜城北 1.5 千米处，是孔子及其后裔的家族墓地。2017 年 10 月，曲阜被住房和城乡建设部命名为国家园林城市，同时进入“中国特色魅力城市 200 强”、“世界特色魅力城市 200 强”和“2017 中国年度文化影响力城市”之列。曲阜三孔建筑群如图 8-26 所示。

（五）庐山

庐山位于江西省九江市，又称匡山、匡庐。庐山有 90 多座山峰，主峰汉阳峰海拔 1473.8 米。庐山以“雄、奇、险、秀”为主要特征，有“匡庐奇秀甲天下”的美誉。庐山的地貌景观较为特殊，是一种多成因复合地貌景观，依次由断块山构造地貌景观、冰蚀地貌景观、流水地貌景观叠加而成，如图 8-27 所示。2004 年，庐山成为我国首批世界地质公园之一。历代文人墨客登临庐山，并对其吟咏歌颂，李白、白居易、苏轼等大诗人都曾留下不朽的诗歌。庐山人文旅游资源十分丰富，1996 年 12 月 6 日，庐山作为文化景观被列入《世界遗产名录》。

图 8-26　曲阜三孔建筑群

图 8-27　庐山风光

（六）雁荡山

雁荡山以山水奇秀闻名，素有“海上名山、寰中绝胜”之誉，又称中国“东南第一山”，位于浙江省温州市。雁荡山地域范围广，按地理位置不同，分为北雁荡山、中雁荡山、南雁荡山、西雁荡山、东雁荡山，通常意义上的雁荡山是指北雁荡山。因山顶有一湖，芦苇丛生、结草为荡，南归的秋雁多栖宿于此，故得此名。雁荡山所在的地区在中生代发生过多次火山活动，火山喷发、塌陷、复活隆起后形成了秀美壮丽的雁荡山，它具有流纹构造，是典型的流纹岩地貌。雁荡山以灵峰、灵岩、大龙湫为“雁荡三绝”，其中灵峰夜景是三绝之首，大龙湫瀑布势高绝天，在多水的季节气势尤为壮观。雁荡山风光如图 8-28 所示。

图 8-28　雁荡山风光

（七）千岛湖

千岛湖位于浙江省淳安县境内，又名新安江水库，是建设新安江水电站拦坝蓄水形成的一处人工湖泊。因湖内分布大小岛屿 1078 个，故名千岛湖，如图 8-29 所示。千岛湖水质在中国大江大湖中排名首位，湖水为国家一级水体，不经任何处理便达到饮用水标准，被誉为“天下第一秀水”。千岛湖是目前国内最大的国家级森林公园，主要岛屿有梅峰观岛、猴岛、孔雀岛、五龙岛、神龙岛等。2001 年，千岛湖风景区被评为首批国家 5A 级旅游景区。

图 8-29　千岛湖

（八）杭州西湖

杭州西湖位于杭州，又名西子湖，是中国首批国家级重点风景名胜区和中国十大风景名胜之一，是中国主要的观赏性淡水湖泊之一，也是现今《世界遗产名录》中少数几个和中国唯一一个湖泊类文化遗产，如图 8-30 所示。西湖三面环山，面积约 6.39 平方千米，湖中被孤山、白堤、苏堤、杨公堤分隔，按面积大小分为外西湖、西里湖、北里湖、小南湖及岳湖五片水面，苏堤、白堤越过湖面，小瀛洲、湖心亭、阮公墩三个小岛鼎立于外西湖湖心，夕照山的雷峰塔与宝石山的保俶塔隔湖相映，由此形成了“一山、二塔、三岛、三堤、五湖”的基本格局。

西湖自然风光秀美，自古以来有许多文人使用诗词赞美它，苏轼的“欲把西湖比西子，淡妆浓抹总相宜”广为流传。

图 8-30　杭州西湖

西湖不仅美在湖光山色，更美在其浓郁的人文历史。西湖周边分布了许多文物古迹，包括国家、省、市级重点文物保护单位和博物馆（纪念馆）。2011 年 6 月 24 日，“杭州西湖文化景观”被列入《世界文化遗产名录》。

（九）中山陵景区

中山陵景区位于南京市东部的紫金山南麓，包括中山陵及其周围的美龄宫、音乐台等景点。中山陵是伟大的民主革命先行者孙中山先生的陵寝，1925 年孙中山先生逝世后，遵照其遗嘱，在南京钟山修建陵寝。陵墓平面呈警钟形，寓意“警钟长鸣，唤起民众”之意。它坐北朝南，依山而建，整体雄伟大气、蔚为壮观。中山陵主要建筑包括牌坊、墓道、陵门、碑亭、祭堂和墓室等，建筑色调和谐统一，既有深刻的含意，又有宏伟的气势，且均为建筑名家杰作，有着极高的艺术价值，被誉为“中国近代建筑史上第一陵”，如图 8-31 所示。

图 8-31　中山陵景区

中山陵于 1961 年成为首批全国重点文物保护单位，2006 年成为首批国家重点风景名胜区和国家 5A 级旅游景区，2016 年入选“首批中国 20 世纪建筑遗产”名录。

（十）苏州古典园林

苏州古典园林简称苏州园林，是世界文化遗产之一、国家 5A 级旅游景区、中国十大风景名胜之一，素有“园林之城”美称，享有“江南园林甲天下，苏州园林甲江南”之美誉，是中华园林文化的翘楚，是中国园林的杰出代表，如图 8-32 所示。苏州园林始于春秋时期吴国建都姑苏时，形成于五代十国，成熟于宋朝，兴旺鼎盛于明清。清末时苏州已有各色园林 170 多处，现保存完整的有 60 多处，对外开放的有 19 处，主要有沧浪亭、狮子林、拙政园、留园、网师园、怡园等园林。苏州的造园家运用独特的造园手法，在有限的空间里，通过叠山理水、栽植花木，配置园林建筑，并使用大量的匾额、楹联、书画、雕刻、碑石、家具陈设和各式摆件等来反映古代哲理、文化意识和审美情趣，从而形成充满诗情画意的文人写意山水园林。苏州园林在世界造园史上有着独特的历史地位和价值，体现了写意山水的高超艺术手法，蕴含着浓厚的中国传统思想和文化内涵，是东方文明的造园艺术典范。

图 8-32　苏州园林

第四节　中南区

一、区域概况

中南区包括湖南、湖北、河南、广西、广东、海南，其中湖南、湖北位于长江中游，河南位于黄河中下游，广东、广西、海南位于我国南部。中南区地形地貌以低山丘陵为主，气候类型属于暖温带大陆性气候和亚热带季风气候。区内江河纵横，主要河流有长江、黄河、漓江、珠江、闽江、韩江。洞庭湖以北的湖北省地理位置优越，交通四通八达，以南的湖南省江河湖泊众多，境内三面环山。广东、广西、海南一带雨量充沛，植被繁茂。

中南区是我国机场数量较多、航空运输量较大的地区，共有 35 个运输机场，主要运输机场有广州白云国际机场、深圳宝安国际机场、武汉天河国际机场、长沙黄花国际机场，其中广州白云国际机场是中国三大门户复合枢纽机场之一，如表 8-4 所示。

表 8-4　中南区主要运输机场

所属省份	运输机场	所属省份	运输机场
广东	广州白云国际机场	湖南	张家界荷花国际机场
广东	深圳宝安国际机场	湖南	衡阳南岳机场
广东	珠海金湾机场	河南	郑州新郑国际机场
广东	揭阳潮汕国际机场	河南	南阳姜营机场
广东	佛山沙堤机场	河南	洛阳北郊机场
广东	湛江吴川机场	海南	三亚凤凰国际机场
广东	梅县长岗岌机场	海南	海口美兰国际机场
广东	惠州平潭机场	海南	琼海博鳌国际机场
湖北	武汉天河国际机场	海南	三沙永兴机场
湖北	宜昌三峡机场	海南	邵阳武冈机场
湖北	襄阳刘集机场	广西	南宁吴圩国际机场
湖北	神农架红坪机场	广西	桂林两江国际机场
湖北	十堰武当山机场	广西	北海福成机场
湖北	恩施许家坪机场	广西	柳州白莲机场
湖南	长沙黄花国际机场	广西	百色巴马机场
湖南	怀化芷江机场	广西	河池金城江机场
湖南	永州零陵机场	广西	梧州长洲岛机场
湖南	常德桃花源机场		

二、主要空港城市

（一）广州

广州是广东省省会，又称羊城、穗城，地处广东省中南部，珠江三角洲北缘，濒临南海，邻近香港、澳门，是中国通往世界的南大门，是粤港澳大湾区、泛珠江三角洲经济区的核心城市及一带一路的枢纽城市。广州是中国历史文化名城，从秦朝开始，一直是郡治、州治、府治的行政中心，一直是华南地区的政治、军事、经济、文化和科教中心，是岭南文化的发源地和兴盛地之一。广州的气候类型属于海洋性亚热带季风气候，温暖多雨、光热充足、植被四季常绿。广州总面积为 7434.40 平方千米，2020 年数据统计常住人口是 1867.66 万人。广州于 2017 年入选“2017 世界特色魅力城市 200 强”。

（二）武汉

武汉简称汉，别称江城，是湖北省省会、中国中部地区的中心城市、长江经济带核心城市，也是全国重要的工业基地、科教基地和综合交通枢纽。武汉地处江汉平原东部、长江中游，市内江河纵横、湖港交织，水域面积占全市总面积的四分之一，构成了武汉滨江滨湖的水域生态环境。武汉有“九省通衢”之称，是中国内陆最大的水陆空交通枢纽、长江中游航运中心，其高铁网辐射大半个中国，拥有 53 条境外直达航线，是中国华中地区唯一可直航全球四大洲的城市。武汉的气候类型属于亚热带季风性湿润气候，四季分明，夏季高温闷热，是中国三大火炉之一，冬季湿润凉爽，总面积为 8569.15 平方千米，根据 2020 年年末统计数据，武汉人口为 1232.65 万人。

（三）长沙

长沙是湖南省省会，地处湖南省东部偏北、湘江下游和湘浏盆地西缘，是长江中游地区重要的中心城市，也是湖南省的政治、经济、文化、科教和商贸中心。长沙是首批中国历史文化名城，历经三千年城名、城址不变，有“屈贾之乡”“楚汉名城”“潇湘洙泗”之称。长沙的气候类型属于亚热带季风气候，气候温和、降水充沛、雨热同期、四季分明，总面积约为 1.18 万平方千米，2020 年年末统计常住人口为 1004.79 万人。

三、主要旅游景点

（一）黄鹤楼

黄鹤楼位于湖北省武汉市长江南岸的武昌蛇山之巅，濒临万里长江，是国家 5A 级旅游景区，享有“天下江山第一楼”和“天下绝景”之称。黄鹤楼是武汉标志性建筑，与晴川阁、古琴台并称“武汉三大名胜”。黄鹤楼最早建于三国时期，后来屡毁屡建，现存的黄鹤楼于 1985 年建成。黄鹤楼是天下名楼，外呈五层，层层飞檐，通高 51.4 米，攒尖顶，如图 8-33 所示。自古以来，黄鹤楼吸引了无数文人骚客到此登临，唐代著名诗人李白、崔颢都留下了千古流传的佳句，如崔颢的千古名句“黄鹤一去不复返，白云千载空悠悠。晴川历历汉阳树，芳草萋萋鹦鹉洲”，更是让黄鹤楼远近闻名。

图 8-33　黄鹤楼

（二）岳阳楼

岳阳楼位于湖南省岳阳市古城西门城墙之上，自古有“洞庭天下水，岳阳天下楼”的美誉，原为三国时期东吴将领鲁肃的阅兵楼，与湖北武汉黄鹤楼、江西南昌滕王阁并称为“江南三大名楼”，1988 年 1 月被国务院确定为全国重点文物保护单位。岳阳楼高 19.42 米，主楼三层，为纯木结构建筑，层层飞檐，外形独特，为盔顶结构，如图 8-34 所示。作为三大名楼中唯一保持原貌的古建筑，其独特的盔顶结构体现了古代劳动人民的聪明才智和能工巧匠的精巧设计与技能。北宋范仲淹脍炙人口的《岳阳楼记》更使岳阳楼闻名于世。

图 8-34　岳阳楼

（三）桂林漓江风景区

桂林漓江风景区是国家 5A 级旅游景区、国家重点风景名胜区，是世界上规模最大、风景最美的岩溶山水游览区。该风景区的特点概括为清、奇、巧、变四个字，主要景点概括为一江、两洞、三山，一江为漓江，两洞为芦笛岩、七星岩，三山为象鼻山、叠彩山、独秀峰，其风景秀丽，山清水秀，洞奇石美，驰名中外，是桂林山水的精华所在，如图 8-35 所示。

图 8-35　桂林漓江风景区

（四）武陵源风景名胜区

武陵源风景名胜区位于湖南省西北部，由张家界国家森林公园、索溪峪自然保护区、天子山自然保护区、杨家界新景区组成，总面积为500平方千米。武陵源风景名胜区于1992年被列入世界自然遗产，2004年被列为国家首批世界地质公园，2007年被授予首批国家5A级旅游景区。武陵源风景名胜区地貌奇特，景色秀美，森林覆盖率达67%，有野生动物400多种、木本植物850多种，是《西游记》《阿凡达》等影视剧拍摄的取景地，如图8-36所示。

图8-36　武陵源峰林奇观

（五）龙门石窟

龙门石窟是中国石刻艺术宝库之一，现为世界文化遗产、全国重点文物保护单位、国家5A级旅游景区，位于河南省洛阳市洛龙区伊河两岸的龙门山与香山之上。龙门石窟与莫高窟、云冈石窟、麦积山石窟并称中国四大石窟。龙门石窟延续时间长，跨越朝代多，以大量的实物形象和文字资料从不同侧面反映了中国古代政治、经济、文化等许多领域的发展变化，对中国石窟艺术的创新与发展做出了重大贡献。龙门石窟目前有佛洞1352个，佛龛650余个，佛塔40多座，其中代表性洞窟有古阳洞、宾阳洞、潜溪寺、万佛洞、奉先寺等，这些艺术品代表了中国石刻艺术的高峰，如图8-37所示。龙门石窟于2000年被联合国教科文组织世界遗产委员会列入《世界遗产名录》。

图8-37　龙门石窟

（六）武当山

武当山位于湖北省十堰市丹江口境内，古有“太岳”“玄岳”“大岳”之称，如图 8-38 所示，被称为“亘古无双胜境，天下第一仙山”，总面积为 312 平方千米，有 72 峰、36 岩、24 涧、11 洞、9 台等，其主峰天柱峰海拔 1612 米，有“一柱擎天”之称。1994 年 12 月，武当山古建筑群入选《世界遗产名录》，2006 年被整体列为全国重点文物保护单位。2007 年，武当山和长城、丽江、周庄等景区一起入选 “欧洲人最喜爱的中国十大景区”。2010 年至 2013 年，武当山相继被评为国家 5A 级旅游景区、国家森林公园、中国十大避暑名山、海峡两岸交流基地，入选最美 “国家地质公园”。

图 8-38　武当山

（七）神农架

神农架位于湖北省西北部，因炎帝神农氏在此搭架上山，尝百草采草药而得名。神农架平均海拔 1700 米，海拔超过 3000 米的高峰有六座，最高峰神农顶的海拔为 3105.4 米，是华中第一峰，因而神农架被称为“华中屋脊”。神农架山高谷深，原始森林林深茂密，垂直地带性显著，从低海拔到高海拔依次发育有常绿阔叶林带、常绿落叶阔叶混交林带、落叶阔叶林带、针叶阔叶混交林带、针叶林带及亚高山灌木丛和草甸带，涵盖了从亚热带到寒温带的植被，栖息着白熊、苏门羚、大鲵和白鹳、金雕、金丝猴等珍稀动物。2016 年 7 月，神农架入选《世界遗产名录》，成为湖北省第 1 处、中国第 11 处世界自然遗产，是中国首个被联合国教科文组织人与生物圈自然保护区、世界地质公园、世界遗产三大保护制度共同录入的“三冠王”名录遗产地。神农架林区如图 8-39 所示。

（八）天涯海角游览区

天涯海角游览区位于三亚市西南部，是海南省标志性景观。景区背对马岭山，面向茫茫大海，是海南建省 20 年第一旅游名胜，中华人民共和国成立 60 周年海南第一旅游品牌，国家 4A 级旅游景区，内有“天涯石”“海角石”“日月石”“南天一柱”等景点，如图 8-40 所示。天涯海角依山傍海，风光旖旎，景区内挺拔秀丽的椰树、细软的沙滩、轻柔的海风，构成了迷人的南国风光。

图 8-39　神农架林区

图 8-40　天涯海角游览区

（九）丹霞山世界地质公园

丹霞山世界地质公园位于广东省韶关市东北侧的仁化县。丹霞山由红色砂砾岩构成，以赤壁丹崖为特色，地质学家以丹霞山为名，将这一地貌命名为“丹霞地貌”。丹霞山世界地质公园是国家重点风景名胜区、国家自然保护区、国家地质公园、国家 5A 级旅游景区、首批世界地质公园，又被称为“天然裸体公园”，如图 8-41 所示。

图 8-41　丹霞山

第五节　西南区

一、区域概况

西南区包括云南、四川、重庆、贵州、西藏，其中四川、重庆位于长江上游地区，云南、贵州位于云贵高原之上，西藏位于青藏高原之上。西南区地形地貌以盆地和高原为主，气候类型属于亚热带季风气候，四季分明，冬暖夏热。西南区河流众多，河网密集，其中四川省被称为“千水之省”，中国第一大河长江流经四川省，并横贯重庆市全境。西南区少数民族众多，分布有彝族、藏族、苗族、白族、回族、纳西族、傣族、壮族等。

西南区是我国机场数量最多的地区，承接中国西南地区重要的客货运输业务。本区的主要运输机场有成都双流国际机场、昆明长水国际机场、重庆江北国际机场等，如表 8-5 所示。其中成都双流国际机场是中国西南地区最大的航空港。

表 8-5 西南区主要运输机场

所属省份	运输机场	所属省份	运输机场
四川	成都双流国际机场	西藏	拉萨贡嘎国际机场
四川	绵阳南郊机场	西藏	林芝米林机场
四川	西昌青山机场	西藏	昌都邦达机场
四川	甘孜康定机场	西藏	阿里昆莎机场
四川	宜宾菜坝机场	西藏	日喀则和平机场
四川	达州河市机场	云南	昆明长水国际机场
四川	南充高坪机场	云南	丽江三义国际机场
四川	攀枝花保安营机场	云南	迪庆香格里拉机场
四川	九寨黄龙机场	云南	腾冲驼峰机场
四川	泸州蓝田机场	云南	文山普者黑机场
四川	稻城亚丁机场	云南	临沧博尚机场
四川	广元盘龙机场	云南	普洱思茅机场
四川	阿坝红原机场	云南	保山云瑞机场
贵州	贵阳龙洞堡国际机场	云南	德宏芒市机场
贵州	荔波机场	云南	昭通机场
贵州	黎平机场	云南	大理荒草坝机场
贵州	安顺黄果树机场	云南	西双版纳嘎洒机场
贵州	兴义万峰林机场	云南	宁蒗泸沽湖机场
贵州	铜仁凤凰机场	云南	沧源佤山机场
贵州	遵义新舟机场	云南	澜沧景迈机场
贵州	毕节飞雄机场	重庆	重庆江北国际机场
贵州	凯里黄平机场	重庆	万州五桥机场
贵州	六盘水月照机场	重庆	黔江武陵山机场

二、主要空港城市

（一）成都

成都是四川省省会，是西南区唯一一个副省级市、特大城市，是中国西部重要的中心城市，也是国务院规划确定的中国西南地区的科技、商贸、金融中心和交通、通信枢纽，位于四川省西部成都平原之上，被称为“天府之国”。成都是中国历史文化名城、古蜀文明发祥地、中国十大古都之一，有 3000 多年的建城历史，具有众多的文化古迹，如杜甫草堂、武侯祠、望江楼等。成都的气候类型属于亚热带季风性湿润气候，夏无酷暑、冬无严寒。成都总面积约为 1.43 万平方千米，2020 年常住人口为 2093.78 万。

（二）贵阳

贵阳是贵州省省会，有“林城”的美誉，是贵州省的政治、经济、文化、科教、交通中心和中国西南地区重要的交通、通信枢纽、工业基地及商贸旅游服务中心，是中国西南地区中心城市之一、全国生态休闲度假旅游城市、全国综合性铁路枢纽。贵阳地形地貌以山地丘陵为主，气候类型属于亚热带季风性湿润气候，夏无酷暑、冬无严寒。贵阳总面积为 8034 平方千米，2020 年常住人口为 598.70 万人，大多数为汉族，另有回族、侗族、彝族、壮族等 20 多个少数民族。

（三）昆明

昆明是云南省省会，是中国面向东南亚、南亚开放的门户城市，为中国历史文化名城，也是中国重要的旅游、商贸城市，是中国西南地区重要的中心城市之一。昆明三面环山，南临云南最大的高原湖泊——滇池。昆明的气候类型属于北半球低纬度亚热带-高原山地季风气候，夏无酷暑、冬无严寒、气候宜人、四季如春，草木四季皆绿，鲜花盛开，因而被誉为“春城”。昆明总面积约为 2.15 万平方千米，2020 年常住人口约为 846.01 万人。2017 年 12 月，昆明被评为“2017 世界春城十佳”“2017 中国年度文化影响力城市”。

（四）重庆

重庆简称渝、巴，是中华人民共和国直辖市、国家中心城市、超大城市、国际大都市，是长江上游地区的经济、金融、科创、航运和商贸物流中心，也是西部大开发的重要战略支点、“一带一路”倡议和长江经济带的重要联结点和内陆开放高地。重庆位于长江与嘉陵江交汇处，长江横穿整个城市，重庆范围内有瞿塘峡和巫峡。重庆的气候类型属于亚热带季风性湿润气候，春夏之交时，重庆潮湿多云，多夜雨，因而有“巴山夜雨”的说法，冬季温暖多云雾，又被称为“雾都”。重庆总面积为 8.24 万平方千米，2020 年常住人口为 3205.42 万人。重庆市地图如图 8-42 所示。

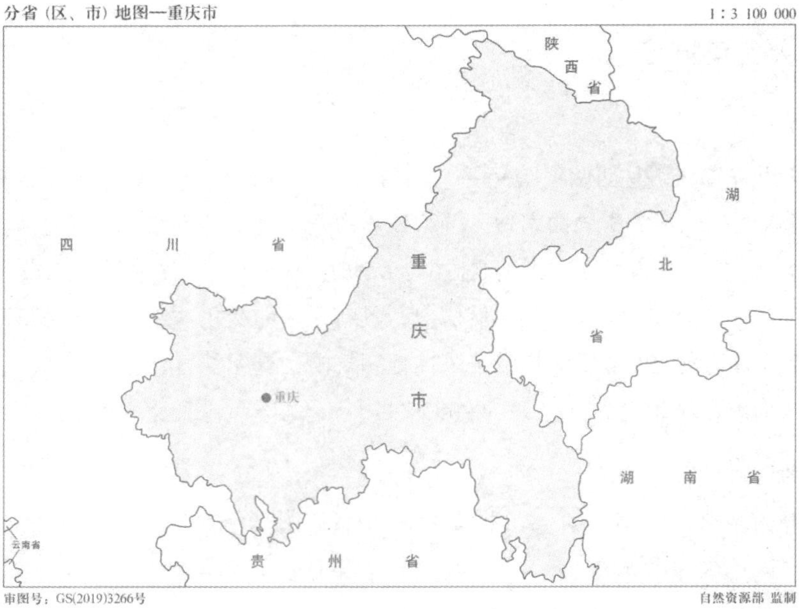

图 8-42 重庆市地图

三、主要旅游景点

（一）都江堰

都江堰是世界文化遗产、世界自然遗产（四川大熊猫栖息地）、全国重点文物保护单位、国家级风景名胜区、国家 5A 级旅游景区，如图 8-43 所示。都江堰位于四川省成都市都江堰市西部，坐落在成都平原西部的岷江之上，建于公元前 256 年，是人工组织修建的大型水利工程，2000 多年来一直发挥着防洪灌溉的作用，使成都平原成为水旱从人、沃野千里的“天府之国”，灌区已达 30 余县市、面积近千万亩（1 亩约合 666.67 平方米），是全世界迄今为止年代最久、唯一留存、仍在一直使用、以无坝引水为特征的宏大水利工程，是中国古代劳动人民勤劳、勇敢、智慧的结晶。

图 8-43 都江堰

（二）九寨沟

九寨沟位于四川省北部的阿坝藏族羌族自治州九寨沟县漳扎镇，地处青藏高原和川西高原及山地向四川盆地过渡地带，南距成都市 300 多千米，是一条纵深 50 余千米的山沟谷地，总面积为 64 297 公顷（约合 642.97 平方千米），森林覆盖率超过 80%，因沟内有九个藏族村寨而得名。九寨沟是世界自然遗产、国家重点风景名胜区、国家 5A 级旅游景区、国家级自然保护区、国家地质公园、世界生物圈保护区，是中国第一个以保护自然风景为主题的自然保护区。九寨沟有 74 种国家保护珍稀植物，有 18 种国家保护动物，如大熊猫、金丝猴等，还有丰富的古生物化石、古冰川地貌。九寨沟以翠海、叠瀑、彩林、雪峰、蓝冰和藏情六绝闻名，如图 8-44 所示。景区内的诺日朗瀑布是中国最宽的瀑布，是许多电视剧拍摄的外景地，其中 86 版《西游记》的片尾在此取景。受地震影响，九寨沟景区于 2017 年 8 月 9 日起停止接待游客，2021 年 9 月 28 日，九寨沟景区全域恢复开放。

图 8-44　九寨沟

（三）黄果树瀑布

黄果树瀑布位于贵州省安顺市镇宁布依族苗族自治县，由于当地的一种植物名称为黄葛榕，它的谐音为“黄果树”，因而该瀑布被称为黄果树瀑布。黄果树瀑布是中国第一大瀑布，也是世界著名大瀑布之一，以水势浩大著称，瀑布高 77.8 米，主瀑布高 67 米，瀑布宽 101 米，主瀑布顶宽 83.3 米，如图 8-45 所示。明代地理学家徐霞客欣赏黄果树瀑布后，慨叹其雄伟壮观，气势磅礴。

黄果树瀑布是世界上唯一一处可以从上下左右前后六个角度观赏的瀑布。在瀑布水帘后有一个贯通的洞穴，被称为“水帘洞”，它长 134 米，有 6 个洞窗、5 个洞厅、3 股洞泉和 6 个通道，在洞内透过天窗便可观赏壮观的瀑布，伸手可触及飞泻的水流，耳边响起如雷般的轰鸣。水帘洞外，瀑布由上而下倾泻，落入犀牛潭，飞溅的水雾在空中形成耀眼的七彩虹，素有“天下奇景”之称。

图 8-45　黄果树瀑布

（四）布达拉宫

布达拉宫位于西藏自治区拉萨市市区之中，是世界上海拔最高，集宫殿、城堡和寺院于一体的宏伟建筑，也是西藏最庞大、最完整的古代宫堡建筑群，如图 8-46 所示。它建于公元 7 世纪，当时吐蕃王朝与唐朝联姻，松赞干布迎娶文成公主之后，在红山修建了最早的布达拉宫。后来布达拉宫在战火中屡被毁坏。公元 9 世纪时五世达赖喇嘛以白宫为主体，重新修建。后经过不断的增建与维修，形成了现在的布达拉宫。

布达拉宫依山而建，金碧辉煌、雄伟壮观，具有浓郁的藏族风格。占地总面积为 36 万平方米，建筑面积为 13 万平方米，主楼 13 层，高 117 米，大小房间有 2000 多间。主要建筑包括山上的中部红宫、东部白宫、西部僧房，以及山下的雪城，如图 8-46 所示。白宫的外墙是白色的，共 7 层；红宫因外墙是红色而得名，它位于整个布达拉宫的中心位置。1994 年，布达拉宫被联合国教科文组织列入《世界遗产名录》，2013 年被原国家旅游局批准为国家 5A 级旅游景区。

图 8-46　布达拉宫

（五）云南古城

云南有很多特色古城，比较著名的有大理、丽江等。大理古城位于云南省西北部的苍山脚下，东临洱海，占地面积为 3 平方千米，又称榆城。历史上，大理曾经是南诏国、大理国的都城。古城呈方形，城内街巷纵横交错，呈棋盘状布局。1982 年，大理古城被列入国家级历史文化名城名单，如图 8-47 所示。

图 8-47　大理古城

丽江古城位于云南省丽江市古城区，始建于宋末元初（公元 13 世纪后期），面积约 7.28 平方千米，1997 年被联合国教科文组织列入《世界文化遗产名录》。因古城所在地像一块大砚台，故丽江古城又名大砚镇。丽江古城与四川阆中、山西平遥、安徽歙县并称为我国“保存最为完好的四大古城”。丽江古城的外围没有城墙，它依水而建，水绕古城。古城中心是四方街，是古城最繁华的商业区，以它为中心主街呈辐射状延伸，穿起数十条街巷，呈蜘蛛网状分布。丽江古城是中国古代城市建设的杰出成果，是具有鲜明特色和风格的中国民居类型之一。

（六）峨眉山与乐山大佛

峨眉山位于四川省乐山市峨眉山市境内，地势陡峭，素有“峨眉天下秀”之称，万佛顶最高，海拔为 3099 米，高出峨眉平原 2700 多米。峨眉山景区面积为 154 平方千米，自然风光秀美，有著名的日出、云海、佛光、圣灯四大奇观，山中有报国寺、伏虎寺、万年寺、华藏寺等八大寺庙，寺庙中收藏珍贵的文物。

乐山大佛位于四川省乐山市，又称凌云大佛。佛像开凿于唐玄宗开元初年（公元 713 年），由海通和尚募资修建。乐山大佛为弥勒佛坐像，通高 71 米，与山同高，被誉为“山是一座佛，佛是一座山”，是中国最大的摩崖石刻造像，也是世界上最大的石刻弥勒佛坐像，如图 8-48 所示。峨眉山乐山大佛是世界文化与自然双重遗产，峨眉山古建筑群为全国重点文物保护单位，以峨眉山为主体的峨眉山景区为国家重点风景名胜区、国家 5A 级旅游景区。

图 8-48　乐山大佛

（七）长江三峡

长江三峡西起重庆市奉节县的白帝城，东到湖北宜昌市的南津关，全长 193 千米。自西向东依次为瞿塘峡、巫峡和西陵峡，其中瞿塘峡是三峡中最短的，以雄著称；巫峡两岸奇峰连绵不断，以幽深秀丽著称，最著名的是巫峡十二峰；西陵峡是三峡中最长的，滩多水急，峡中有峡，滩中夹滩，以险著称。这三段峡谷是通常所说的“大三峡”，此外还有“小三峡”和“小小三峡”。三峡工程完成后，建立了以三峡工程为主体的三峡大坝旅游区，该旅游区于 2007 年被评为首批国家 5A 级旅游景区，有坛子岭园区、185 园区、截流纪念园、屈原故里等景点，其中的三峡大坝如图 8-49 所示。

图 8-49　三峡大坝

（八）云南腾冲火山国家地质公园

云南腾冲火山国家地质公园位于云南省西南部的腾冲市和梁河县境内，以古火山地质遗迹及地热泉为特色，如图 8-50 所示。这里地处亚欧板块和印度洋板块碰撞带上，岩浆活动剧烈，地震频繁，曾多次发生火山喷发。公园内有各种火山锥、火山口、熔岩台地、熔岩流堰塞湖等火山地貌，以及地热带、热海热田、地热显示、热泉等地质现象。1994 年，其被列入国家重点风景名胜区名单，2002 年被列入第二批国家地质公园名单。

图 8-50　云南腾冲火山国家地质公园

（九）石林风景区

石林风景区又称云南石林，位于云南省昆明市石林彝族自治县境内，面积为 350 平方千米，景奇物丰，风情浓郁，这里是阿诗玛的故乡。石林是典型的岩溶地貌，包括步哨山、大石林、小石林、万年灵芝及李子园箐五个部分，石林风景区范围广袤，山光水色各具特色，石牙、峰丛、溶丘、溶洞、溶蚀湖、瀑布、地下河等景观错落有致，以深、幽、险、奇为特点。在水的外力作用下，石林被塑造成各种形象，有的像人，有的像物，是最宜人的生态环境，是最佳旅游目的地，如图 8-51 所示。

图 8-51　石林风景区

第六节 西北区

一、区域概况

西北区包括陕西、宁夏、甘肃、青海，其中宁夏、甘肃位于黄河上游，陕西位于黄河中游，气候复杂多样；青海位于青藏高原东北部，属于典型的高原山地气候。

西北区是我国机场数量较少的地区，主要运输机场有兰州中川国际机场、银川河东国际机场、西安咸阳国际机场、西宁曹家堡国际机场，如表 8-6 所示。其中的西安咸阳国际机场是中国西北地区最大的航空枢纽，是中国八大区域枢纽机场之一。

表 8-6 西北区主要运输机场

所属省份	机场名称	所属省份	机场名称
甘肃	兰州中川国际机场	青海	西宁曹家堡国际机场
甘肃	嘉峪关机场	青海	格尔木机场
甘肃	敦煌机场	青海	玉树巴塘机场
甘肃	金昌金川机场	青海	海西德令哈机场
甘肃	张掖甘州机场	青海	海西花土沟机场
甘肃	天水麦积山机场	青海	果洛玛沁机场
甘肃	庆阳西峰机场	陕西	西安咸阳国际机场
甘肃	甘南夏河机场	陕西	延安二十里堡机场
宁夏	银川河东国际机场	陕西	榆林榆阳机场
宁夏	中卫沙坡头机场	陕西	安康富强机场
宁夏	固原六盘山机场	陕西	汉中城固机场

二、主要空港城市

（一）西安

西安位于关中平原中部，古称长安，是陕西省省会、中国西部地区重要的国家中心城市，是国家重要的科研、教育、工业基地。西安是中国四大古都之一，联合国教科文组织 1981 年确定其为“世界历史名城”。西安建都历史悠久，共 13 个王朝在此建都，跨越 1000 多年，是中华文明和中华民族的重要发祥地，也是丝绸之路的起点。

西安的气候类型属于暖温带半湿润大陆性季风气候，冷暖干湿四季分明。西安总面积约为 1.01 万平方千米，2020 年常住人口为 1295.29 万人。

（二）兰州

兰州是甘肃省省会，位于甘肃省中部黄河上游，又被称为金城，是中国西北地区重要的工业基地和综合交通枢纽，也是中国西部地区重要的中心城市之一。兰州总面积为 1.31 万平方千米，2020 年常住人口为 435.94 万人，黄河从兰州穿城而过。在古代，兰州是丝绸之路的重镇。

兰州的气候类型属于温带大陆性气候，夏无酷暑、冬无严寒，降水主要集中在夏秋季节。

三、主要旅游景点

（一）鸣沙山月牙泉

鸣沙山又名沙角山，主峰海拔 1715 米。月牙泉位于敦煌市南 5 千米的鸣沙山北麓，在沙山的包围中有一处湖泊，因形似一弯新月，故得名月牙泉。古称沙井，俗名药泉，自汉朝起即“敦煌八景”之一，如图 8-52 所示。千百年来沙不掩泉，沙泉共生，被誉为沙漠奇观。

图 8-52　月牙泉

（二）莫高窟

莫高窟位于敦煌市南 25 千米处的鸣沙山东麓的宕泉河西岸的断崖上，俗称千佛洞，如图 8-53 所示。莫高窟开凿于前秦建元二年（公元 366 年），历经北魏、西魏、北周、隋、唐、五代、宋、西夏、元等，建设过程前后绵延 1700 多年的历史。洞窟全长 1600 多米，现存 492 窟，壁画 45 000 多平方米，彩塑 3000 多尊。莫高窟与山西大同云冈石窟、河南洛阳龙门石窟、甘肃天水麦积山石窟并称中国四大石窟。1987 年，莫高窟被列入《世界遗产名录》。

图 8-53　莫高窟藏经洞

（三）青海湖

青海湖古称西海，是中国最大的内陆咸水湖，湖东西长，南北宽，水域面积约为 4301 平方千米。青海湖地处青藏高原东北部，包括青海湖、湖中岛屿、湖岸湿地、草原，总面积为 4952 平方千米。青海湖于 2011 年被评为国家 5A 级旅游景区，如图 8-54 所示。

图 8-54　青海湖

（四）秦始皇兵马俑

秦始皇兵马俑是世界文化遗产、世界八大奇迹之一，也是国家 5A 级旅游景区、全国重点文物保护单位，兵马俑坑位于陕西省西安市临潼区城东，是中国第一个封建王朝皇帝秦始皇嬴政的陵园中的一处大型从葬坑，陵园面积约 218 万平方米。秦始皇兵马俑博物馆是以秦始皇兵马俑为基础，在兵马俑坑原址上建立的遗址类博物馆，也是中国最大的古代军事博物馆。兵马俑坑是秦始皇陵的陪葬坑，位于皇陵的东侧。

按照时间顺序，兵马俑坑共有三座，分别为一号坑、二号坑、三号坑。三座坑呈品字形分布，其中一号坑最大，呈长方形，主要分布作战的前锋、两翼和后卫部队。一号坑出土的陶俑陶马有 6000 多件，它们栩栩如生、逼真生动，似真人真马，如图 8-55 所示。二号坑于 1976 年 4 月被发现，主要是混合步兵、弩兵、战车、骑兵的部队。三号坑于 1976 年 5 月被发现，有陶俑 68 件、陶马 4 匹、战车 1 乘、兵器 34 件。

图 8-55　秦始皇兵马俑

（五）嘉峪关

嘉峪关是明朝万里长城最西的一个关口，被誉为“天下第一雄关”，它与东面的“天下第一关”山海关遥遥相望，是古代丝绸之路的交通要冲，为兵家必争之地，素有“河西重镇”之称，如图 8-56 所示。嘉峪关于 1987 年被联合国教科文组织列入《世界遗产名录》。

图 8-56 嘉峪关

（六）察尔汗盐湖

察尔汗盐湖位于柴达木盆地南部，是中国最大的盐湖。湖中储藏着 500 亿吨以上的氯化钠，可供 60 亿人口食用 1000 年，还蕴藏着丰富的氯化钾、氯化镁等无机盐，是中国矿业基地之一。湖中难以生长任何植物，但是这里却结晶着许许多多形状各异、神奇的盐花，如图 8-57 所示。盐湖上最为著名的是“万丈盐桥”，全长 32 千米，和其他的桥不同的是它没有桥墩，而且全部由盐铺成，形成厚达 15 ~ 18 米的盐盖。

图 8-57 察尔汗盐湖盐花

第七节　新疆区

一、区域概况

新疆维吾尔自治区简称新疆，地处亚欧大陆中部，周边与俄罗斯、哈萨克斯坦、吉尔吉斯斯坦、塔吉克斯坦、巴基斯坦、蒙古、印度、阿富汗8个国家接壤，陆地边境线长达5600多千米，总面积为166.49万平方千米，是中国面积最大的省级行政区。新疆远离海洋，深处内陆，四周又有群山阻挡，使得潮湿的海洋气流难以进入，因而形成了典型的温带大陆性气候，该地区的气温变化大，日照时间长，降水量少，空气干燥。新疆少数民族众多，富有浓郁的民族风情，厚重的民族特色使新疆成为一个多姿多彩的旅游胜地。

新疆南北分别是昆仑山和阿尔泰山，新疆中部是天山，天山将新疆分为北疆和南疆，受地形的限制，航空运输在南北疆沟通方面发挥着重要的作用。新疆区共有18个运输机场，主要运输机场有乌鲁木齐地窝堡国际机场、喀什机场，如表8-7所示。其中的乌鲁木齐地窝堡国际机场是本区最大的机场，现已发展成我国西部重要的枢纽机场。

表8-7　新疆区主要运输机场

所属省份	机场名称	所属省份	机场名称
新疆	乌鲁木齐地窝堡国际机场	新疆	布尔津喀纳斯机场
新疆	喀什国际机场	新疆	那拉提机场
新疆	和田机场	新疆	阿勒泰机场
新疆	库尔勒机场	新疆	博乐阿拉山口机场
新疆	克拉玛依机场	新疆	塔城机场
新疆	吐鲁番交河机场	新疆	伊宁机场
新疆	哈密机场	新疆	且末机场
新疆	阿克苏温宿机场	新疆	富蕴可可托海机场
新疆	库车龟兹机场	新疆	石河子花园机场

二、主要空港城市

（一）乌鲁市齐

乌鲁木齐位于新疆北部，天山北麓、准噶尔盆地南缘，是新疆维吾尔自治区的首府，是新疆政治、经济、文化中心，总面积为1.38万平方千米，2020年常住人口为405.44万人。由于乌鲁木齐地处中国西北，为亚欧大陆腹地，毗邻中亚各国，有“亚心之都”的称呼，自古以来是沟通东西方商贸的重要枢纽，是古丝绸之路新北道的重镇，是中国与中亚、欧洲经济文化交往的重要纽带。

（二）喀什

喀什位于新疆西南部，塔里木盆地西部，是喀什地区行政公署所在地，也是喀什地区的政治、经济、文化中心。2010 年，喀什经济开发区成为中国第六个经济特区，成为中国内陆第一个经济特区。喀什是一个多民族聚居的地区，除汉族外，还有维吾尔族、塔吉克族、回族、柯尔克孜族、乌孜别克族、哈萨克族、俄罗斯族等其他民族。喀什地区总面积为 16.2 万平方千米，2020 年常住人口为 449.64 万人。

三、主要旅游景点

（一）天池自然保护区

天池古称瑶池，位于新疆阜康市境内的博格达峰北坡的半山腰，湖面呈半月形，海拔 1980 米，长约 3.3 千米，宽平均为 1 千米，湖水澄澈晶莹，如图 8-58 所示。这里流传着瑶池西王母娘娘开蟠桃会的动人传说，四季景色俱佳，古往今来，文人墨客多吟诗赋文，有“天山明珠”的盛誉。

天池自然保护区总面积约 160 平方千米，包括五个游览区，有大天池北坡游览区、大天池游览区、十万罗汉涅般木山游览区、娘娘庙游览区和博格达峰北坡游览区，是中国国家级风景名胜区、国家 5A 级旅游景区。

图 8-58　新疆天池

（二）喀纳斯湖景区

喀纳斯湖位于新疆阿勒泰地区布尔津县北部，友谊峰南坡，距离布尔津县城 150 千米，外形呈弯月形，面积为 45.73 平方千米。湖面海拔 1374 米，是一处高山湖泊，为内陆淡水湖，湖水四周森林茂密，林中生长着珍贵的树种，如红松、落叶松、云杉、冷杉等。喀纳斯湖又是一处美丽的变色湖，湖面的颜色可以随着季节和天气的变化而发生各种变化，如图 8-59 所示。

（三）葡萄沟

葡萄沟位于吐鲁番市高昌区，位于火焰山下的一个峡谷之中。这里是一片清凉的绿洲，沟中到处是果园和葡萄，游客不仅可以采摘和品尝美味的水果，还可以了解葡萄干制作流程，葡萄干的晾晒过程一览无余。

图 8-59　喀纳斯湖

（四）火焰山

火焰山位于新疆吐鲁番盆地北部，呈东西走向，海拔 500 多米，它是由红色砂砾泥岩组成的红色山峰，古称赤古山，如图 8-60 所示。因夏季炎热高温，山体在阳光的照耀下闪闪发光，气流如火焰翻腾上升，因而得名火焰山。火焰山流传着许多传说，其中《西游记》中师徒四人路过火焰山借芭蕉扇的故事非常著名。

图 8-60　火焰山

（五）坎儿井

坎儿井主要分布在新疆吐鲁番盆地、哈密和禾垒地区，其中以吐鲁番盆地最多。坎儿井由竖井(通风竖井)、暗渠、明渠和涝坝(即小型蓄水池,一般位于明渠下游)四部分组成,如图 8-61 所示。坎儿井的作用是通过地下挖掘的暗渠将吐鲁番盆地北部的博格达山和西部的喀拉乌成山的冰雪融水、雨水在地下形成的潜流引出地面。坎儿井是古代劳动人民开发的古老而特殊的水利工程，在地下形成了庞大的网络，灌溉了沙漠的绿洲，提供了吐鲁番市重要的灌溉和饮用水源。因其设计巧妙、开凿艰辛、工程量巨大，凝结了无数古代劳动者的聪明才智和血汗，与万里长城、京杭大运河并称为中国古代三大工程。

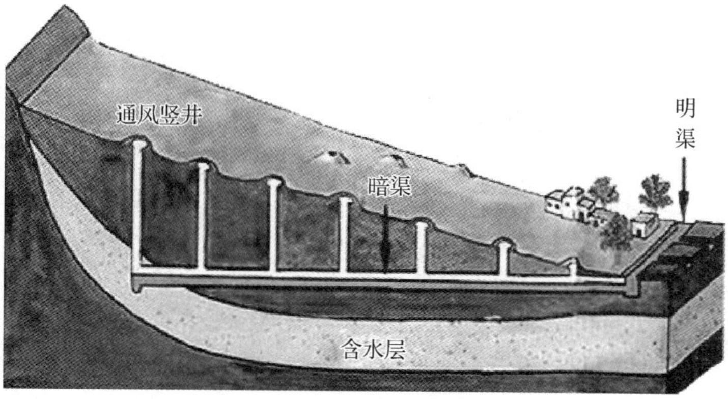

图 8-61　坎儿井结构示意图

本章小结

为了科学调配和安排运力、合理建设机场，以及协调国内外航空运输业的发展，我国划分了七大航空区：东北区、华北区、华东区、中南区、西南区、西北区、新疆区。本章分别介绍我国七大航空区的区域概况、各区内的主要空港城市，以及主要旅游景点。通过本章的学习，读者能够对我国航空分区情况有清楚的认识，并对我国各航空区主要空港城市特征及各区域内具有代表性的旅游资源有进一步的了解。

本章思考题

一、判断题

1．沈阳桃仙国际机场位于华北区。(　　)

2．杭州西湖位于“人间天堂”的杭州，又名西子湖。(　　)

3．广州市的标志是五羊石像。(　　)

二、选择题

1．昭陵、福陵位于(　　)。

A．华北区　　B．华南区　　C．中南区　　D．东北区

2. 被誉为“万园之园”的皇家园林是（　　）。

A. 颐和园　　B. 圆明园　　C. 北海公园　　D. 承德避暑山庄

3.（　　）因范仲淹的《岳阳楼记》而闻名。

A. 滕王阁　　B. 岳阳楼　　C. 黄鹤楼　　D. 天一阁

4. 中国最大的盐湖是（　　）。

A. 青海湖　　B. 察尔汗盐湖　　C. 茶卡盐湖　　D. 运城盐湖

三、简答题

1. 简述东北区主要航空公司及主要旅游景点。
2. 简述华北区主要空港城市及主要旅游景点。
3. 简述中南区主要旅游景点。
4. 简述华东区主要空港城市及主要航空公司。
5. 简述西南区主要空港城市及主要旅游景点。
6. 简述华南区主要空港城市及主要航空公司。
7. 简述新疆区主要空港城市及主要旅游景点。

拓展篇

第九章

基于地理资源的航空线路设计

本章学习目标

- 了解航空线路设计的基本要素；
- 熟悉影响航空线路设计的主要因素；
- 掌握航空线路设计的原则、方法和主要步骤；
- 初步具备基于地理资源设计航空线路的技能。

在世界经济趋于全球化的过程中，旅客的旅行需求变得越来越全球化。旅行的目的变得越来越分散化。越来越多的人因为各种需求需要走出国门，进行漫长的旅行。航空运输服务成为他们的首选，因为它具有方便、快捷等优势，受到旅客的欢迎。航空线路是航空运输服务的重要组成部分，选择与设计合理的航线是出行效益最大化的关键。本章基于地理资源，从航空线路设计的基本要素、影响航空线路设计的因素、航空线路设计的原则与方法等方面阐述航空线路设计。

第一节　航空线路设计的基本要素

航空线路设计，是指在出发点、目的地已确定的情况下，根据旅客需求，合理安排航空行程线路，对航线、航班、机场进行最佳组合，从而达到出行效益最大化的目的。因旅客的需求不同，出行效益会有不同体现，有可能是价格最低、行程最短，也可能是最方便、最快捷等。进行航空线路设计，必然涉及航线、航班、机场的选择及票价的核算，这构成了航空线路设计的基本要素。

一、航线

航线的定义、分类、航线网络布局及中国航线分布的特征在前面章节中已经加以介绍，这里主要介绍如下几个方面。

（一）国际航线分布的特点

从航空运输的基本程序上来说国际运输和国内运输有很多相似之处，但是由于国际运输牵涉两个及以上的国家，因此国际运输要依照国际公约、国际航协的规定和通行标准进行，同时还要遵循当事国的有关政策和法律，所以它与国内运输有一定的区别。

全球国际航线主要集中在北半球的中纬度地区，大致形成一个环绕纬圈的航空带。航线密集分布在北美洲、欧洲和东亚等经济发达地区，跨洲飞行的航线以欧亚航线、北太平洋航线和北大西洋航线最为繁忙。

世界上的国际航线具有如下三个特点。

第一，航线最密集的国家和地区为欧洲、北美洲、中东、日本等。航线最繁忙的海域为北大西洋和北太平洋。

第二，航线主要呈东西走向，主要国际航线集中分布在北半球的中纬度地区，大致形成一个个环绕纬圈的航空带。

第三，在纬向航空带的基础上，由航线密集区向南辐射，形成一定的经向航线分布。另外，航线与航站共同组成一定的运输网络结构。

所以在进行航线设计时，如果旅客的目的地在欧洲、北美洲等地区，则多半有直达航班，因为这些区域的航线是最密集的。如果目的地是其他一些小的地区，则很可能需要进行中转，会多费一些周折。

（二）国际航线方向

国际航线方向决定了航空运价，所以它又称为航空运价方向，即环球指示代号。根据国际航空运输布局的分布情况，国际航线方向主要有如下几种。

1. 西半球航线（WH）

西半球航线是指航程中的所有点都在西半球的航线。西半球航线是连接南北美洲的航线，又称拉丁航线。在国际航协客运运价计算中它的代号为 WH。

经典航线如下：

RIO—MIA　（里约热内卢—迈阿密）

LAX—MEX—SCL　（洛杉矶—墨西哥城—圣地亚哥）

YMQ—RIO—BUE　（蒙特利尔—里约热内卢—布宜诺斯艾利斯）

2. 东半球航线（EH）

东半球是世界上航线最多的区域。东半球航线是指航程中的所有点都在东半球，或者航程中的所有点都在 IATA 二区或 IATA 三区，或航程经亚欧大陆 IATA 二区或 IATA 三区间的航线。在国际航协客运运价计算中它的代号为 EH。

经典航线如下：

GVA—JNB　（日内瓦—约翰内斯堡）

SIN—KBL　（新加坡—喀布尔）

BJS—BUD—LON　（北京—布达佩斯—伦敦）

HKG—KUL—KHI—ISB—DXB—BUH

（香港—吉隆坡—卡拉奇—伊斯兰堡—迪拜—布加勒斯特）

CAN—SIN//KUL—BKK—CAN （广州—新加坡/吉隆坡—曼谷—广州）（典型的新马泰游航线）

CAN—SIN—AKL—CHC—BNE—SYD—MEL—CAN

（广州—新加坡—奥克兰—基督城—布里斯班—悉尼—墨尔本—广州）（典型的澳洲游航线）

3. 北大西洋航线 （AT）

北大西洋航线历史悠久，是连接欧洲与北美洲之间的最重要的国际航线，还包括欧洲与南美洲、北美洲与非洲之间的国际航线。北美洲和欧洲是世界上的航空发达地区，欧洲的中枢机场如伦敦（LON）、巴黎（PAR）、法兰克福（FRA）、马德里（MAD）、里斯本（LIS）等和北美洲的主要城市相连，使北大西洋航线成为世界上最繁忙的国际航线。在国际航协客运运价计算中它的代号为 AT，具体指航协定义下的 IATA 一区和 IATA 二区之间的航线。这条航线历史悠久，飞行的航空公司多，竞争非常激烈，因此这条航线虽然经济意义和政治意义都十分重大，却不是世界上经济效益最好的航线。

经典航线如下：

LON—NYC（伦敦—纽约）

PAR—WAS（巴黎—华盛顿）

ZRH—NYC—RIO （苏黎世—纽约—里约热内卢）

NYC—LON—PAR—DXB （纽约—伦敦—巴黎—迪拜）

其中，ZRH—NYC—RIO 的目的地点虽然是南美洲的城市，但是也符合 AT 的定义。NYC—LON—PAR—DXB 航线中，巴黎（PAR）和迪拜（DXB）之间的航线虽然在亚欧大陆上空，但是由于迪拜是 IATA 二区中的城市，所以整条航线仍符合 IATA 一区和 IATA 二区之间的定义，在国际航协客运运价计算中，代号也为 AT。

4. 南大西洋航线（SA）

与北大西洋航线相比，南大西洋航线开辟时间较晚，它是指航程经过南部大西洋的航线。在国际航协的定义中它的代号为 SA。具体是指航线在南大西洋地区和东南亚之间，经过大西洋和中非、南非、印度洋岛屿或直飞的航线。

经典航线如下：

RIO—HKG（里约热内卢—香港）（航线直飞，但飞越约翰内斯堡）

SIN—MRU—JNB—SAO［新加坡—普莱桑斯（毛里求斯）—约翰内斯堡—圣保罗］

随着南美洲经济的发展和旅游资源的开发，传统的经北美洲到南美洲的航线已经不能满足需要，南美洲地区的门户城市和目的地城市越来越多，南大西洋航线正是应这种市场需要开辟的航线。值得注意的是，这条航线是经过印度洋和南部大西洋的航线，并非经过亚欧大陆。

5. 北太平洋航线（PA）

北太平洋航线是连接北美洲和亚洲之间的重要航线。它穿越浩瀚的太平洋和北美洲大陆，是世界上最长的航空线。在国际航协客运运价计算中它的代号为 PA。

这条中枢航线通常以亚洲的东京（TYO）、首尔（SEL）、香港（HKG）、北京（PEK/BJS）、上海（PVG）、广州（CAN）等城市为枢纽集散亚洲各地的客货，以北美洲的温哥华（YVR）、洛杉矶（LAX）、旧金山（SFO）、芝加哥（CHI）、西雅图（SEA）等城市为枢纽集散美洲大陆的客货。比如国内的旅客选择乘坐南航或国航、东航的航班去北美洲或南美洲地区，一般在广州（CAN）或北京（PEK/BJS）、上海（PVG）出发直飞洛杉矶（LAX）、纽约（NYC）、旧金山（NYC）、温哥华（YVR）。如果旅客选择国泰航空（CX）、美国西南航空（WN）、美国航空（AA）或美联航（UA）等航空公司的航班，很多需要到亚洲的东京（TYO）、香港（HKG）、首尔（SEL）、新加坡（SIN）等地中转再直飞北太平洋航线。外国航空公司在北美洲地区直飞的目的地点相对更丰富一些，如芝加哥（CHI）、迈阿密（MIA）、亚特兰大（ATL）、华盛顿（WAS）等城市。从东南亚出发的航班经北太平洋航线通常直飞美国西海岸门户城市，如果目的地为美国东海岸的门户城市，则通常选择在安克雷奇（ANC）和西海岸的一些机场中转。如果目的地在南美洲，则这些北太平洋航线通常选择在奥兰多（ORL）、坦帕（TPA）、劳德代尔堡（FXE）、迈阿密（MIA）和圣胡安（WSJ）等地中转。

6．南太平洋航线（PN）

按照国际航协的规则，南太平洋航线是连接南美洲和西南太平洋地区经过北美洲的航线，但是航线不经过北部和中部太平洋。在国际航协客运运价计算中它的代号为 PN。

经典航线如下：

SYD—LAX—MEX—SCL （悉尼—洛杉矶—墨西哥城—圣地亚哥）

SYD—MIA—BUE （悉尼—迈阿密—布宜诺斯艾利斯）

SCL—LAX—AKL （圣地亚哥—洛杉矶—奥克兰）

这些航线中的城市大都具有经典的自然风光，是目前推崇的生态旅游的新开辟航线。

7．俄罗斯航线（RU）

俄罗斯航线是指俄罗斯欧洲部分和 IATA 三区之间的航线，在俄罗斯和日本/韩国之间有一段不经停航线。

经典航线如下：

MOW—TYO（莫斯科—东京）

HKG—SEL—MOW—LED （香港—首尔—莫斯科—圣彼得堡）

8．西伯利亚航线（TS）

西伯利亚航线是指 IATA 二区和 IATA 三区之间的航线，在欧洲和日本/韩国之间有一段不经停航线。

经典航线如下：

STO—TYO（斯德哥尔摩—东京）

BKK—TYO—FRA （曼谷—东京—法兰克福）

HKG—SEL—MOW—LCA ［香港—首尔—莫斯科—拉纳卡（塞浦路斯）］

PAR—MOW—OSA（巴黎—莫斯科—大阪）

9．远东航线（FE）

远东航线是指俄罗斯欧洲部分或乌克兰和 IATA 三区之间的航线，在俄罗斯欧洲部分或乌克兰与 IATA 三区之间（不包括日本/韩国）有不经停的航线。

经典航线如下：

MOW—SIN（莫斯科—新加坡）

IEV—MOW—BJS—TYO （基辅—莫斯科—北京—东京）

RU、TS 和 FE 三种航线也称为欧亚航线，它们是连接欧洲和远东的航线。

10．大西洋和太平洋航线（AP）

大西洋和太平洋航线是指经过太平洋和大西洋两大水域，以东向或西向绕地球飞行的航线。一些航空公司联盟推出环球旅行优惠价格，让人们在出行方面更加方便。

经典航线如下：

TYO—NYC—LON （东京—纽约—伦敦）

二、航班

（一）定义

航班是指飞机在规定的航线上，使用规定的机型，按照规定的日期、时刻进行运输生产的定期飞行，具有“定航线、定机型、定日期、定时刻”的“四定”特征。

（二）分类

航班有多种不同的分类方法，按照航班方向分为去程航班和回程航班，去程航班一般是指飞机从基地站出发的运输飞行，回程航班则为返回基地站的运输飞行。按照飞行的线路分为国内航班和国际航班，在国内航线上飞行的航班称为国内航班，在国际航线上飞行的航班称为国际航班。按照是否经停又可分为直达航班和经停航班等。旅客不同的需求会直接影响航班的选择，比如时间要求紧迫的旅客会尽量选择直达航班或时间最短的航班；便捷要求为主的旅客会选择直达航班；价格敏感的旅客可能选择转机出行，进行不同航班的组合。

（三）航班准点率

航班准点率又称正点率、航班正常率，是指航空旅客运输部门在执行运输计划时，航班实际出发时间与计划出发时间较为一致的航班数量（即正常航班）与全部航班数量的比率。航班能否按时起飞，是否发生延误，是影响旅客需求的关键因素。航班延误影响着航空公司的运行效率和服务质量，一般使用航班准点率来衡量承运人的运输效率和运输质量。

航空数据公司 OAG 发布了《2018 年准点率综合报告》。报告汇总了 2017 年全年近 5700 万条航班数据，评估了全球航空公司的准点率情况，如表 9-1 所示。OAG 的“准点”定义为航班到达和离开时间在航班时刻的 15 分钟之内。

表 9-1 全球准点率最高的 20 家大型航空公司

排名	航空公司	总部所在地	2017 年准点率
1	日本航空公司	日本	85.27%

续表

排名	航空公司	总部所在地	2017 年准点率
2	全日空航空公司	日本	83.81%
3	达美航空公司	美国	82.76%
4	靛蓝航空公司	印度	81.22%
5	阿拉斯加航空公司	美国	81.06%
6	北欧航空公司	瑞典	80.90%
7	美国联合航空公司	美国	79.86%
8	拉塔姆航空公司	智利	79.39%
9	美国航空公司	美国	78.97%
10	美国西南航空公司	美国	78.55%
11	英国航空公司	英国	78.55%
12	德国汉莎航空股份有限公司	德国	76.90%
13	法国航空公司	法国	76.44%
14	土耳其航空公司	土耳其	76.35%
15	英国易捷航空公司	英国	74.82%
16	捷蓝航空公司	美国	71.74%
17	加拿大航空公司	加拿大	67.32%
18	中国南方航空集团有限公司	中国	64.19%
19	中国东方航空股份有限公司	中国	61.80%
20	中国国际航空股份有限公司	中国	60.14%

可以看出，两家日本航空公司位居榜首。日本航空公司排名第一，航班准点率达 85.27%，全日空航空公司位居第二，航班准点率为 83.81%。美国大型航空公司准点率排名全部进入前十，达美航空公司排名第三，美国联合航空公司排名第七，美国航空公司排名第九，三家航空公司的准点率均达到 78%以上。准点率排名前 20 的大型航空公司中，中国的三家航空公司位居后三位。

三、机场

机场也是航线设计中的一个重要因素，关于机场的定义、分类、布局和世界范围内的一些重要的航空枢纽等这里不再赘述。

四、运价

在国际航空线路设计中，运价是一个非常重要的因素。运价高低与所选择的运价种类有关，还受到运价计算方法的影响及税款等费用的影响，是判断航空线路设计好坏的因素之一，也是旅客比较关注的一个问题。运价的核算是一个复杂的程序，不同的航空公司、不同季节、不同运价计算方法等最后核算出来的运价都有很大差别，有时即使机票本身价格不高，但是加上高额的税款后就不低了。

国际航空旅客运价是指在国际航空旅客运输中，承运人对其载运的旅客及其限额内的行李所收取的从始发站机场到目的地机场的运输费用或价格，包括支付给代理人和其他辅助服务的费用或价格，但不包括机场与市区间的地面运输费用。

国际航空旅客运价可以按照不同的方式进行类别划分，与旅客关系密切的划分方式是按照运价水平划分，可分为普通运价和非普通运价。

普通运价是指适用于头等舱、公务舱、经济舱的全额运价，普通运价又可分为不受限制的普通运价和受限制的普通运价。不受限制的普通运价通常没有附加的适用条件；受限制的普通运价通常对航程中的中途分程的次数和转机的次数有严格的限制。

非普通运价包含特殊运价和折扣运价。特殊运价又叫促销运价。这种运价通常比较便宜，但是一般带有限制条件。在选择特殊运价时，一定要考虑好以下几个方面的因素：一是预购运价的预购条件问题；二是特殊运价的有效期问题；三是特殊运价的最短停留期问题；四是特殊运价的中途分程问题；五是有季节代号的特殊运价问题；六是特殊运价的路线限制问题。折扣运价是在普通运价或特殊运价的基础上，根据旅客的不同年龄、身份而给予一定的百分比折扣构成的运价，包括儿童票、学生票、婴儿票等。在运价核算时，要根据旅客的实际情况选择适合他们的运价方法。

在进行航空线路运价计算时，还应该考虑税款和其他费用的问题。每家航空公司都会在机票价格之外再收取一部分的税款和费用，比如机场建设税、燃油附加税、机场费，等等。所以在进行价格核算时，要把这部分的费用加上，有时候机票价格很诱人，但是加上各种税款之后的价格却会很高。另外，各种税款和费用不是一成不变的，税款和费用也会受国家政策和国际油价的影响，产生浮动，所以在设计航空线路时也要考虑清楚。在任何旅行中，旅客都可能要缴纳各种税款和费用。不同国家和地区的税款和费用是多种多样的，主要包括离港税、销售税、运输税、旅客设施或服务费、海关检查费等。

案例链接：警惕低票价与高税费的消费陷阱

"特价机票 1 折起""上海到巴黎只要 218 元"……有时在网上会看到有些机票价格太便宜了，便宜得使人不敢相信。据了解，某些低价机票价格里未包含税费。业内人士表示，出境机票税费较高，旅客购买这类机票时不能只看票价，要看总费用。

不少航空公司或旅行社都会以超低票价为噱头吸引客户订票，然而，超低票价中往往不包括税费，乘客只有在最终结账前才能看到机票的总价格。

"我朋友订了 6 月上海到巴黎的单程机票，票价是 218 元，税费是 1865 元，后者是前者的 8.6 倍！"白领李先生说，虽然从总费用来看，2083 元也不算贵，但要是一开始就宣传 2083 元的机票，肯定不如宣传 200 元这么吸引人。"买过普吉岛至吉隆坡的机票，机票价格是 300 泰铢，税费是 1500 泰铢，真的是个大坑呀。"一位网友表示。

业内人士表示，境内航线的机票总价格由票价、机场建设费、燃油附加费组成，无论是哪家航空公司、无论目的地是哪儿，机场建设费统一为 50 元，燃油附加费根据航程远近，分为 130 元与 70 元两种；出境机票总价格则由票价、燃油附加费、税费组成，并无统一标准，出现李先生说的税费是票价 8 倍多的情况并不奇怪。

如今不少人到境外旅游会选择自由行，自己订机票，“买机票肯定都想买便宜的，但是比较机票价格的时候不能只看票价本身，出境机票即使目的地一样，也会因为航空公司不同而有不同的税费。”

以天津至境外目的地的单程机票为例：到韩国首尔，有的航空公司的燃油附加费和税费两项共计收费 400 多元，也有的航空公司会收费 600 多元；到美国纽约，两项费用加起来则为 1200 元至 1600 多元不等；到法国巴黎，则为 1100 多元至 1400 多元不等。一般而言，自己在网站订票，一开始的页面只出现票价，包括税费在内的总费用在结账前才出来，建议比较不同航空公司的总费用，不要盲目地看见低票价就下订单。

第二节　影响航空线路设计的因素

要研究影响航空线路设计的因素，首先要了解旅客选择航空产品的消费过程。第一，旅客从旅行目的和旅途距离等方面考虑，收集各航空公司、航班和舱位等级等相关信息。其中的航空公司信息包括公司品牌、旅客计划和其他（如机型）因素，航班信息包括航班上的各种服务、航班时刻、正点率和航班安全等因素，舱位等级信息包括舱位票价水平、与舱位相关的各种限制条件（如提前购票限制，与舱位等级有关的退票、更改航班和航程等限制）等。第二，旅客选择航空产品还会受到旅客自身的个性、心理特征、偏好等的影响，此外还要考虑外部客观因素和经济条件等各种制约因素，然后界定理想选择的范围和倾向，最后在各种方案中对他们偏爱的航空公司、航班和舱位等级进行评估和选择，该过程是一个反复获取与评价航空信息和界定的过程，旅客从自身效用最大化的角度选取航空公司航班的舱位并产生购买行为。

综上，影响航空线路设计的因素主要有以下几个方面。

一、旅客的个体差异

旅客的个体差异包括旅客的性别、年龄、学历、职业等，这些因素影响旅客对航空经济性、便利性和舒适性的重要程度的认可并通过期望值来影响旅客的选择行为。比如不同性别的人对出行的要求是不一样的，在同等条件下，一般来说女性对乘机的舒适性、便利性的要求会高一些。从年龄方面来看，受到精力和体力的限制，老年人的乘机要求要比青年人更高，他们希望整个过程能够更舒适、更方便。

二、旅客的经济水平

消费者需求是指有支付能力的需求。旅客的经济水平代表了个体的购买力，而购买容量和购买意愿在很大程度上取决于购买力。航空旅行可以说是一种较高水平的消费，航空旅行与消费者个人或家庭的收入有直接的关系。所以有时候某些高端航空产品受限于消费者（旅客）本身的购买力而不被选择。

三、旅客的选择心理

旅客的选择心理不同，他们最后的购买决策也就不同，节俭型或经济型的旅客可能选择价格低的航空公司、航班和舱位来满足自身的出行需求；有炫耀心理或高消费习惯的旅客可能选择知名航空公司、大型飞机、头等舱或公务舱，以表明自己的身份和地位。从我国民航旅客运输市场构成情况来看，经济型的旅客占主体，且比例有逐年上升的趋势。

四、旅客的出行目的

不同的出行目的会产生不同的航空选择。多数公司通常按照旅行目的将航空客运市场分为商务旅行市场和休闲旅行市场，时间价值高的商务旅客一般不愿意接受需要在目的地停留很长时间的低舱位等级；时间价值较低的休闲旅客则不会介意在目的地的停留时间限制，他们更关注机票的价格。

五、旅途的远近

短途旅客和长途旅客在需求和购买选择上有根本的不同，短途旅客对机场服务和条件的要求较高，但对空中服务如座椅、餐食等的要求却相对较少；相反，在远程航线上，空中服务的好坏对保证旅客满意度和吸引旅客再次购买而言显得非常重要。

六、航空产品品牌

选择航班就是选择航空公司、时间、机型和运价。根据旅客基于不同舱位选择航空公司的调查结果显示：经济舱旅客选择航空产品的标准与头等舱或商务舱旅客完全不同，头等舱和部分商务舱旅客更加注重座椅的舒适性。此外，有相当一部分头等舱旅客对某些机型有特别的偏好，有些旅客可能偏好乘坐宽体客机，绝不乘坐单通道客机，也有些旅客在远程飞行时会尽量避免乘坐双发飞机。对于大多数商务舱旅客来说，除了座椅的舒适性，航班时刻、常旅客计划也是首要考虑的因素。经济舱旅客更看重运价和常旅客计划。

第三节　航空线路设计的原则

旅客一旦有了出行需求、产生了出行动机后，下一步就是寻找信息。旅客至少需要寻找以下五个方面的信息：

第一，去目的地有哪些运输方式可供选择？是航空、铁路、公路和海运中的哪一种或多种？

第二，有没有航空直达航班？其运价如何？

第三，有哪些航空公司飞这条航线？

第四，有哪些航班？航班机型如何？服务质量如何？

第五，售票处在哪里？有哪些售票服务？

从寻找信息到决定购买某个航空公司某个航班的机票，需要经过一个筛选过程，这就是评价比较。尤其是现在，航空客运市场竞争激烈，顾客的评价比较过程也就是选择航空公司的过程。评价比较主要集中在时间、运价、折扣、机型、购票服务和旅行服务质量等方面。

航空线路设计是在出行目的地或出行目标及要求已确定的情况下，合理安排航空行程线路。航空线路设计需要综合考虑以下几个原则。

一、时间性原则

时间性原则又被称为时间第一原则，以商务旅客、公务出差旅客为主。他们对航空旅行的时间要求很高，有着紧急时间要求，不论具体做什么事，只要是有紧急时间要求的，对于他们而言航空旅行是最好的运输方式。他们主要关心出发时间与到达时间是否符合工作需要，在满足时间要求的条件下，舱位等级、运价高低都可以协商。大型航空公司是他们的首选，因为其航班密集度高、航线覆盖面大，基本上可以满足他们的旅行时间要求。

二、经济性原则

经济性原则又被称为运价第一原则，以出国打工劳务人员、远渡重洋留学生、旅游旅客、青年旅客为主。这些旅客的经济能力较弱，他们主要关心运价，价格越便宜越符合他们的心理需要。他们可以对旅行出发到达时间、航程中转次数、飞机舒适程度等降低要求，低成本航空公司是他们经常选择的旅行伙伴。

三、舒适性原则

舒适性原则又被称为舒适方便第一原则，以满足社会中高阶层人士需求为主。这些旅客经济承受能力较强，他们不关注运价，非常在乎航空公司服务质量及承载运输客机的机型。这些旅客在其他方面往往存在以下的特点，如存在有时间表的公务、商务、重要私人事务（如继承遗产、法庭诉讼）；不允许在旅途中安排休闲时间，来去匆忙，对旅行的正点率和时间的衔接有很高的要求；希望旅途中有良好的休息环境，舱位选择以头等舱、商务舱为主；要求航程线路最短、旅行时间最省、中转最方便、服务最周全等。

四、便利性原则

便利性原则又被称为航线优化原则，同样的始发地和目的地可以有多种航线供旅客选择，无论是哪一种类的旅客，都要基于此原则设计出最合理的航空旅行线路。该原则主要体现在以下几个方面：第一是线路最短，其飞行时间最短，运价最合理；第二是出发时间和到达时间最适宜；第三是中转地点最方便。

五、合理性原则

合理性原则又被称为运价计算最合理原则。在国际航空运价计算中，同一条航空旅行线路，不同的计价分区会产生不同的运价结果，因此了解国际航空运价的计算规则，比较不同的计价方案，设计出最佳的航空线路方案，才能降低出行成本。

六、机遇性原则

机遇性原则又被称为营销政策优先原则，各航空公司为了占领空运市场，会根据不同季节、不同营销目的，不时推出各种优惠折扣运价。比如临近 2018 年的春节，南航官网开展“年终盛典”优惠活动，旅客可提前登录官网抢购春运机票，其中错峰航线价格非常实惠，部分航线机票低至 120 元起；提供单程机票附加接送机或者酒店住宿等多种套餐，价格实惠；开展免费机票抽奖及赠送归家礼品、增值礼包等活动，满足不同旅客的需求。

及时掌握航空公司的动态，了解各航空公司营销信息，才有机会选择最优惠的机票。但是需要注意的是，价格越优惠的机票，它的使用限制条件越苛刻，对有效期、签转、退票都有明确规定。一般来说，折扣最低的机票是不可退改签的或者退改签费用接近全价机票，而全价机票一般有机会免费更改同等舱位，可以签转、免费退票或退票费用较低。

案例链接 1：春节坐飞机“曲线回家”或更省钱

每年春节临近期间，春运机票热销，不少热门航线机票价格全面上涨，春节期间折扣仅 8 折甚至全价。

春节期间怎么买机票最省钱？除了提前预订机票，更改始发地或目的地、选择到航线丰富的机场中转“曲线回家”，或者避开春运高峰期，都能省下不少“银子”。以福州为例，2018 年 1 月 19 日登录携程、同程和去哪儿等网站查询，2 月 14 日福州飞三亚的机票将近全价，最低需要 2540 元；但若改从厦门出发，虽然也是接近全价，但最低只需要 2000 元，即便扣除福州到厦门的车费，也能省下 400 多元。

此外，除夕前福州飞北京、上海、广州，机票最低只要 1.5～3 折。以出发日期 2 月 14 日（除夕前一天）为例，福州飞北京机票最低只要 2.5 折，即 415 元。

节前全价机票主要来自全国各大商务城市到返乡城市的机票，但若“反其道而行”，票价会便宜很多。此外，可以选择春节前 5 天或节后 5 天左右出行，机票折扣也比较大。目前，不少旅游在线网站都有“最佳出行解决方案”，只要输入目的地，网站便会提供覆盖火车、飞机、汽车、轮船等多个“最佳出行”备选方案。坐飞机选择在大的中转站中转，通过飞机、火车、汽车转乘等方式“曲线回家”能节省一定的资金。

案例链接 2：低成本新航线开通，机票 9 元起

2018 年 1 月 15 日，以广州白云国际机场为主基地，中南区第一家低成本航空公司——九元航空正式入驻合肥新桥国际机场，开通合肥往返贵阳航线。为推广新航线，九元航空机票价格比市场同类机票价格便宜 20%～50%。

合肥往返贵阳航线每日一班，由九元航空全新的 B737-800 型飞机执飞，客舱采用 189 个座位的全经济舱布局，根据市场需求，细分为“精打细算”“灵动实惠”“商务优选”三档机票，在九元航空官网、微信、携程等 OTA 平台均可购买。此外，从 1 月 17 日起至 19 日连续三天推出其品牌标志性机票秒杀产品：“逢 9 必促”抢 9 元机票活动。具体抢票时间是每晚 9 点，旅客可通过九元航空官网、微信服务号和 App 来购买超低特价机票。

第四节　航空线路设计的方法

一、了解旅客及旅行信息

航空线路设计的首要工作是了解旅客基本情况，根据旅客出行目的和要求进行量身定制。旅客基本信息主要包括旅客的年龄与健康状况能否符合航运条件及适应航空旅行、旅客出行的目的是公费出差还是自费旅行、旅客国籍是否满足入境中转的许可条件、护照与签证有效期、特殊需求、出行人数能否享受优惠政策等。

其次是查询航程的相关资料，包括国际时间换算、航空公司的机型、航空公司基本情况、机场和城市的三字代码、某些国家的州或省的两字代码、机场的资料、最短转机时间等。

二、航线和枢纽机场的选择

机场是航线中的节点，不同航线方向决定了不同的经停点或转机点，机场选择也会影响到航线的走向。

（一）正确选择航线方向

要保证航程的合理安排，需要充分掌握世界航空地理知识，这样才能迅速、准确、合理地安排旅客的航程。

例　有一北京旅客想前往巴西圣保罗，可选择的航线有三种，如表 9-2 所示。

表 9-2　北京—圣保罗的可选航线

航线	经停地	承运公司	所属航线	里程（TPM）	运价（NUC）
第一种	约翰内斯堡	CA、CX	南大西洋航线（SA）	12 515 mile	3923.15
第二种	旧金山	CA、UA	北太平洋航线（PA）	12 381 mile	2655.71
第三种	法兰克福	CA、LH	北大西洋航线（AT）	10 933 mile	4621.51

对比上述三种航线，属于三个不同航线方向，虽然均可以满足旅客的需求，但是不同航线的运价是不同的，从旅客利益角度出发建议选择第二种航线，因为第二种航线中有 47.6%的航程由中国民航承运，而且运价也是最低廉的。

（二）正确选择国际枢纽机场

在航线选择方面，首先选择直达航班，避免中转航班，因为中转会给旅客带来诸多不便，容易产生航班延误、衔接错失、行李丢失、语言交流困难等问题。除非中转航班的运价十分低廉，且面向的是身体强健的中青年、休闲旅游群体。

如果出行线路中必须经过中转才能到达目的地，中转地点应该选择与目的地相近的国际枢纽机场。国际枢纽机场是国际中转旅客重要集散地，设施齐全、服务周全、旅客吞吐量大、航班密度大、辐射面广，能更好地满足旅客的各种需求。

中转对国际枢纽机场具有重要意义，合理的中转安排、便利的中转流程、贴心的中转服务可以增加旅客运输量，提高航线及航班等资源的利用率，拉动机场及附近区域的经济发展，因此越来越多的机场和航空公司（航司）更加注重中转指标。提升中转服务有助于改善旅客中转体验并使旅客愿意中转，进而提高中转率。我国的国际枢纽机场的中转率与一些境外大型国际机场相比普遍较低，如中国香港、法国戴高乐、德国法兰克福、荷兰阿姆斯特丹等地的国际枢纽枢纽机场的中转率都超过了30%，美国的亚特兰大机场的中转率更是超过了70%，而我国内地的三大国际枢纽机场的中转率在10%左右。

三、航空公司的选择

航空公司的选择非常重要，直接影响旅客乘机的便利性、舒适性，因此旅客在选择航空公司时，要从以下三个方面来考虑。

（一）选择信誉好、规模大的航空公司

目前，全世界正式注册并投入运行的航空公司有很多，大型航空集团或公司可拥有数百架飞机和数万名职工，它们分布在世界上的200多个国家或地区。旅客选择信誉好、规模大的航空公司能够更有保障地享受运输中的服务或延误后的补偿等。

（二）国内始发以国内航空公司为主

从国内出发应以国内航空公司为主，在没有合适航班的情况下也可选择国外航空公司。选择国内航空公司有以下几处优点：第一，可享受各种优惠政策。国内航空公司为适应国际市场竞争，从国内出发的国际旅客往往在第一时间内就可以获得各种价格上的优惠折扣。国外航空公司也有优惠折扣信息，但是由于信息不对称，可能无法及时地被有效利用，而且国外航空公司的优惠政策往往针对从当地出发的国际旅客。第二，国际旅行可能长达十几个小时，旅客漫长旅行需要得到良好的照顾，语言沟通是第一位的，在国内航空公司的航班上不存在语言障碍问题。第三，在国内航空公司的航班上，旅客的生活习俗容易适应，会有一种宾至如归的感觉，机上供应的餐饮也比较适合中国人的饮食习惯。

（三）转机应选择同一航空联盟成员

旅客如果需要转机乘坐外国航空公司，最好选择同一航空联盟的航空公司，因为同一联盟成员之间会相互提供各种优惠政策和便利条件。比如原乘坐国航（CA）的旅客，应选择同属于星空联盟的航空公司；原乘坐东航（MU）的旅客，应选择同属于天合联盟的航空公司，这样将会给自身出行带来不少便利。

四、航班的选择

航班的选择应考虑以下几点：出发时间、到达时间、最少的中转时间及机票价格。

从国内出发的出发时间一般可以不考虑，主要考虑国外到达时间是否合适。在国外，需要亲戚朋友接应的旅客应选择以白天到达的航班为主，如果选择晚上到达的航班，一旦飞机延误就会影响行程。需要中转的旅客还必须考虑两个航班之间的换乘间隔时间，一般大于两小时为好，如果在同一城市两个机场之间中转还需要适当增加中转时间。

机票价格也是影响航班选择的重要因素，同一目的地、不同走向航线会有不同的价格。比

如到欧洲有许多航线，旅客可通过芬兰进入欧洲，也可从香港中转到欧洲，也可从新加坡中转到欧洲，也可从迪拜中转到欧洲，有时中转的机票要比直达航班便宜很多；同一航空公司同一条航线不同时间下的机票会有不同的价格，周末的机票价格与平时的机票价格也会不一样。

五、机型和舱位的选择

航班时刻表中每一个定期航班选用的机型基本上是固定不变的（除非临时变动）。国际航线上飞行的机型都是中远程宽体客机，主要机型有波音公司的 B747、B767、B777 和空中客车公司的 A330、A340、A380。同一机型飞机不同航空公司的机舱布局是不一样的，舱位等级设置也会有所不同。各航空公司的头等舱、公务舱、经济舱之间的运价也会有明显的差异。

本章小结

本章主要讲述了航空线路设计的基本要素、影响航空线路设计的因素、航空线路设计的原则、航空线路设计的方法。通过本章的学习，读者能够对世界航线、机场的分布特征有一定了解，熟悉旅客消费航空产品的动态过程，进而掌握航空线路设计中所要参考的所有因素对比原则。

本章思考题

1．航空线路设计的基本要素有哪些？
2．影响航空线路设计的因素有哪些？
3．在进行航空线路设计时需要遵循的原则有哪些？
4．在进行航空线路设计时如何选择航空公司？
5．在进行航空线路设计时选择航班应考虑哪些因素？

第十章

航空运输业的发展战略

本章学习目标

- 了解水路运输、陆路运输和通航短途运输的特点；
- 了解中国航空运输业发展现状；
- 掌握水路运输、陆路运输对民航运输发展的影响；
- 理解中国民用航空发展规划中提出的“一二三三四”民航总体工作思路；
- 学习“十四五”时期民航发展六大目标；
- 深刻理解“十四五”时期民航发展规划的重点任务。

2017 年 2 月 15 日，中国民用航空局发布了《中国民用航空发展第十三个五年规划》，明确了“十三五”时期民航发展的五大任务，即：确保航空持续安全、构建国家综合机场体系、全面提升航空服务能力、提升空管保障服务水平、改革创新推动转型发展。回顾“十二五”期间，我国民航发展质量稳步提升，但是民航行业发展中依然存在不均衡、不协调现象，航空资源区域分配不均衡、交通一体化衔接不畅、市场结构缺陷等问题日益凸显。“十三五”期间是实现民航运输均衡发展的一个重要阶段。

第一节　其他交通运输方式与航空运输的比较

现代运输业是一项社会性生产行为，它与社会的其他生产行为相互依赖、相互促进和相互制约，形成一个紧密联系的社会经济体。现代运输业有五大交通运输方式：铁路运输、公路运输、水路运输、航空运输和管道运输，它们都有各自的特点。五种交通运输方式按自身特点承担相应的客货运输业务，从而为国民经济服务。航空运输在整个综合交通运输体系中发挥着不可替代的作用，特别是在地理环境不便地区的中、长距离高速客运中占有非常重要的地位。一个国家或地区在一定时期内形成稳定的运输结构，各交通运输方式在综合交通运输体系中需要占有合适的比重。某个交通运输方式失调势必打乱整个综合交通运输体系，对其他部门产生影响。因此，航空运输必须与其他交通运输方式互相配合、协调发展。

一、水路运输与航空运输

水路运输是以船舶为主要运输工具，以港口或港站为运输基地，以水域包括海洋、河流和湖泊为运输活动范围的一种交通运输方式，如图 10-1 所示。它是五种交通运输方式中最古老的交通运输方式之一，也是目前世界许多国家重要的交通运输方式之一。我国当前已基本形成一个具有相当规模的水运体系，各种现代化运输船舶航行于世界 100 多个国家（地区）的 400 多个港口。

水路运输与其他交通运输方式相比较，具有投资少、运力大、能耗低、成本低的优势，适用于大宗、低值、笨重及各种散装货物的中长距离运输，尤其是在进行跨洋运输时非常有优势。据 2016 年统计资料，水运占我国货运总量的比重已经超过铁路，仅次于公路，而且有明显的上升趋势。但是水运也存在无法避免的缺点，包括速度慢、灵活性和连续性差等，并且在客运方面处于劣势，只占据客运市场不到 1%的份额。

图 10-1　水路运输

与水路运输相比，航空运输的优点在于速度快、舒适性好，在客运和高品质、特殊货物的运输方面明显有水路运输无法企及的优势。但是在大宗货物的运输方面，航空运输受到价格和体积的限制，无法与水路运输抗衡。

二、陆路运输与航空运输

（一）铁路运输

铁路运输是用机车牵引车辆，行驶于铺设着钢轨的线路上的一种交通运输方式，如图 10-2 所示。它是世界上载客量最高的交通工具，拥有无法被取代的地位。

图 10-2　铁路运输

铁路运输与其他交通运输方式相比较，具有运力大、速度快、运费低、能耗低、灵活性和连续性好的优势，几乎能承运任何商品，几乎不受重量和容积的限制，非常适合稳定的大宗货物中长距离运输。在客运方面，现代铁路运输具有多样性，既有适用于大中城市间、旅游城市间的旅客运输的高铁，也有适用于城市内日常通勤的城市轨道交通系统。但是铁路运输也存在无法避免的缺点，包括投资维修费用高、短途成本高等。

与铁路运输相比，航空运输的优点在于速度更快、灵活性更好及资金回收更快，但是航空运输的运输成本更高并且受天气影响较大，在大宗货物的运输方面没有优势，不过在旅客和贵重物品及跨国跨洋运输方面优势显著。

近些年来我国铁路运输业保持快速发展，特别是在高速铁路建设方面取得了重大成就，运营总里程达 1.9 万千米，高居全球榜首。高速铁路的发展给航空运输带来了较大的冲击，从技术特征来看，高速铁路与航空运输有运行速度快、安全性能高、旅客体验舒适等共同特点，但是高速铁路便携性高，在短途运输范围内相比航空运输更有优势，而航空运输的优势只有在中长途运输中才能得以显现。此外，我国高速铁路运行正点率普遍高于航空运输，基本上能够实现全天候、无间断运行；而航空运输容易受到复杂天气、流量控制、航空公司运力调整等不可控因素的影响，航班准点率普遍较低。因此，航空运输的发展必须考虑与高速铁路市场竞争中的优劣势，避免陷入价格战的恶性循环，比如在短途运输中适当降低成本、优化航线网络布局而放弃部分市场，在长途运输中提高服务质量等。

（二）公路运输

公路运输是在公路上运送旅客和货物的交通运输方式，它主要承担短途客货运输，是世界上最重要的交通运输方式之一。

公路运输的优点包括投资少、适应性强、机动灵活、直达运输，随着汽车的普及和公路网的形成，公路运输凭借其灵活性和网络覆盖面积广的优势，无论是在货运上还是在客运上都占有 80%左右的比重。但是公路运输也存在运力小、能耗高、成本高、安全性低的缺点，在长途运输上处于劣势。与公路运输相比，航空运输的优势在于更适用于高速、快捷的中长途运输，但是航空运输要依赖公路运输满足日常运转、航站与周边地区的衔接等需求。

第二节　中国航空运输业的成绩

自 1949 年原中国民用航空局成立以来，中国航空运输业在航空运输、通用航空、机群更新、机场建设、航线布局、航行保障、飞行安全、人才培训等方面持续快速发展，取得了举世瞩目的成就，目前我国已是仅次于美国的第二大航空大国。

一、业务规模稳步增长

国家统计局数据显示，2018 年年末全国民用航空旅客运输量为 61 173.77 万人次，2019 年年末全国民用航空旅客运输量为 65 993.4 万人次，比上年增加 4819.63 万人次，同比增长 7.88%；2018 年年末全国民用航空旅客周转量为 10 712.32 亿人公里，2019 年年末全国民用航空旅客周转量为 11 705.3 亿人公里，比上年增加 992.98 亿人公里，同比增长 9.27%；2018 年年末全国民用航空货物运输量为 738.51 亿人公里，2019 年年末全国民用航空货物运输量为 753.1 亿人公里，比上年增加 14.59 亿人公里，同比增长 1.98%；2018 年年末全国民用航空货物周转量为 262.5 亿吨公里，2019 年年末全国民用航空货物周转量为 263.2 亿吨公里，比上年增加 0.7 亿吨公里，同比增长 0.27%。

2020 年，新型冠状病毒肺炎疫情给民航业造成巨大冲击，全行业明确了“保安全运行、保应急运输、保风险可控、保精细施策”的防控工作要求，准确把握疫情形势变化，科学决策，创造性应对，因时因势精准施策，统筹推进疫情防控和安全发展，中国民航率先在全球触底反弹，中国航空运输市场成为全球恢复最快、运行最好的航空市场。

二、基础设施建设提速增质

在固定资产投资领域，2020 年，民航固定资产投资总额为 1627.6 亿元，其中民航基本建设和技术改造投资额为 1081.4 亿元，比上年增加 11.6%。

截至 2020 年年底，我国境内运输机场 241 个（不含港澳台数据，港澳台属于关境意义上的国内境外）。2020 年，全行业全年新开工、续建机场项目 114 个。全国民航运输机场完成旅客吞吐量 8.57 亿人次、货邮吞吐量 1607.49 万吨、起降架次 904.9 万架次。新增通用机场 93 个，全国在册管理的通用机场数量达到 339 个，全行业完成通用航空生产飞行 98.40 万小时。截至 2020 年年底，全行业无人机拥有者注册用户约 55.8 万个，注册无人机共 51.7 万架，无人机有效驾驶员执照达到 88 994 本。2020 年，参与民航局无人机云交换系统的无人机飞行小时共有 183 万小时。

三、市场化程度逐步提高

近年来我国民航业在所有制分开、政企分离、机场和地方分离等方面进行了改革探索，逐步确立了以企业为主体、有序竞争的市场经济体系。截至 2020 年年底，我国共有运输航空公司 64 家、运输飞机 3903 架、定期航班航线 5581 条。2020 年，定期航班国内通航城市（或地区）237 个（不含港澳台数据），我国航空公司国际定期航班通航 62 个国家的 153 个城市。全行业在册运输飞机平均日利用率为 6.49 小时，正班客座率平均为 72.9%。在通用航空领域，获得通用航空经营许可证的通用航空企业有 523 家，通用航空在册航空器总数达到 2892 架。多元化市场主体的共同参与，使我国航空市场呈现出多样化与专业化竞争并存的良好发展态势。

四、航空网络不断完善，运输服务智能化

近十年来，我国航空网络快速发展，形成了以大城市为中心，连接全国、通向国际的四通八达的运输干线网络。目前，我国已形成北京首都国际机场、广州白云国际机场、上海浦东国际机场和上海虹桥国际机场 4 个首位枢纽空港，建立了覆盖沿海发达城市及重要省会城市的 20 家区域性枢纽空港。截至 2020 年年底，与我国建立双边适航关系的国家和地区为 39 个，现行有效的双边适航文件共 239 份。2020 年，全行业新增 657 架航空器国籍登记。其中，新注册运输航空器 136 架，通用航空器 521 架，创注册通用航空器新高。全国客运航空公司共执行航班 352.06 万班次，其中，正常航班 311.64 万班次，平均航班正常率为 88.52%。截至 2020 年年底，233 个机场和主要航空公司可实现“无纸化”出行；39 家千万级机场国内旅客平均自助值机比例达 72.2%；在 8 家航空公司、29 家机场开展跨航司行李直挂试点；20 家航空公司的 654 架飞机能够为旅客提供客舱网络服务，其中，11 家航空公司的 213 架飞机同时具备了空中接入互联网能力；航空货运电子运单使用达到 182.16 万票；12326 民航服务质量监督电话开通，国内航空公司投诉响应率达 100%。

五、支线航空发展初具规模

近十年来，在航空出行需求的快速增长和地方政策的支持下，我国支线航空发展态势良好。目前，支线航线数量占到国内航线的 76%；支线机场数量也稳步增加，建设等级逐步提高，支线机场数量占民航机场总数的 50%以上；支线机队规模也逐年扩大，增加到 150 余架，新增支线飞机中大多是速度更快、航程更远的涡扇飞机，比如我国自主研制的 ARJ21；支线航线多分布在华东、中南及西南地区。

第三节 中国航空运输业发展规划

2022 年年初，《“十四五”民用航空发展规划》（以下简称《规划》）正式印发。

《规划》总结了“十三五”时期以来，全行业在党中央国务院的正确领导下，坚持新时期民航总体工作思路，积极应对国内外环境的复杂变化和各种风险挑战，航空安全创造最好纪录，运输航空百万小时重大事故率和亿客公里死亡人数均为 0，安全水平国际领先；服务品质大幅提升，航班正常率连续三年超过 80%；保障能力显著增强，颁证运输机场 241 个，地级市覆盖率达到 91.7%，在册通用机场 339 个，民航机队 6795 架；质量效率持续提高，战略地位更加凸显，创新格局加快形成，治理能力明显提高。

同时作为未来五年民航发展的纲领性文件，《规划》将全面开启多领域民航强国建设新征程。立足“十四五”时期民航发展的历史方位，民航局党组确定了“十四五”时期“一二三三四”民航总体工作思路，即：践行一个理念、推动两翼齐飞、坚守三条底线、构建完善三个体系、开拓四个新局面。坚持安全发展底线和智慧民航建设主线，以绿色化、国际化、市场化、法治化发展为导向，更加注重创新驱动、质量效益、产业协同，加快构建更为安全、更高质量、更有效率、更加公平、更可持续的现代民航体系，更好服务国家发展战略，更好满足人民群众对美好生活的需求，为实现由单一民航运输强国向多领域民航强国跨越奠定坚实基础。民航“十四五”发展分为恢复期和积蓄期（2021 年—2022 年），增长期和释放期（2023 年—2025 年）分步实施。

按照总体工作思路要求，《规划》进一步明确了民航“十四五”时期的六大发展目标：

一是航空安全水平再上新台阶。 安全理论科学完善，风险管控精准可靠，安全文化与时俱进，技术支撑先进有力，民航安全发展更加自信从容，运输航空连续安全飞行跨越 1 亿小时大关。

二是综合保障能力实现新提升。形成布局完善、功能完备、保障有力、智慧高效的现代化综合机场体系。 空管运行效率有效提升，保障能力满足发展需要。 实现信息共享化、维修产业化、航油市场化，综合保障能力大幅提升。

三是航空服务能力达到新水平。培育超大规模国内民航市场，打造安全品质、盈利能力、品牌形象、服务质量世界一流的航空公司，大众化、国际化、多元化的航空服务体系更加完善。国内网络高效通达，国际通道广泛畅通，客运网络互联互通，货运网络自主可控。通用航空服务丰富多元。

四是创新驱动发展取得新突破。 民航科教创新攻关联盟的主力军作用更加突出，形成以企业为主体、民航科教创新园区和若干产业集群为支撑的创新体系。行业发展急需重点领域关键核心技术实现突破，科技创新和成果转化能力显著增强。

五是绿色民航建设呈现新局面。绿色民航政策、标准和评价体系更加完善，能源利用效率和结构持续提升优化，应对气候变化积极有为，环境污染综合治理能力不断提高，机场噪声防治科学有力，民航发展与生态环境更加和谐。

六是行业治理能力取得新成效。民航法治体系和行政管理体系更加完善，重点领域改革取得实效，行政效率和公信力显著提升，民航信用体系基本健全，防范化解重大风险体制机制更加有效，统筹国际竞争与合作能力显著增强。

另外，《规划》还依据主要目标和重点任务，针对行业发展的堵点、痛点、痒点和难点，聚焦全局带动面广、问题针对性强和旅客切身感受最直接的领域，设置了 6 个重大工程专栏，即容量挖潜提升工程、航空运输便捷工程、民航绿色低碳工程、科技创新引领工程、人才强业工程、产业协同示范工程。

《规划》更加专注民航的运行品质、结构效率和绿色发展。民航对国家经济社会发展具有战略性、基础性和先导性作用，需要民航充分发挥通达性强、效率高和品质优的比较优势，更好地服务和支撑国家重大战略。一方面需要加快构建“干支通、全网连”的国家航线网络体系，打通客运、货运和通用的服务边界，丰富完善一体两翼的航空服务体系，积极支撑国内大循环为主体、国内国际双循环相互促进的新发展格局。另一方面以推进世界级机场群率先发展为支撑，积极服务和支撑京津冀、长三角、粤港澳大湾区、成渝地区双城经济圈等国家重大区域战略，并分别针对东中西部区域发展特征，提出构建西部民航发展新格局、支撑东北振兴取得新突破、开创中部民航崛起新局面等民航区域发展战略举措。同时还系统谋划了保障国产民机健康发展的支撑体系和政策体系。

本章小结

本章首先比较了航空运输与其他交通运输方式的特点，其次回顾了中国航空运输业（民航运输业）取得的成就，最后对《“十四五”民用航空发展规划》进行了简要解读，以此说明未来民航发展战略方向。通过本章的学习，读者能够树立宏观意识，了解我国航空运输业发展的现状，清楚航空运输与其他交通运输方式之间的关联，并对我国航空运输业发展规划及发展重点有一定的认知。

本章思考题

1. 航空运输与其他交通运输方式相比，有哪些利与弊？
2. “十三五”期间，我国民航运输业取得了哪些成就？
3. “十四五”期间，我国民航发展的目标是什么？
4. 谈谈你对《“十四五”民用航空发展规划》的理解。

附录 A　世界主要城市时区对照表

附录 B　国内城市/机场三字代码表

附录 C　世界城市/机场三字代码表

附录 D　国内国际主要航空公司一览表

附录 E　国际城市/机场 IATA 代码表

参考文献

[1] 伍光和，王乃昂，等. 自然地理学[M]. 北京：高等教育出版社，2008.
[2] 黄仪方. 航空气象. 第二版[M]. 成都：西南交通大学出版社，2011.
[3] 石丽娜，周慧艳. 航空运输地理[M]. 北京：国防工业出版社，2017.
[4] 宁红，李超. 航空运输地理[M]. 北京：国防工业出版社，2016.
[5] 江红. 航空运输地理[M]. 北京：人民交通出版社股份有限公司，2017.
[6] 唐小卫，等. 航空运输地理[M]. 北京：科学出版社，2012.
[7] 洪德慧，杨学峰. 航线地理[M]. 北京：科学出版社，2013.
[8] 夏洪山. 现代航空运输管理[M]. 北京：科学出版社，2012.
[9] 唐建军. 中国知识地图册[M]. 北京：中国地图出版社，2016.
[10] 全国导游人员资格考试教材编写组. 地方导游基础知识[M]. 北京：旅游教育出版社，2017.
[11] 曹培培. 中国旅游地理[M]. 北京：清华大学出版社，2016.
[12] 王丽娟. 中国旅游地理[M]. 北京：中国经济出版社，2016.
[13] 张妙弟. 中国国家地理百科全书[M]. 北京：北京联合出版公司，2016.
[14] 陈大道. 环球国家地理百科[M]. 太原：山西教育出版社，2015.
[15] 王兴中. 中国旅游地理[M]. 北京：科学出版社，2013.
[16] 罗兹柏，杨国胜. 中国旅游地理[M]. 天津：南开大学出版社，2011.
[17] 保继刚，楚义芳. 旅游地理学[M]. 北京：高等教育出版社，2012.
[18] 伍光和，等. 自然地理学[M]. 北京：高等教育出版社，2008.
[19] 徐广源. 大清皇陵探奇[M]. 沈阳：沈阳出版社，2012.
[20] 郭漫. 中国国家地理[M]. 北京：航空工业出版社，2010.
[21] 郭漫. 世界国家地理[M]. 北京：航空工业出版社，2010.
[22] 梁明珠. 中国旅游地理[M]. 广州：暨南大学出版社，2014.
[23] 王辉，等. 中国旅游地理[M]. 第 2 版. 北京：北京大学出版社，2017.
[24] 韦家瑜. 中国旅游地理[M]. 北京：中国旅游出版社，2013.
[25] 李毅，唐权. “十三五”民航深化改革的形势与规划[M]. 武汉：现代商贸工业，2017.

[26] 唐小卫，李杰，张敏．航空运输地理[M]．北京：科学出版社，2012.
[27] 薛彩军．航空概论[M]．北京：国防工业出版社，2015.
[28] 刘让贤，晏初宏，宋斌．航空概论[M]．北京：航空工业出版社，2013.
[29] 王细洋．航空概论[M]．北京：航空工业出版社，2008.
[30] 贾玉红．航空航天概论[M]．第3版．北京：北京航空航天大学出版社，2013.
[31] 杨长进．民航概论[M]．北京：航空工业出版社，2014.
[32] 许晓光．世界旅游地理[M]．天津：天津大学出版社，2010.
[33] 周凤杰，周宜君．中国旅游地理[M]．北京：中国林业出版社，2016.
[34] 江群，王春．民航基础知识应用[M]．北京：国防工业出版社，2011.
[35] 张荣娟，李伟．民航基础[M]．北京：科学出版社，2012.
[36] 谢春生，郭莉，张洪．低空空域管理与通用航空空域规划[M]．北京：航空工业出版社，2016.
[37] 郝勇．民用飞机与航空运输管理概论[M]．北京：国防工业出版社，2011.
[38] 庞规荃．中国旅游地理．第7版[M]．北京：北京教育出版社，2016.
[39] 中华人民共和国自然资源部. 数据服务/标准地图服务[DB/OL]，2021. http://bzdt.ch.mnr.gov.cn/index.html
[40] 中华人民共和国交通运输部．统计数据[DB/OL]，2021．https://www.mot.gov.cn/